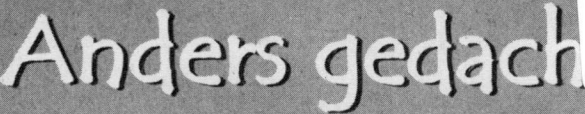

Anders gedacht

Motyl-Mudretzkyj / Späinghaus

Übungsbuch

Michaela Späinghaus
Columbia University

Houghton Mifflin Company
Boston • New York

Publisher: Rolando Hernández
Sponsoring Editor: Van Strength
Editorial Assistant: Kate Wilkinson
Project Editor: Harriet C. Dishman / Stacy Drew
Manufacturing Manager: Karen Banks
Executive Marketing Director: Eileen Bernadette Moran
Associate Marketing Manager: Claudia Martínez

ISBN: 0-618-25984-8

Printed in the U.S.A.

3456789 – CRS – 09 08

Table of Contents

HÖRÜBUNGEN

GRAMMAR EXPLANATIONS

DEUTSCH-ENGLISCHES GLOSSAR

Acknowledgments

The author wishes to thank her colleagues and friends for their encouragement and important contributions to the production of this book. In particular, she thanks Richard Korb for providing such a generous number of exercises, especially for Unit 5; Paul Listen for his work as Developmental Editor and for the intense reviewing of the grammar section and glossary; and Irene Motyl-Mudretzkyj for supplying both exercises and her invaluable feedback. The publisher would like to thank Jan Ewing of *Ewing Systems* for his creative design and page layouts.

Schriftliche Übungen

EINHEIT 1

Das Reisen

Die Erlebnisgesellschaft – Trends und Gegentrends

A Das Reisen: Texte und Statistiken

Knauserige Deutsche bleiben Reiseweltmeister

 Üb. 1–3 zu Textbuch S. 8, Strukturen

1 **Das regelmäßige Verb *buchen*** Ergänzen Sie das Verb *buchen* im Präsens, Perfekt oder Futur.

a. NILS: _____*Hast*_____ du für dieses Jahr schon deinen Urlaub _____*gebucht*_____?

b. MONIKA: Nein, ich _____ ihn _____, wenn ich wieder Geld

habe. Und du?

c. NILS: Ich _____ ihn schon _____. Ich werde nach Kuba fliegen.

d. MONIKA: Wie _____ du deine Reisen?

e. NILS: Ich _____ sie früher immer im Reisebüro _____, aber jetzt _____ ich sie fast immer im Internet. Ich fahre meistens mit meinem Freund in Urlaub. Wir _____ dann immer bei www.travelocity.de.

f. MONIKA: Meine Eltern _____ auch letzte Woche eine Reise über das Internet _____. Sie sagen, dass es viel billiger als im Reisebüro ist. Sie _____ von jetzt an alle Urlaube übers Internet _____. Sie fliegen nächste Woche nach Kreta.

g. NILS: Eine gute Freundin von mir _____ eine Reise nach Kairo _____. Sie _____ immer extreme Reisen. Sie will zuerst ein paar Tage in Kairo bleiben und dann eine Schifffahrt auf dem Nil machen. Wenn sie dann noch genug Geld hat, _____ sie noch einen Helikopterflug nach Abu Simbel _____.

② Das trennbare Verb *ausgeben*

A. Ergänzen Sie das Verb *ausgeben* im Präsens.

a. STEPHANIE: _____*Gibst*_____ du viel Geld für Reisen ____*aus*____?

ANNETTE: Nein, ich _____ nicht sehr viel Geld dafür _____, ich bin Studentin. Und du? _____ du viel Geld für deinen Urlaub _____?

STEPHANIE: Nein, ich bin auch Studentin.

b. ANNETTE: _____ deine Eltern viel Geld für ihren Urlaub _____?

STEPHANIE: Nein, eigentlich _____ sie nicht sehr viel Geld dafür _____, sie bleiben meistens im Inland. Aber meine ältere Schwester _____ sehr viel Geld für Reisen _____, sie arbeitet aber auch schon seit ein paar Jahren.

c. ANNETTE: Und ihr, wie viel _____ ihr im Durchschnitt für Urlaub _____?

MIRIAM: Frank und ich _____ relativ viel Geld für Auslandsreisen

_____, weil Reisen für uns sehr wichtig sind.

B. Ergänzen Sie das Verb *ausgeben* im Perfekt, Futur oder im Infinitiv.

   a. ANDREAS: Wie viel Geld _____ *haben* _____ die Deutschen 2001 für ihren Urlaub

     _____ *ausgegeben* _____ ?

     JULIA: Ich glaube, sie _____ insgesamt gut 46 Milliarden Euro

     _____ .

   b. ANDREAS: Wie viel Geld _____ du letzten Sommer für deinen Urlaub

     _____ ?

     JULIA: Ich _____ nicht sehr viel _____ . Weil ich nicht

     gearbeitet habe, konnte ich nicht sehr viel _____ .

   c. ANDREAS: Wie viel Geld _____ du für deinen nächsten Urlaub

     _____ ?

     JULIA: Ich bin Doktorandin und kann nicht viel Geld _____ .

   d. ANDREAS: Wenn du so viel Geld _____ könntest, wie du wolltest, wohin

     würdest du reisen?

     JULIA: Ich würde nach Wien reisen und viel Geld für klassische Konzerte und Kaffee

     und Kuchen _____ .

③ Trennbare Verben Bilden Sie Sätze. Benutzen Sie die angegebene Zeitform.

   a. ich / viel / ausgeben / Geld / im Urlaub (*Präsens*)

     Im Urlaub gebe ich viel Geld aus. _____

   b. letztes Jahr / immer / ich / aufstehen / sehr / früh / im Urlaub (*Perfekt*)

     _____

     _____

   c. ansehen / Sehenswürdigkeiten / ich / mir / gern (*Präsens*)

     _____

     _____

d. möchten / ich / mir / ansehen / so viel wie möglich (*Präsens*)

_____

_____

e. letztes Jahr in London / ausgehen / am Abend / meistens / ich (*Perfekt*)

_____

_____

f. wenn / man / viel / ausgehen / man / treffen / viele Leute (*Präsens*)

_____

_____

g. weil / jeden Tag / ich / aktiv / sehr / sein / einschlafen / abends / schnell / ich (*Präsens*)

_____

_____

h. fahren / ich / nach Italien / diesen Sommer / und / Rom / ansehen / mir (*Futur*)

_____

_____

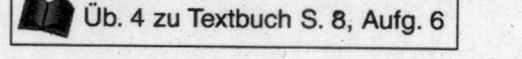 Üb. 4 zu Textbuch S. 8, Aufg. 6

4 **Was sagt man?** Setzen Sie ein. Jeder Begriff muss einmal benutzt werden.

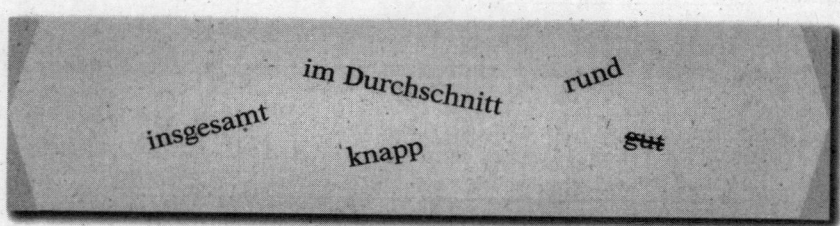

insgesamt   im Durchschnitt   rund   knapp   ~~gut~~

2001 gaben die Deutschen _____*gut*_____ 45 Milliarden Euro (46,2) fürs Reisen aus.

Bei _____a 82 Millionen Deutsche (ungefähr) sind das _____b

500 Euro pro Kopf, Babys und Rentner mitgerechnet. _____c 30% (29,6)

der Deutschen machen in Deutschland Urlaub. _____d fahren 70,4% der

Deutschen ins Ausland, z.B. nach Italien, Spanien oder in die Türkei.

Üb. 5 zu Textbuch S. 9, Aufg. 7

⑤ Das regelmäßige Verb *reisen* Ergänzen Sie das Verb *reisen* im Präsens, Perfekt oder Futur.

Immer mehr Menschen _____*reisen*_____ um die Welt. Eine Umfrage hat ergeben, dass

Ende der 90er Jahre fast doppelt so viele Menschen ins Ausland _____ ᵃ

_____ ᵇ wie Anfang der 80er Jahre. Anfang der 80er Jahre

_____ ᶜ 5,9 Millionen Menschen ins Ausland _____ ᵈ, Ende der

90er Jahre _____ ᵉ bereits 11,3 Millionen Deutsche in andere Länder

_____ ᶠ. Ein Zukunftsranking hat kalkuliert, dass die Deutschen im Jahr 2020

von allen Völkern der Erde am meisten _____ ᵍ _____ ʰ. Sie

_____ ⁱ laut dieser Prognose 164 Millionen Mal _____ ʲ. In

Deutschland sagt man: „Reisen bildet". Das bedeutet: Wenn man _____ ᵏ,

erweitert man den eigenen Horizont und lernt etwas.

 Üb. 6 zu Textbuch S. 9, Strukturen

⑥ Komposita: Nomen Bilden Sie mindestens zehn Komposita mit den Wörtern in den
Kästen. Der obere Kasten gibt den ersten Teil für mögliche Komposita an, der untere
Kasten den möglichen zweiten Teil. Schauen Sie im Wörterbuch nach, ob Ihre Komposita
existieren und ob Sie einen Buchstaben hinzufügen oder wegstreichen müssen. Notieren
Sie auch den Artikel. Schreiben Sie dann mit zehn Komposita Sätze.

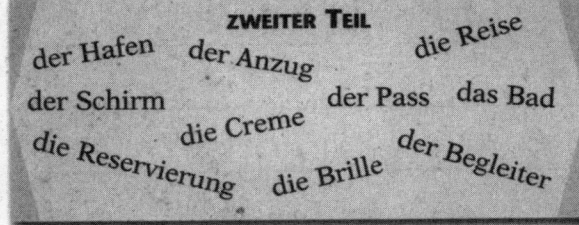

Komposita: _der Sonnenschirm_ _____

_____

_____

_____

Sätze:

a. Kompositum: _____

   Satz: _____

b. Kompositum: _____

   Satz: _____

c. Kompositum: _____

   Satz: _____

d. Kompositum: _____

   Satz: _____

e. Kompositum: _____

   Satz: _____

f. Kompositum: _____

   Satz: _____

g. Kompositum: _____

   Satz: _____

h. Kompositum: _____

   Satz: _____

i. Kompositum: _____

   Satz: _____

j. Kompositum: _____

   Satz: _____

Name _____ Kurs _____ Datum _____

Die Österreicher fahren selten und kurz auf Urlaub

📖 Üb. 7–9 zu Textbuch S. 12, Strukturen

7 **Das unregelmäßige Verb _fahren_** Ergänzen Sie das Verb _fahren_ im Präsens, Perfekt, Futur oder Infinitiv.

STEFAN: Wie oft _____ _fährst_ _____ du im Jahr in Urlaub?

SYBILLE: Ich _____ [a] so oft ich kann in die Ferien. Im letzten Mai

_____ [b] ich nach Kuba _____ [c]. Meine Freundin

Kerstin _____ [d] oft dorthin und besucht ihren Onkel. Sie hatte mir

erzählt, dass es ein sehr interessantes Land ist und dass sie bald auch wieder dort-

hin _____ [e] _____ [f]. Zuerst waren mein Freund und

ich in Havanna und dann _____ [g] wir mit dem Bus nach Trinidad

_____ [h]. Kerstin und ihr Freund waren auch in Trinidad, aber sie

_____ [i] per Anhalter _____ [j], das heißt, dass man in

privaten Autos oder auch auf einem Lastwagen mit_____ [k]. Ich

_____ [l] auch einmal auf einem Lkw mit_____ [m], weil

es keine andere Möglichkeit gab. Wir _____ [n] auch nach Pinar del

Río _____ [o]. Wir haben uns ein Auto gemietet und

_____ [p] vier Tage durch die schöne Landschaft _____ [q].

Er war ein sehr schöner Urlaub, aber in ein kommunistisches Land in Urlaub zu

_____ [r] ist schon eine besondere Erfahrung. Ich bin nicht sicher,

ob ich noch einmal nach Kuba _____ [s] _____ [t],

solange es kommunistisch ist.

8 **Das untrennbare Verb _verreisen_** Ergänzen Sie das Verb _verreisen_ im Präsens, Perfekt oder Infinitiv.

KERSTIN: Ich _____ _verreise_ _____ diesen Sommer für zwei Monate. Ich möchte endlich

Australien sehen. _____ [a] du auch?

SYBILLE: Nein, ich kann diesen Sommer nicht _____ [b]. Ich muss auf meine

Geschwister aufpassen.

KERSTIN: Und dein Freund? _____^c er diesen Sommer?

SYBILLE: Nein, er muss sehr oft beruflich _____^d, deshalb

                _____^e er nicht gern in seiner Freizeit.

KERSTIN: _____^f du letzten Sommer _____^g?

SYBILLE: Nein, ich _____^h nicht _____ⁱ. Ich hatte

                einen schönen Urlaub zu Hause, weil meine Eltern _____^j

                _____^k.

KERSTIN: Hallo ihr beiden, schön euch wiederzusehen! Wie waren eure Ferien?

                _____^l ihr _____^m?

KATJA UND JENS: Unsere Ferien waren eigentlich ziemlich langweilig, wir

                _____ⁿ nicht _____^o. Aber ich habe gehört,

                Annette _____^p lange _____^q, sie war in

                Argentinien.

9 *reisen* **versus** *verreisen* Ergänzen Sie *reisen* oder *verreisen* in der richtigen Form.

a. HERR GÄRTNER: Guten Tag, ich würde gerne mit Frau Sommer sprechen.

    FRAU KRETSCHMER: Tut mir Leid, sie ist _____.

b. ULI: Was machst du diesen Sommer?

    BEATE: Ich werde mir einen Traum erfüllen. Ich werde lange _____.

    ULI: Und wohin willst du _____?

    BEATE: Ich werde durch Afrika _____.

    ULI: Was sagt dein Freund dazu, dass du so lange _____?

    BEATE: Ach, gar nichts. Er _____ durch Kanada!

c. BIRGIT: Warst du schon mal in Europa?

    JOHN: Ja, ich bin vor fünf Jahren mit meinen Eltern quer durch Europa

    _____.

d. HOLGER: Kommst du am Samstagabend mit ins Kino?

    ANDREAS: Ich habe leider keine Zeit, ich muss geschäftlich _____.

Üb. 10–15 zu Textbuch S. 13, Aufg. 8

⑩ Schreiben Schreiben Sie einen Text über Ihr eigenes Reiseverhalten. Beantworten Sie in Ihrem Text unter anderem die Fragen unten. Schreiben Sie etwa zehn Sätze. Die Verben können Ihnen helfen.

Verben

ansehen, ausgeben, ausgehen, besichtigen, besuchen, buchen, fahren, reisen, verreisen, Zeit verbringen

Fragen

◇ Wie oft im Jahr verreisen Sie?
◇ Wohin reisen Sie am liebsten/meistens?
◇ Wie lange bleiben Sie?
◇ Mit wem reisen Sie?
◇ Wie viel Geld geben Sie aus?
◇ Wie buchen Sie Ihre Reisen?

_____

_____

_____

_____

_____

_____

_____

_____

_____

_____

_____

_____

⑪ Eine Reise nach Berlin: vermischte Verben

A. Ordnen Sie die Verben im Kasten in die Tabelle ein. Zwei Verben gehören zwei Kategorien an.

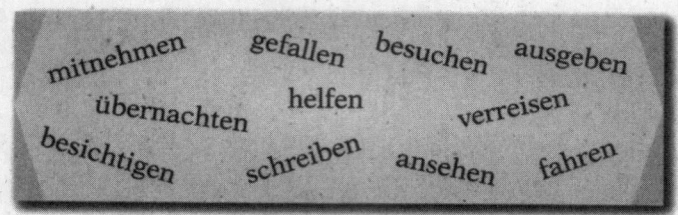

mitnehmen gefallen besuchen ausgeben
übernachten helfen verreisen
besichtigen schreiben ansehen fahren

Verben mit Akkusativ-Objekt	Verben mit Dativ-Objekt	Verben ohne Objekt
ansehen		

B. Ergänzen Sie die Artikel und die Endungen, wo nötig.

a. Meine Freundin nimmt ein _en_ großen Koffer (*m.*) mit.

b. Ich helfe mein_____ Freundin.

c. Ich möchte sehr gern _____ Potsdamer Platz (*m.*) besichtigen.

d. Ich werde auch _____ Neue Nationalgalerie (*f.*) besuchen.

e. Ich sehe mir ein_____ Theaterstück (*n.*) an.

f. Ich schreibe mein_____ Großmutter ein_____ Postkarte (*f.*).

g. Wir geben unser_____ ganzes Geld (*n.*) aus.

h. Die Stadt gefällt mein_____ Freundin gut.

C. Bilden Sie Sätze im Präsens. Die Verben sind aus Übung A auf Seite 12. Markieren Sie vorher im Kasten in Übung A die Verben mit trennbarem Präfix. Vergessen Sie nicht, die Verben zu konjugieren und schreiben Sie auch Artikel dazu, wo nötig.

a. ich / mit / mein- Freunde / am Wochenende / fahren / nach Berlin

_____

b. Stadt / wir / sich ansehen

_____

c. besichtigen / ganze Stadt / wir

_____

d. schreiben / unser- Freunde / Postkarte / wir

_____

e. Reichstag (*m.*) / wollen / wir / besichtigen / auch

_____

f. neue Jüdische Museum (*n.*) / auch / besuchen / wir

_____

g. gefallen / mein- Eltern / Museum / gut / sehr

_____

h. leider / viel / nicht / ausgeben / können / Geld / wir

_____

i. Jugendherberge (*f.*) / in / übernachten / wir / deshalb

_____

j. in 24 Stunden / fahren / Zug / unser-

_____

k. helfen / mein- Freundin / ich / beim Packen / morgen früh

_____

l. sie / mitnehmen / immer / Tasche / viel zu große

_____

⑫ **Nomen mit der Endung -e**

A. Erinnern Sie sich: Nomen mit der Endung -*e* sind meistens feminin.

BEISPIELE: die Postkart*e*, die Tasch*e*

Finden Sie weitere Beispiele:

die ... _____

_____

_____

B. Ausnahmen: Eine Ausnahme ist *das Wochenende*. Kennen Sie andere Ausnahmen?
Schreiben Sie:

_____

_____

⑬ **Komposita** Ordnen Sie die Nomen und Bilder den Erklärungen auf der nächsten Seite zu.

die Pauschalreise	~~die Bildungsreise / Studienreise~~	der Ausflug
die Auslandsreise	die Dienstreise / Geschäftsreise	die Urlaubsreise

1.

2.

3.

4.

5.

6.

a. _____*die Bildungsreise/Studienreise*_____ , Bild __2__

◇ Man möchte viel über Land und Leute erfahren und nicht nur am Strand liegen.
◇ Man möchte etwas über Kultur und Geschichte des Ziellandes lernen.
◇ Man möchte den eigenen Horizont erweitern.

b. _____ , Bild _____

◇ Man bleibt nicht im Inland, sondern überquert eine Grenze.

c. _____ , Bild _____

◇ Man macht diese Reise aus beruflichen Gründen.
◇ Man bezahlt nicht selbst dafür.
◇ Diese Reise dauert meistens nur ein paar Tage und man hat wenig Gelegenheit, sich die Stadt oder die Region, in die man gereist ist, anzusehen.

d. _____ , Bild _____

◇ Man macht diese Reise, um sich zu erholen und zu entspannen.
◇ Man fährt oft ziemlich weit von zu Hause weg, um den Alltag zu vergessen.
◇ Diese Reise dauert in der Regel zwischen einer und drei Wochen.

e. _____ , Bild _____

◇ Diese Reise ist sehr kurz, oft bleibt man nicht einmal über Nacht.

f. _____ , Bild _____

◇ Für diese Reise bucht man ein „Paket", d.h. im Preis ist alles enthalten: die Anreise, die Unterkunft, die Verpflegung, die Aktivitäten, die man im Urlaub machen möchte (z.B. Sport, Ausflüge, …).

⑭ Wortbildung

A. Setzen Sie vor das Verb *reisen* jeweils eine der folgenden Vorsilben: *ab-, an-, aus-, be-, ein-* oder *ver-*. Welche der Präfixe sind trennbar, welche nicht?

trennbar	nicht trennbar
abreisen	

B. *ab-, an-, aus-, be-, ein-* oder *verreisen*?

Ergänzen Sie den Text mit den Verben *abreisen, anreisen, ausreisen, bereisen, einreisen* und *verreisen*.

a. Wenn Sie aus diesem Land _____ausreisen_____ wollen, müssen Sie am Flughafen

   zuerst eine Gebühr bezahlen.

b. Im nächsten Jahr _____ ich für drei Monate!

c. Schon als Kind habe ich davon geträumt, Südamerika zu _____.

d. Leider _____ ich schon morgen _____, denn ab Montag muss ich

   wieder arbeiten.

e. Die Reisegruppe _____ am Montagabend _____ und wird dann

   sofort ins Hotel gebracht.

f. Es tut mir furchtbar Leid, aber Sie können nur mit gültigem Visum _____.

⑮ Nomen ableiten Von welchen Verben aus Übung 14 kann man ein Nomen ableiten?

a. Nach seiner _____Anreise_____ möchte er erst einmal schlafen und sich von dem

   langen Flug erholen.

b. Er wurde bei der _____ von einem Zollbeamten gestoppt, weil er zu viel

   Alkohol im Gepäck hatte.

c. Bei der _____ aus Australien muss man eine Gebühr von 27 australi-

   schen Dollar bezahlen.

d. Leider kann ich meine _____ nicht verschieben, da ich morgen wieder

   zurück in Frankfurt sein muss.

B Neue Trends im Reisen

Extrem-Urlaub 2000

 Üb. 1–11 zu Textbuch S. 19, Strukturen

1 Eine Reise um die Welt: Präpositionen mit Akkusativ

A. Ergänzen Sie die Präpositionen.

bis	durch	ohne
bis	für	~~um~~
durch	gegen	wider

a. Nächstes Jahr mache ich eine sechsmonatige Reise ____um____ die Welt!

b. Ich fliege auf jeden Fall, _____ alle Probleme: meinen Chef, mein Bankkonto

und meinen Freund!

c. Zuerst fliege ich _____ zwei Wochen nach Spanien.

d. Ich werde _____ Spanien trampen und dann _____ Marokko mit dem

Schiff fahren.

e. Davor habe ich ein bisschen Angst. Hoffentlich fährt das Schiff nicht _____

einen Felsen!

f. Wenn ich _____ Marokko gereist bin, fahre ich weiter nach Süden, _____

nach Südafrika.

g. Dort bin ich dann wahrscheinlich pleite! Und _____ Geld kann ich nicht

weiterreisen. Also werde ich ein bisschen in Südafrika arbeiten und dann weiter nach

Indien fliegen.

B. Ergänzen Sie die Artikel und Endungen.

a. Dann bin ich schon fast um ____die____ halbe Welt (*f.*) gereist!

b. Ich werde durch _____ große Land (*n.*) Indien reisen und wieder ab und zu für

ein_____ Bauern oder Geschäftsmann arbeiten, um etwas Geld zu verdienen.

c. Wider _____ politische Situation (*f.*) fahre ich danach nach Pakistan und dann

   durch _____ Land der Mitte, China!

d. Für ein_____ Weile werde ich in China bleiben.

e. Von China aus fliege ich in die USA und bleibe auch dort für ein_____ Monat (*m.*).

f. Aber danach werde ich ohne ein_____ weiteren Zwischenstopp (*m.*) nach Hause

   fliegen.

g. Jetzt muss ich nur noch meinen Freund überreden mitzukommen, denn gegen

   sein_____ Willen (*m.*) ist es vielleicht doch nicht so nett.

② **Präpositionen mit Dativ**

A. Einmal James Bond sein! Ergänzen Sie die Präpositionen.

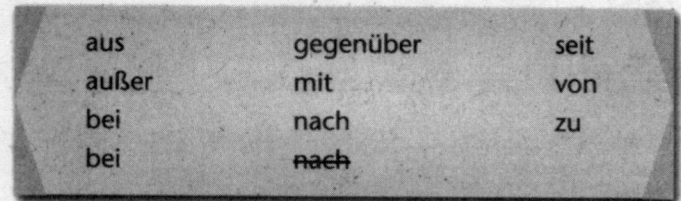

aus	gegenüber	seit
außer	mit	von
bei	nach	zu
bei	~~nach~~	

a. Mein Freund hat einen spannenden Urlaub
   gebucht: Er fliegt _____*nach*_____ Tucson,
   Arizona in ein Fantasy Camp und spielt drei
   Wochen lang James Bond.

b. Mein Freund kommt _____ einer sehr
   kleinen Stadt _____ Stuttgart, wo es ihm
   oft langweilig ist. Das erklärt vielleicht dieses
   merkwürdige Urlaubsziel.

c. _____ seiner Wohnung ist ein kleines Reisebüro
   und da hat er es eines Tages gesehen: Einmal James Bond
   sein!

Name _____ Kurs _____ Datum _____

d. Er hat sofort gebucht, denn er träumt schon _____ langer Zeit von einer

   außergewöhnlichen Erfahrung.

e. Er fliegt heute _____ Frankfurt _____ Phoenix.

f. _____ etwas Kleidung muss er nichts mitbringen, heißt es im Prospekt.

   Für den Rest sorgt der Veranstalter.

g. _____m Basisprogramm gehören wilde Verfolgungsjagden, Geiselbefreiungen

   und, _____ schlechtem Wetter, Schießduelle!

h. Ich muss sofort _____ ihm telefonieren, wenn er zurückkommt!

B. Eine Luxusreise: Ergänzen Sie die Artikel und Endungen, wo nötig.

a. Auch meine Eltern möchten seit ein _er_____ Weile schon einen „anderen" Urlaub

   machen.

b. Normalerweise fahren sie nach _____ Sommerferien (*Pl.*), also im September, in

   die Schweiz zu mein_____ Tante und mein_____ Onkel.

c. Außer Berge_____ gibt es dort nichts.

d. Aus dies_____ Grund (*m.*) haben sie sich in diesem Jahr entschieden, an einer

   Luxus-Expedition teilzunehmen: dem Kenya Explorer.

e. Zu Fuß und mit ein_____ Kamel-Karawane wollen sie durch die Wildparks Kenias

   wandern.

f. Von ein_____ Luxushotel (*n.*), das direkt gegenüber _____ Flughafen (*m.*) liegt,

   starten sie ihre Reise.

g. Bei _____ Abreise in die Wüste wird ein Feuerwerk gemacht!

h. Die Reise bringt sie von ein_____ Luxushotel ins nächste und unterwegs werden sie

   mit Bücher_____, Zeitungen_____ und Cocktails_____ versorgt. Alles inklusive,

   damit sich niemand langweilt!

i. Nach 15 Tage_____ ist der Luxus wieder zu Ende.

j. Bei dies_____ Preis (*m.*) kann man Luxus pur erwarten!

3 **Schwierigkeiten vor der Abreise: *Wo? Wohin?* oder *Wann?*** Ergänzen Sie die Fragewörter *wo, wohin* und *wann* und ordnen Sie die Antworten den Fragen zu.

a. _____Wo_____ ist denn mein großer Koffer? __3__

b. _____ fliegen wir denn? _____

c. _____ hast du meinen Pass gelegt? _____

d. Und _____ ist mein Schlüssel? _____

e. _____ kommt denn unser Taxi? _____

f. _____ ist denn mein rotes T-Shirt? _____

g. _____ hast du meine Schuhe gestellt? _____

h. _____ ist denn bloß die Sonnencreme? _____

i. _____ kommen wir eigentlich zurück? _____

1. Es ist in der Waschmaschine.
2. In drei Stunden.
3. Auf dem Schrank.
4. Am übernächsten Samstag.
5. Ich habe sie an die Tür gestellt.
6. Es ist vor fünf Minuten gekommen.
7. Ich habe ihn neben meine Handtasche gelegt.
8. Sie ist im Bad.
9. Das weiß ich leider auch nicht. Vielleicht in meiner Handtasche?

4 **Im Flugzeug: Wechselpräpositionen** Ergänzen Sie die Präpositionen.

an	hinter	in	unter
an	in	neben	vor
auf	in	entlang	vor
~~auf~~	in	über	zwischen

a. PASSAGIER 1: Entschuldigung, Sie sitzen _____auf_____ meinem Platz.

b. PASSAGIER 2: Nein, das stimmt nicht, Ihr Platz ist _____ mir und dem Fensterplatz.

c. PASSAGIER 1: Tut mir Leid, dann setze ich mich also _____ Sie. Vorher lege ich noch schnell mein Gepäck _____ das Gepäckfach. Wo ist es denn?

d. PASSAGIER 2: _____ Ihrem Kopf.

e. PASSAGIER 1: Jetzt bin ich fertig. Igitt! _____ meinem Sitz klebt ja ein Kaugummi! Außerdem müsste ich mal zur Toilette gehen. Wo ist sie denn?

f. PASSAGIER 2: Den Gang _____, _____ der letzten Sitzreihe, _____ der Küche.

g. PASSAGIER 1: Vielen Dank. Wo ist eigentlich die Schwimmweste? Ich habe _____ dem Gepäckfach keine gesehen.

h. PASSAGIER 2: _____ dem Sitz.

i. PASSAGIER 1: Wann starten wir denn eigentlich?

j. PASSAGIER 2: _____ ein paar Minuten.

k. PASSAGIER 1: Sollten wir nicht eigentlich schon

_____ einer Viertelstunde abfliegen?

l. PASSAGIER 2: Ja, das stimmt, aber wir haben wohl

eine kleine Verspätung. Haben Sie es eilig?

m. PASSAGIER 1: Nein, ich hatte nur gedacht, dass ich vielleicht _____m Nachmittag

schon _____m Strand _____ der Sonne liegen könnte.

5 Endlich im Hotel: Wechselpräpositionen Ergänzen Sie die Artikel und Endungen.

Auf die Frage	WO ... ?	steht der Dativ.
Auf die Frage	WOHIN ... ?	steht der Akkusativ.
Auf die Frage	WANN ... ?	steht der Dativ.

A. An der Rezeption: Wo ist denn … ?

CHRISTOPH: Guten Tag, Schwarz. Wir haben bei Ihnen für zwei Wochen ein Zimmer

gebucht. Wo ist es denn? Auf ____*der*____ Westseite hoffe ich, ich liebe die

Abendsonne.

REZEPTIONIST: Zunächst brauche ich Ihre Personalien. … Danke. Also, Sie haben Zimmer

310, das ist i_____[a] dritten Stock (*m.*). Am besten nehmen Sie den Aufzug.

Er ist hinter _____[b] großen Palme dort.

CHRISTOPH: Vielen Dank. I_____[c] Prospekt (*m.*) steht, dass es hier auch ein

Schwimmbad, eine Cocktail-Bar, Tennisplätze, ein Restaurant und eine

Massage-Praxis gibt. Wo können wir all das finden?

REZEPTIONIST: Das Schwimmbad ist draußen. Es liegt direkt a_____[d] Meer. Folgen Sie

einfach den Schildern. Sie stehen entlang _____[e] Weg (*m.*). Es ist leicht

zu finden. Neben _____[f] Schwimmbad ist eine Terrasse mit einigen

Liegestühlen. Dort können Sie ungestört in _____ᵍ Sonne liegen.

Auf _____ʰ Terrasse gibt es auch eine Cocktail-Bar und neben

_____ⁱ Cocktail-Bar ist eine Dusche. Zwischen _____ʲ

Schwimmbad und _____ᵏ Cocktail-Bar ist eine Treppe. Wenn Sie

diese Treppe hinaufgehen, kommen Sie zur Massage-Praxis. Sie ist also

praktisch über _____ˡ Terrasse. Das Restaurant befindet sich in

dies_____ᵐ Gebäude (*n.*). Es ist unter _____ⁿ Gästezimmern,

i_____ᵒ Keller (*m.*) des Hauses. Sie gehen also einfach nur diese Treppe

hinunter.

CHRISTOPH: Und wo sind die Tennisplätze?

REZEPTIONIST: Sie sind schon daran vorbeigekommen. Sie sind direkt vor _____ᵖ Tür.

B. Wohin gehen wir?

a. ELKE: Was machen wir denn zuerst? Ich möchte am liebsten sofort an _____*den*_____

Strand.

b. CHRISTOPH: Ich denke, wir sollten zuerst auf _____ Zimmer gehen. Danach

können wir dann auf _____ Terrasse gehen und uns in _____ Sonne legen.

c. ELKE: Also gut, gehen wir in _____ Zimmer und packen aus.

d. CHRISTOPH: Soll ich deine T-Shirts auf _____ Tisch legen?

e. ELKE: Nein, leg sie in _____ Schrank, neben _____ Hosen.

f. CHRISTOPH: Und deinen Kulturbeutel? Soll ich ihn unter _____ Waschbecken (*n.*)

stellen?

g. ELKE: Nein, stell ihn bitte neben _____ Waschbecken.

h. CHRISTOPH: Und deine Kamera? Soll ich sie zwischen dein_____ T-Shirts legen, damit

sie niemand klaut?

i. ELKE: So ein Unsinn, leg sie an_____ Bett.

j. CHRISTOPH: Und deine Jacke?

k. ELKE: Häng sie bitte hinter _____ Tür. Wo ist eigentlich mein Badeanzug? Ich

glaube, ich habe ihn unter mein_____ Pullover (*m.*) gepackt.

l. CHRISTOPH: Wohin mit den Schuhen? Vor _____ Tür, wie zu Hause?

m. ELKE: Stell sie doch auf _____ Balkon (*m.*).

n. CHRISTOPH: Oh, sieh nur, vom Balkon hat man einen tollen Blick über _____

Meer!

C. Wann gehen wir denn endlich?

a. ELKE: Wann gehen wir denn endlich an den Strand?

b. CHRISTOPH: Bald, sagen wir in ein_*er*___ Stunde?

c. ELKE: In ein_____ Stunde?! Das dauert mir zu lange. Also, ich werde in ein_____

Minute losgehen.

d. CHRISTOPH: Wir sind doch erst vor ein_____ halben Stunde angekommen. Mach

keinen Stress!

e. ELKE: Ich will aber jetzt gehen, a_____ Abend (*m.*) scheint die Sonne schließlich

nicht mehr!

f. CHRISTOPH: Eben! Ich habe nämlich keine Lust, mir gleich a_____ ersten Tag einen

Sonnenbrand zu holen. Schließlich haben wir wegen dir die Sonnencreme vergessen!

g. ELKE: Heißt das, du willst erst a_____ zweiten Tag unseres Urlaubs in der Sonne

liegen?

h. CHRISTOPH: Eigentlich möchte ich gar nicht in der Sonne liegen. Erinnerst du dich

nicht daran, dass wir schon vor ein_____ Monat (*m.*) für morgen einen Ausflug

gebucht haben? Wir werden also a_____ Montag unseren Horizont erweitern!

6 **Aktion oder Position?** Kreuzen Sie die Verben an, die eine Bewegung ausdrücken.

a. ☐ hängen (*regelmäßig*)   e. ☐ setzen

b. ☐ stellen   f. ☐ legen

c. ☐ liegen   g. ☐ hängen (*unregelmäßig*)

d. ☐ sitzen   h. ☐ stehen

7 Erpressung Streichen Sie das falsche Verb.

a. ELKE: Also gut, nun habe ich ausgepackt und geduscht. Und jetzt werde ich mich in die

Sonne ~~liegen~~ / legen.

b. CHRISTOPH: Mach das, ich werde noch ein Weilchen auf dem Bett liegen / legen.

c. ELKE: Sitz / Setz dich lieber auf das Sofa, sonst schläfst du noch ein.

d. CHRISTOPH: Ach übrigens, ich glaube, du sitzt / setzt auf meinem Buch.

e. ELKE: Tut mir Leid. Ich lege / liege noch schnell mein Handtuch auf den Balkon und

dann gehe ich sowieso an den Strand.

f. CHRISTOPH: Du hast dein Handtuch doch eben schon auf den Balkon gehangen / gehängt.

g. ELKE: Das stimmt nicht, eben hat es im Bad gehangen / gehängt.

h. CHRISTOPH: Das ist nicht wahr. Was ist denn so interessant auf dem Balkon? Steht /

Stellt dort unten vielleicht ein attraktiver Mann?

i. ELKE: Vielleicht stehe / stelle ich mich zu ihm, da du ja so langweilig bist. Oder legst /

liegst du dich doch mit mir an den Strand?

j. CHRISTOPH: Ich lasse mich doch nicht erpressen! Setz / Sitz dich doch zu ihm.

8 Versöhnung Ergänzen Sie Wechselpräpositionen und Artikel.

a. CHRISTOPH: Also gut, du Nervensäge, gehen wir_____*an*_____ _____*den*_____ Strand.

b. ELKE: Juchhu! Wo ist denn unser Zimmerschlüssel? Ach ja, er steckt ja _____

Schloss (*n.*). Und wo ist mein Handtuch? Ach ja, _____ _____ Balkon (*m.*).

c. CHRISTOPH: Wohin hast du denn jetzt mein Buch gelegt?

d. ELKE: Ich habe es _____ _____ Tasche gesteckt.

e. CHRISTOPH: Wir können doch auf dem Weg noch schnell etwas Wasser _____

_____ kleinen Laden (*m.*) _____ _____ Rezeption (*f.*) kaufen gehen.

f. ELKE: Eine gute Idee! Gehen wir! Was für ein tolles Wetter, keine Wolke ist

_____ Himmel (*m.*)!

g. CHRISTOPH: Wohin wollen wir uns denn legen? Vielleicht _____ _____

Cocktail-Bar (*f.*) und _____ Schwimmbad?

h. ELKE: In Ordnung. Sieh nur, _____ _____ Palme liegt ja eine Kokosnuss!

Leg dich _____ _____ Palme, dann bekommst du keinen Sonnenbrand!

9 **Abreise** Ergänzen Sie die Endungen, Wechselpräpositionen und die Artikel.

a. CHRISTOPH: Wie schade, dass der Urlaub schon zu Ende ist! Es war so schön, mit dir

_____*am*_____ Strand zu liegen.

b. ELKE: Weißt du noch, wie wir uns _____ Anfang (*m.*) gestritten haben, weil du

nicht sonnenbaden wolltest?

c. CHRISTOPH: Ja, das war _____ _____ Woche, nein stimmt gar nicht, es war

_____ zwei Woche_____ . Unglaublich, wie schnell die Zeit vergeht!

d. ELKE: _____ ein paar Stunde_____ sind wir schon wieder zu Hause

_____ _____ Wohnung (*f.*) und müssen unsere Sachen auspacken.

e. CHRISTOPH: Morgen werde ich sofort die Fotos _____ _____ Computer (*m.*)

laden.

f. ELKE: Und _____ Wochenende (*n.*) können wir Thomas und Lisa die Fotos zeigen!

g. CHRISTOPH: Lass uns zum Abschied noch einmal _____ _____ Cocktail-

Bar (*f.*) gehen und einen Kokos-Mango-Cocktail trinken.

h. ELKE: Prost! _____ _____ schönen Urlaub (*m.*)!

i. CHRISTOPH: Vielleicht sollten wir _____ nächsten Jahr (*n.*) wieder _____

_____ Karibik (*f.*) fliegen und uns _____ Palmen entspannen!

⑩ Vom Urlaub berichten Schreiben Sie nun selbst einen kleinen Text über Ihren letzten Urlaub. Wann war das? Wo waren Sie? Mit wem waren Sie dort? Was haben Sie dort gemacht? Schreiben Sie zehn Sätze.

_____

_____

_____

_____

_____

_____

_____

_____

_____

_____

_____

_____

⑪ *n*-Deklination Ergänzen Sie die Endung, wo nötig.

a. Im Urlaub habe ich einen ganz besonders netten Mensch_en____ kennen gelernt.

b. Er ist Grieche_____.

c. Ich habe diesen netten Herr_____ an der Hotelbar kennen gelernt.

d. Wir haben lange über einen sehr interessanten Gedanke_____ gesprochen, er ist

   nämlich Philosoph_____.

e. Ich wollte schon immer einen Philosoph_____ treffen!

f. Lustigerweise kennt er einen Nachbar_____ von mir, einen Polizist_____, und auch

   meinen Kollege_____! Die Welt ist klein!

g. Er ist wirklich ein ausgesprochen netter Mensch_____.

h. Ich mag ihn von ganzem Herz_____ .

i. Leider habe ich seinen Name_____ vergessen!

Üb. 12–15 zu Textbuch S. 21, Strukturen

⑫ Imperativ Füllen Sie die Tabelle aus.

	machen	reiten	nehmen	lesen	laufen	sein
du	Mach ... !					Sei ... !
Sie						
ihr						
wir						

⑬ Imperativ: Vorschläge machen

A. Claudia kann sich nicht entscheiden, wo sie ihren Urlaub verbringen möchte. Ihre Freundin macht Vorschläge. Benutzen Sie den *du*-Imperativ.

a. KATHRIN: _____*Flieg*_____ doch nach Kanada. (fliegen)

CLAUDIA: Nein, dort ist es zu kalt.

b. KATHRIN: _____ doch nach Frankreich und _____ gutes Essen. (fahren, essen)

CLAUDIA: Nein, dort sind im Sommer zu viele Touristen.

c. KATHRIN: _____ doch nach Ägypten. (reisen)

CLAUDIA: Nein, dort ist es zu gefährlich.

d. KATHRIN: _____ doch mit ein paar anderen Leuten auf einer Segeljacht in der Karibik. (segeln)

CLAUDIA: Nein, ich werde sehr leicht seekrank.

e. KATHRIN: _____ doch auf einem Kamel durch die tunesische Wüste. (reiten)

CLAUDIA: Nein, das habe ich im letzten Jahr gemacht.

f. KATHRIN: _____ doch in den Alpen. (klettern)

   CLAUDIA: Nein, das ist zu anstrengend.

g. KATHRIN: _____ doch deine Freunde in Brasilien. (besuchen)

   CLAUDIA: Nein, das ist zu teuer.

   KATHRIN: Dann _____ doch vorher ein bisschen. (arbeiten)

   CLAUDIA: Dazu habe ich keine Lust.

h. KATHRIN: _____ doch zu Hause, _____ ein Buch und

   _____ dich! (bleiben, lesen, sich langweilen)

   CLAUDIA: _____ doch nicht so gemein! (sein)

B. Ihre beiden Freunde Stephanie und Thomas können sich auch nicht entscheiden, wo sie gerne Urlaub machen möchten. Versuchen Sie ihnen zu helfen. Geben Sie die gleichen Tipps wie in Übung A. Benutzen Sie die *ihr*-Form.

a. *Fliegt doch nach Kanada.* _____

b. _____

c. _____

d. _____

e. _____

f. _____

g. _____

   _____

h. _____

   _____

C. Geben Sie Ihrem Chef die gleichen Tipps. Benutzen Sie die *Sie*-Form.

a. *Fliegen Sie doch nach Kanada.* _____

b. _____

c. _____

d. _____

e. _____

f. _____

g. _____

h. _____

_____

D. Planen Sie mit einer Freundin Ihren gemeinsamen Sommerurlaub. Machen Sie die gleichen Vorschläge wie oben in der *wir*-Form.

a. *Fliegen wir doch nach Kanada.* _____

b. _____

c. _____

d. _____

e. _____

f. _____

g. _____

_____

h. _____

_____

14 **Reisebegleitung gesucht** Sie möchten nach Mexiko reisen, haben aber keine Lust, alleine in Urlaub zu fahren. Schreiben Sie eine Anzeige im Imperativ, in der Sie eine Reisebegleitung suchen. Die Wörter im Kasten können Ihnen helfen. Beginnen Sie so:

schnorcheln[1]   die Insel   der Strand   tauchen   Flamingos beobachten   Restaurants mit authentischem Essen.   anrufen   die Kultur kennen lernen   die Maya-Ruine, -n   der Regenwald   das Meer   der Schmetterling, -e   eine E-Mail / SMS schicken   nette Menschen

Ferien und keine Pläne? Dann geht es dir genau wie mir. ... _____

_____

[1]**schnorcheln** schwimmen und dabei Fische beobachten; man hat eine Maske, damit man besser sehen kann und einen Schlauch zum Atmen

_____

_____

_____

_____

_____

_____

15 Redensarten für Nichturlauber Benutzen Sie die Verben im Kasten, um die Redensarten unten zu ergänzen. Manchmal gibt es mehrere Möglichkeiten.

anrufen	erholen	kommen	lassen	schreiben
~~aufpassen~~	genießen	lassen	machen	sein

a. _____Pass_____ gut auf dich ___auf___!

b. _____ mir eine Karte!

c. _____ euch gut!

d. _____ vorsichtig!

e. _____ gesund wieder!

f. _____ mal _____!

g. _____ mal was von dir hören!

h. _____ dir eine schöne Zeit!

i. _____ euch nicht übers Ohr hauen!

j. _____ deinen Urlaub!

📖 Üb. 16 zu Textbuch S. 22, Aufg. 8

16 Imperativ: Anzeigen Ergänzen Sie.

a. Sie wollten schon immer mal auf einem Kamel

reiten? ___Kommen Sie___ (kommen) vorbei

und _____ (lassen) sich beraten!

b. Ihr größter Traum ist es, auf einer schneeweißen Segeljacht durch das azurblaue Wasser der Karibik zu segeln? _____ uns noch heute _____ (anrufen)!

c. Hallo Leute! Langeweile? Damit ist jetzt Schluss! _____ (kommen) vorbei und _____ (buchen) noch heute euren Abenteuerurlaub!

d. Du suchst die innere Ruhe? _____ (fliegen) nach Indien, _____ (erleben) deine spirituelle Kraft und _____ (entdecken), was in dir steckt!

e. Du sprühst vor Energie? Wir haben genau das Richtige für dich! _____ (machen) mehr aus deiner Freizeit! _____ (lassen) deine Ferien zum Erlebnis werden: Bungee-Jumping, Segelfliegen, Meer-Kajaking, Klettern, …. Du hast keine Erfahrung? _____ (trauen) dich einfach! Für den Rest sorgen wir.

f. Sie möchten im Urlaub etwas lernen? Kein Problem. _____ (sprechen) mit uns! Wir bringen Sie zu den Pyramiden, auf die chinesische Mauer oder zu den Stätten der Maya. _____ (melden) sich noch heute bei uns!

g. Gleichdenkende gesucht! Wir, Kerstin und Andreas, suchen andere junge Leute für einen Individualurlaub. _____ (tauchen) mit uns in den seichten Wassern des Pazifik, _____ (mieten) euch mit uns zusammen einen Jeep und _____ (fahren) mit uns quer durch Australien, _____ (beobachten) mit uns wilde Tiere und _____ (kochen) mit uns unter freiem Himmel!

h. Langeweile? Ich auch! _____ (verbringen) unsere Freizeit zusammen und _____ (unternehmen) etwas! _____ (machen) eine Radtour entlang der Märchenstraße und _____ (besichtigen) das Schloss Neuschwanstein! _____ (schreiben) mir eine E-Mail!

Gegentrends zum Aktivurlaub

Ein Recht auf Müßiggang

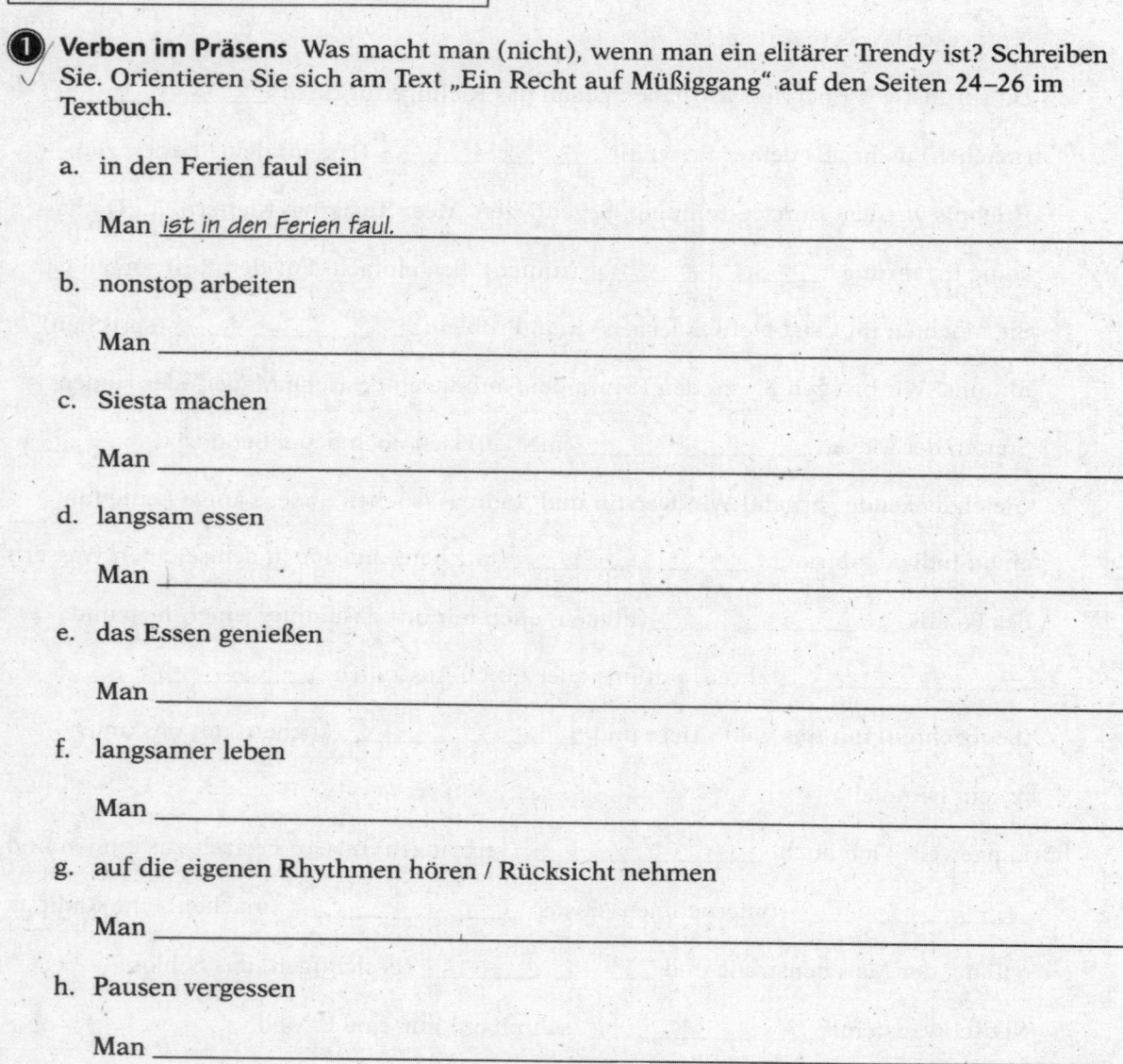

📖 Üb. 1 & 2 zu Textbuch S. 27, Aufg. 5

1 **Verben im Präsens** Was macht man (nicht), wenn man ein elitärer Trendy ist? Schreiben Sie. Orientieren Sie sich am Text „Ein Recht auf Müßiggang" auf den Seiten 24–26 im Textbuch.

a. in den Ferien faul sein

Man *ist in den Ferien faul.* _____

b. nonstop arbeiten

Man _____

c. Siesta machen

Man _____

d. langsam essen

Man _____

e. das Essen genießen

Man _____

f. langsamer leben

Man _____

g. auf die eigenen Rhythmen hören / Rücksicht nehmen

Man _____

h. Pausen vergessen

Man _____

i. Bücher wie „Unsere innere Uhr" lesen

Man _____

j. Zeit haben

Man _____

k. dem Dolcefarniente huldigen

Man _____

l. berufliche Maßstäbe auf die Freizeit übertragen

Man _____

m. den Urlaub nach den Kriterien der Erlebnismaximierung gestalten

Man _____

n. Golf spielen

Man _____

② Imperativ Tun Sie so, als ob Sie die Psychologin Barbara Knab wären. Geben Sie Ihren Patienten Ratschläge mit den Verben aus Übung 1. Je nachdem, wie alt Ihre Patienten sind, müssen Sie sie siezen oder duzen.

a. *Seien Sie in den Ferien doch mal faul!* _____

Sei in den Ferien doch mal faul! _____

b. _____

c. _____

d. _____

_____

e. _____

_____

f. _____

_____

g. _____

_____

h. _____

_____

i. _____

_____

j. _____

_____

k. _____

_____

l. _____

_____

m. _____

_____

n. _____

_____

Üb. 3–5 zu Textbuch S. 29, Aufg. 7

3 **Wortschatz: Gegenteile** Schreiben Sie jeweils das Gegenteil aus dem Kasten auf.

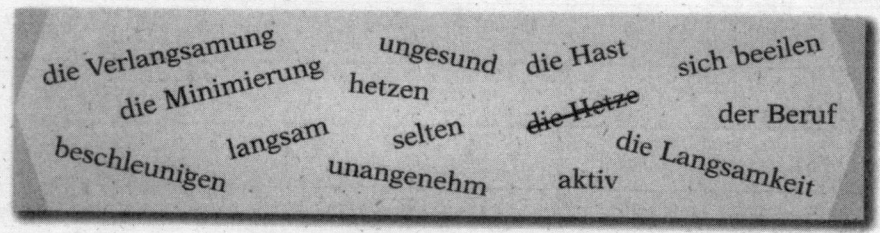

die Verlangsamung   ungesund   die Hast   sich beeilen
die Minimierung   hetzen   ~~die Hetze~~   der Beruf
beschleunigen   langsam   selten   die Langsamkeit
unangenehm   aktiv

a. die Ruhe: _____*die Hetze*_____

b. verlangsamen: _____

c. der Genuss: _____

d. die Beschleunigung: _____

e. die Freizeit: _____

f. müßiggehen: _____

g. faul: _____

h. die Maximierung: _____

i. gesund: _____

j. die Schnelligkeit: _____

k. schnell: _____

l. sich Zeit nehmen / lassen: _____

m. oft: _____

n. angenehm: _____

④ Komposita: Adjektive

A. Im Kasten unten finden Sie Teile von Adjektiven. Setzen Sie die Adjektive zusammen. Jedes
Adjektiv besteht aus zwei Teilen. Insgesamt sind es also fünf Komposita, die alle im Text
„Ein Recht auf Müßiggang" (Textbuch, S. 24–26) stehen. Der kleine Strich zeigt Ihnen
immer, ob dieser Teil der erste oder der zweite Teil des Wortes ist. Notieren Sie die fünf
Komposita:

_____

_____

_____

_____

_____

hoch-	-aufwendig
neu-	-deutsch
prestige-	-effizient
salon-	-fähig
zeit-	-trächtig

B. Schreiben Sie jetzt mit jedem Kompositum einen Satz, der zum Text „Ein Recht auf
Müßiggang" passt.

a. _____

b. _____

c. _____

d. _____

e. _____

C. Schreiben Sie jetzt mit jedem Kompositum einen nicht textrelevanten Satz.

a. _____

b. _____

c. _____

d. _____

e. _____

⑤ Identität erfinden Sehen Sie sich das Bild an. Geben Sie dem Mann auf dem Kamel eine Identität. Schreiben Sie ca. zehn Sätze.

◇ Wie heißt er?

◇ Wo wohnt er?

◇ Was ist er von Beruf? Wo arbeitet er?

◇ Hat er Familie?

◇ Was macht er in seiner Freizeit?

◇ Wie macht er Urlaub?

◇ Wo ist er auf diesem Bild und was macht er gerade? Warum?

_____   _____

_____

_____

_____

_____

_____

_____

_____

_____

_____

_____

_____

_____

Drei Zitate von Friedrich Nietzsche

📖 Üb. 6 zu Textbuch S. 32, Aufg. 1

6 **Nietzsche-Biografie: Verben im Präsens** Lesen Sie die unvollständigen Sätze. Am Ende steht das Verb in Klammern. Konjugieren Sie das Verb und schreiben Sie es in den Satz hinein. Achten Sie auf die Präfixe. Schreiben Sie im Präsens.

Friedrich Nietzsche   Richard und Cosima Wagner

wird
a. 1844 Friedrich Nietzsche in Röcken als Sohn eines Pfarrers. (geboren werden)   _geboren_

b. 1850 der Vater. (sterben)

c. Nach dem Tod des Vaters die Familie nach Naumburg. (umziehen)

d. 1864 Nietzsche Theologie und klassische Philologie in Bonn zu studieren. (anfangen)

e. 1865 er das Studium in Leipzig. (fortsetzen)

f. 1868 er sich mit Richard Wagner. (anfreunden)

g. Er sich in die Frau von Richard Wagner, Cosima. (verlieben)

h. Nietzsche ohne Prüfung den Doktortitel, weil seine Publikationen so gut sind. (bekommen)

i. Die Universität Basel ihn als Professor für griechische Sprache und Literatur. (einstellen)

j. 1879 Nietzsche sehr krank und sein Lehramt an der Universität Basel. (werden, aufgeben)

k. Er sich von seinen Freunden und die folgenden Jahre in Italien und in der Schweiz. (isolieren, verbringen)

l. Zwischen 1878 und 1880 Nietzsche auch die Freundschaft mit Richard Wagner. (beenden)

m. 1889 Nietzsche psychisch. (zusammenbrechen)

n. Von nun an er mit seiner Mutter. (müssen, zusammenleben)

o. Nach dem Tod der Mutter seine Schwester mit ihm nach Weimar. (umziehen)

p. Am 25. August 1900 Nietzsche in geistiger Umnachtung[1] in Weimar. (sterben)

---

[1]**geistige Umnachtung** wenn man eine schwere psychische Krankheit hat

EINHEIT 2

Das Fernweh zur Zeit Goethes

Märchen, Gedichte und Malerei im 18. und 19. Jahrhundert

A Das Wandern

Ein Überblick zum Thema „Wandern"

 Üb. 1–6 zu Textbuch S. 43, Aufg. 4

1 **Infinitiv mit *um … zu*** Beenden Sie die Sätze mit einem Infinitiv mit *zu*. Benutzen Sie das Verb in Klammern und entscheiden Sie, welche Position *zu* haben muss.

a. Man wanderte früher, um die Natur _____*zu erleben*_____ . (erleben)

b. Man ging auf Wanderschaft, um sich die Natur _____ . (anschauen)

c. Man ging in den Wald, um die Natur _____ . (betrachten)

d. Man wanderte, um in der Natur _____ . (sein, können)

e. Heute wandert man, um gut und fit _____ . (aussehen)

f. Heute reist man auch, um Geschichten _____ .

(erzählen, können)

g. Man fährt ins Ausland, um andere Kulturen _____

_____ . (kennen lernen, können)

h. Man fährt in den Urlaub, um sich schöne Landschaften _____

_____ . (anschauen, können)

i. Man reist, um Sehenswürdigkeiten _____ . (besichtigen)

j. Man fährt in die Ferien, um sich andere Länder _____ . (ansehen)

k. Man reist, um andere Traditionen _____ .

(kennen lernen)

l. Studenten verbringen gern ein Jahr im Ausland, um in einer anderen Kultur

_____ . (leben)

2 Das Wandern früher und heute Formen Sie um. Schreiben Sie Sätze mit *um … zu.*

a. Früher sind die Leute gewandert, weil sie in der Natur sein wollten.

  Früher sind die Leute gewandert, um in der Natur zu sein.

b. Junge Handwerker sind früher gewandert, weil sie von verschiedenen Meistern lernen
wollten.

_____

c. Studenten sind früher gewandert, weil sie Erfahrungen sammeln wollten.

_____

d. Heute reisen die Menschen, weil sie ferne Länder sehen möchten.

_____

e. Sie reisen, weil sie andere Kulturen kennen lernen möchten.

_____

f. Heute wandern die Menschen, weil sie fit und gesund bleiben wollen.

_____

g. Studenten machen heutzutage gerne Auslandsaufenthalte, weil sie in einer anderen
Kultur leben und lernen möchten.

_____

❸ Persönliche Fragen Antworten Sie mit *um … zu*.

a. Warum wohnen Sie in dieser Stadt?

   Ich wohne in dieser Stadt, um zu studieren.

b. Warum gehen Sie zum College / zur Universität?

   _____

c. Warum lernen Sie Deutsch?

   _____

d. Warum wohnen Sie im Studentenwohnheim / in einer Wohnung / zu Hause?

   _____

e. Warum fahren Sie in Urlaub?

   _____

f. Warum treffen Sie sich mit Freunden?

   _____

g. Warum trinken Sie Kaffee / Tee / Cola?

   _____

❹ *Um … zu* oder *damit*? *Um … zu* benutzt man, wenn es im Satz nur ein Subjekt gibt. Wenn es zwei verschiedene Subjekte gibt, benutzt man *damit*. Das Wort *damit* ist eine Konjunktion wie *weil*, das heißt, das Verb steht am Ende des Nebensatzes.

Schreiben Sie Sätze. Entscheiden Sie jeweils, ob Sie *um … zu* oder *damit* brauchen.

a. studieren / ich / haben / ein gutes Leben

   Ich studiere, um ein gutes Leben zu haben.

b. studieren / ich / haben / ein gutes Leben / meine Kinder

   Ich studiere, damit meine Kinder ein gutes Leben haben.

c. wohnen / ich / hier / studieren

   _____

d. wohnen / ich / hier / meine Eltern / besuchen / können / mich / oft

   _____

e. Sport / treiben / ich / meine Muskeln / wachsen

_____

f. Sport / treiben / ich / fit / sein

_____

g. fleißig / lernen / ich / meine Professoren / mögen / mich

_____

h. fleißig / lernen / ich / gute Noten / bekommen

_____

⑤ *Um ... zu oder weil?* Schreiben Sie Sätze. Entscheiden Sie, ob Sie *um ... zu* oder *weil* brauchen. Die Nomen sind im Nominativ angegeben. Wählen Sie den richtigen Kasus im Satz. Entscheiden Sie auch, ob Sie den bestimmten oder den unbestimmten Artikel brauchen und ob der Singular oder der Plural besser passt. In den Sätzen c, d und e sind die Präteritumsformen, die Sie brauchen, in Klammern angegeben.

a. viele Menschen / wandern / Sport / gut / für / die Gesundheit / sein

 Viele Menschen wandern, weil Sport gut für die Gesundheit ist.

b. viele Menschen / wandern / fit / bleiben

_____

c. früher / wandern (wanderten) / Handwerker / man / es / von / ihnen / erwarten (erwartete)

_____

d. sie / zurückkommen (kamen ... zurück) / nach / die Wanderschaft / ein eigenes Geschäft / eröffnen

_____

e. Studenten / sollen (sollten) / nicht / nur / aus Büchern / lernen / Bücher / nicht / die Realität / ersetzen / können

_____

f. heutzutage / machen / Studenten / der Auslandsaufenthalt / das / gut / für die Karriere / sein

_____

g. Studenten / studieren / im Ausland / sie / Karriere machen / wollen

_____

6 *Um ... zu, damit* **oder** *weil*? Schreiben Sie Sätze im Präteritum. Die Präteritumsformen sind in Klammern angegeben.

Der wohlhabende Vater Goethe geht keinem Beruf nach. Seine Kinder unterrichtet er selbst oder lässt Hauslehrer kommen. In seiner Bibliothek stehen viele Bildbände. Besonders gern zeigt er die über Italien, wo er als junger Mann war.

a. Goethe / früher / oft / spazieren gehen (ging ... spazieren) / sich inspirieren / lassen

Goethe ging früher oft spazieren, um sich inspirieren _____

zu lassen. _____

b. er / schreiben (schrieb) / seine Probleme / verarbeiten

_____

_____

c. Goethe / studieren (studierte) / Jura / seine Eltern / zufrieden / sein (waren)

_____

_____

d. Goethe / studieren (studierte) / Jura / seine Eltern / zufrieden / machen

_____

_____

e. er / als Jurist / arbeiten (arbeitete) / Geld / verdienen / müssen (musste)

_____

_____

f. er / als Jurist / arbeiten (arbeitete) / Geld / verdienen

_____

g. Goethe / haben (hatte) / Privatlehrer / seine Eltern / sehr / reich / sein (waren)

_____

h. Goethes Vater / Privatlehrer / einstellen (stellte ... ein) / Goethe / eine gute Ausbildung / bekommen (bekam)

_____

i. Goethe / nach Italien / reisen (reiste) / seinen Horizont / erweitern

_____

B Ausflug in die deutsche Literaturgeschichte

Hintergrundwissen

 Üb. 1 & 2 zu Textbuch S. 44, Aufg. 1

1 **Wortschatz: Welches Wort passt nicht?** Streichen Sie das Wort, das nicht zu den anderen passt.

a.	der Maler	~~vertonen~~	die Skulptur	zeichnen
b.	die Skulptur	die Zeichnung	das Märchen	das Gemälde
c.	die Oper	das Gedicht	die Symphonie	das Konzert
d.	vertonen	komponieren	malen	dirigieren[1]
e.	der Dichter	der Bildhauer	der Maler	der Künstler
f.	das Märchen	die Novelle	das Gedicht	das Lied
g.	der Komponist	der Dichter	der Roman	das Gedicht
h.	das Lied	das Musikstück	die Oper	der Briefroman
i.	das Gedicht	das Gesicht	die Geschichte	der Roman

2 **Wortschatz: Wer macht was?** Setzen Sie die Verben ein und konjugieren Sie sie.

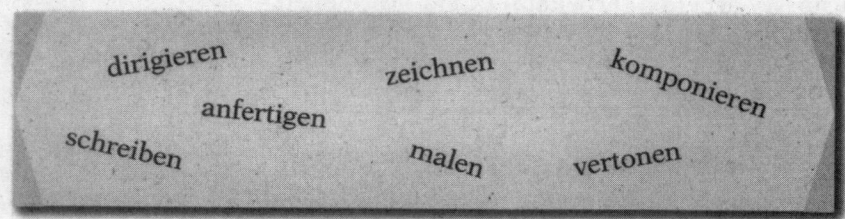

dirigieren   zeichnen   komponieren
anfertigen
schreiben   malen   vertonen

a. Ein Komponist _____ Melodien.

b. Ein Komponist _____ Gedichte.

c. Ein Schriftsteller _____ Romane oder Geschichten.

d. Ein Künstler _____ oder _____ Bilder oder

_____ Skulpturen _____.

e. Ein Dirigent _____ ein Orchester.

_____
[1]**dirigieren** ein Orchester leiten

📖 Üb. 3–8 zu Textbuch S. 48, Strukturen

③ Präposition oder *da*-Kompositum? Setzen Sie die Präpositionen *von, über* oder *mit* oder ein *da*-Kompositum ein.

a. Der Liederzyklus *Die schöne Müllerin* handelt ____*davon*____, dass ein Müller einen Freund findet, den Bach, der ihn auf seinem Weg begleitet.

b. Das Bild *Kreidefelsen auf Rügen* beschäftigt sich _____, dass Wanderer die Natur genießen.

c. *Die Zauberflöte* erzählt _____ der Entführung der Tochter der Königin der Nacht durch Sarastro.

d. *Faust* handelt _____, dass ein enttäuschter Wissenschaftler sich der Magie zuwendet.

e. Schiller schreibt in seinem Roman *Die Räuber* _____, wie Ungerechtigkeit und Hass eine Familie zerstören.

f. Der Briefroman *Die Leiden des jungen Werther* erzählt _____ dem Liebeskummer eines jungen Mannes, der Werther heißt.

g. In seinem Text *Wilhelm Tell* beschäftigt Schiller sich _____ den Ereignissen des schweizerischen Freiheitskampfes.

h. Die Oper *Fidelio* handelt _____, dass eine Frau eine Stelle als Gefängniswärter annimmt, um ihren Mann zu retten.

④ Verben mit Präpositionalobjekt Setzen Sie die Präpositionen *von, über* oder *mit* und einen bestimmten oder unbestimmten Artikel bzw. eine Endung ein.

a. Goethe erzählt in seinen Texten oft __*von*__ sein_*en*_ Erfahrungen.

b. Goethe hat sehr viel _____ _____ Leben (*n.*) und _____ _____ Liebe geschrieben.

c. Viele seiner Texte handeln _____ sein___ Liebeskummer (*m.*).

d. Er hat sich auch viel _____ _____ Naturwissenschaften beschäftigt.

e. Schiller hat _____ _____ Gesellschaft (*f.*) des 18. Jahrhunderts geschrieben.

f. *Die Räuber* handelt _____ _____ Familiendrama (*n.*) mit gesellschaftskritischen Tönen.

g. Schiller hat sich auch _____ _____ Ereignissen des schweizerischen Freiheitskampfes beschäftigt.

h. In *Wilhelm Tell* erzählt er auch _____ _____ nordischen Sage[1] vom Apfelschuss.

_____

[1]**die Sage** alte Geschichte, von der ein Teil wahr ist

⑤ Verben mit Präpositionalobjekt Lesen Sie die Liste der Verben mit fester Präposition und ergänzen Sie dann die Lücken unten mit den passenden Verben. Konjugieren Sie.

Verben mit Präpositionalobjekt

antworten auf (+ *Akk.*)

sich beschäftigen mit

bestehen aus

bitten um

danken für

denken an (+ *Akk.*)

diskutieren über (+ *Akk.*)

sich erinnern an (+ *Akk.*)

erzählen von

sich freuen auf (+ *Akk.*)

sich freuen über (+ *Akk.*)

sich gewöhnen an (+ *Akk.*)

handeln von

hoffen auf (+ *Akk.*)

sich interessieren für

lachen über (+ *Akk.*)

~~leiden an (+ *Dat.*)~~ (*wird oft ohne Artikel vor dem Nomen benutzt*)

schreiben an (+ *Akk.*)

schreiben über (+ *Akk.*)

sprechen über (+ *Akk.*)

sprechen von

suchen nach

teilnehmen an (+ *Dat.*)

vergleichen mit

sich verlieben in (+ *Akk.*)

sich vorbereiten auf (+ *Akk.*)

warten auf (+ *Akk.*)

zweifeln an (+ *Dat.*)

a. Bei diesem Wetter _____*leide*_____ ich immer _____*an*_____ Kopfschmerzen.

b. Zum Glück ist heute Freitag. Ich _____ mich _____ das Wochenende!

c. _____ du _____ der Konferenz _____?

d. Was ist so lustig? —Ich _____ _____ den Witz, den mir Jens gerade erzählt hat.

e. Hörst du gern Musik? —Ja, ich _____ mich besonders _____ Klassik.

f. Was machst du? —Ich _____ einen Brief _____ meine Mutter.

g. Dieser Kuchen _____ nur _____ Zucker, Mehl, Eiern und Schokolade. Er ist sehr leicht zu backen.

h. Vielen Dank, ich _____ mich wirklich sehr _____ dieses

Geschenk!

i. Die neue Wohnung ist leider sehr laut. Ich werde mich hoffentlich _____

den Lärm _____ .

j. Gestern waren meine Eltern zu Besuch. Wir haben den ganzen Abend

_____ Politik _____ .

k. Bitte _____ Sie _____ meine Frage!

l. In meiner Freizeit _____ ich mich am liebsten _____

Kunst.

m. Mein Freund _____ mich immer _____ seiner

Ex-Freundin.

n. Meine Großmutter ist sehr krank und wird wahrscheinlich bald sterben, aber wir

_____ noch _____ ein Wunder.

o. Endlich kommst du! Ich _____ schon seit einer halben Stunde

_____ dich!

p. Ich muss dir etwas sagen: Ich habe mich schon vor langer Zeit _____

dich _____ .

q. Was ist das Thema deiner Examensarbeit? —Ich _____

_____ den Unterschied zwischen Begriff und Konzept bei Nietzsche.

r. Es gefällt mir wirklich sehr gut. Ich _____ dir _____ dieses

tolle Geschenk.

s. Ich habe heute Abend keine Zeit, ich muss mich _____ die Prüfung mor-

gen _____ .

t. Ich habe solches Heimweh! Ich _____ die ganze Zeit immer nur

_____ meine Familie.

u. Ich kann mich einfach nicht mehr _____ ihren Namen

_____ .

v. Mein Großvater _____ mir immer viel _____m Krieg.

w. Meine neue Freundin _____ dauernd _____ ihrem Ex-

Freund. Das finde ich sehr unangenehm.

x. Langsam habe ich keine Lust mehr! Jetzt _____ ich schon seit einer hal-

ben Stunde _____ meinem Schlüssel.

y. Lass uns _____ etwas anderes _____ , ich habe jetzt keine

Lust mehr auf dieses Thema.

z. Das Märchen *Hänsel und Gretel* _____ _____ zwei

Kindern, die allein im Wald gelassen werden.

aa. Darf ich dich _____ einen kleinen Gefallen _____ ?

Könntest du David das hier von mir geben?

bb. Ich _____ _____m Sinn des Lebens im Allgemeinen.

6 *Die Zauberflöte*: **Präposition oder *da*-Kompositum?** Setzen Sie eine Präposition und, wo
nötig, einen Artikel bzw. eine Endung oder ein *da*-Kompositum ein.

Szene aus Mozarts Oper *Die Zauberflöte*

a. Die Oper erzählt _____*von einer*_____ Liebesgeschichte zwischen Pamina, der Tochter

der Königin der Nacht, und Tamino.

b. Pamina ist entführt worden und die Königin wartet verzweifelt _____ ,

dass ihre Tochter zu ihr zurückkommt.

c. Sie bittet Tamino _____ sein_____ Hilfe.

d. Sie zeigt ihm ein Bild ihrer Tochter und Tamino verliebt sich sofort

_____ schöne Pamina.

e. Zusammen mit Papageno sucht Tamino _____ Tochter der Königin.

f. Papageno zweifelt _____, dass sie Pamina befreien können, weil sie nur

zu zweit sind und im Wald viele wilde Tiere leben.

g. Tamino lacht _____, dass Papageno Angst hat, denn sie haben eine

Zauberflöte, die sie beschützt.

h. Außerdem leidet Papageno _____ Liebeskummer, denn sehr gerne würde

er sich auch _____ nettes Mädchen verlieben.

i. Die meisten Mädchen interessieren sich aber nicht _____ armen

Papageno, weil er nur ein Vogelverkäufer ist.

j. Als Tamino und Papageno endlich das Schloss, auf dem Pamina gefangen gehalten

wird, finden, diskutieren sie _____, wie sie am besten hineinkommen

können.

k. Tamino freut sich sehr _____ schöne Pamina.

l. Als Pamina Tamino zum ersten Mal sieht, verliebt sie sich ebenfalls sofort

_____ schönen Prinzen.

m. Bevor die beiden einander kennen lernen dürfen, müssen sie erst _____

warten, dass Sarastro sie zueinander lässt.

n. Sarastro glaubt, dass Tamino sich erst _____ Tochter der Königin vor-

bereiten muss und lässt ihn Prüfungen machen.

o. Nachdem Tamino alle Prüfungen bestanden hat, erzählt er Pamina _____,

dass ihre Mutter ihn geschickt hat, um sie zu befreien.

p. Am Ende erfährt der Zuschauer aber, dass die Königin der Nacht böse ist und Pamina

freut sich _____, dass sie entführt und gerettet wurde.

⑦ Sätze beenden Lesen Sie die Zusammenfassung des Briefromans *Die Leiden des jungen Werther*. Beenden Sie die Sätze darunter entsprechend.

Werther kommt in eine ländliche Kleinstadt. Er hat Freude an der Natur und genießt die Ruhe auf dem Land. Von dort schreibt er seinem Freund Wilhelm Briefe.

Kurz nach seiner Ankunft lernt er ein junges Mädchen kennen: Lotte. Zwischen Werther und Lotte entsteht eine empfindsame[1] Liebe. Lotte ist aber bereits verlobt – damals nahm man so etwas noch ernst. Werther zieht aus Liebeskummer in eine andere Stadt. Aber bald zieht es ihn zurück zu seiner früheren Geliebten, die inzwischen verheiratet ist. Enttäuscht[2] und einsam[3] sieht er keinen anderen Ausweg mehr, als sich das Leben zu nehmen[4].

Man findet ihn auf seinem Schreibtisch liegend, auf dem ein Buch aufgeschlagen[5] ist, das ein ähnlich unglückliches Drama beschreibt: Lessings *Emilia Galotti*.

a. *Die Leiden des jungen Werther* handelt davon, *dass Werther in eine Kleinstadt kommt* *und sich verliebt.* _____

b. Werther freut sich über _____

c. Werther schreibt Briefe an _____

d. Werther verliebt sich in _____

e. Aber er muss darauf verzichten[6], _____

f. Werther leidet darunter, _____

_____

[1]**empfindsam** sensibel [2]**enttäuscht** frustriert [3]**einsam** allein [4]**sich das Leben nehmen** sich selbst töten/ umbringen; Selbstmord begehen [5]**aufgeschlagen** geöffnet [6]**verzichten auf** (+ *Akk.*) etwas nicht machen oder nehmen, was man machen oder nehmen möchte

g. Er sucht nach _____

h. Die Lösung seines Problems besteht darin, _____

⑧ Bild interpretieren Schreiben Sie einen kurzen Text zu einem der beiden Bilder von Caspar David Friedrich.

A. *Wanderer über dem Nebelmeer*   B. *Kreidefelsen auf Rügen*

Interpretieren Sie das Bild. Benutzen Sie Ihr Wissen über die Bedeutung des Wanderns für die Deutschen und auch möglichst viele Verben mit Präpositionalobjekt.

_____

_____

_____

_____

_____

_____

_____

_____

_____

_____

„Wanderschaft" – Ein Gedicht von Wilhelm Müller

Wanderschaft

📖 Üb. 1 & 2 zu Textbuch S. 53, Aufg. 7

1 **Wanderschaft** Setzen Sie die fehlenden Präpositionen oder *da*-Komposita ein. Sie können die Liste mit den Verben mit Präpositionalobjekt auf Seite 46 zu Hilfe nehmen.

Ein Klaviervorspiel leitet das Lied ein. Es erzählt _____[a], wie schön die Natur ist.

Der Müller freut sich _____[b], dass er einen Freund gewonnen hat. Er erinnert sich

_____[c] das Wasser und die Steine, die selten rasten und auch immerzu wandern.

Der Wanderer leidet oft _____[d] Fernweh. Er gewöhnt sich _____[e], immer

wieder weiterzuziehen und erzählt manchmal _____[f] seinen Abenteuern. Das

Wandern bestand zu einem großen Teil _____[g], sich immer wieder zu verabschieden.

Wenn es Zeit war, die Wanderung fortzusetzen, dankte der Wanderbursche seinem Meister

und seiner Meisterin _____[h], dass er so viel von ihnen lernen durfte und für die gute

Aufnahme.

2 **Persönliche Fragen** Beantworten Sie die Fragen.

a. Womit beschäftigen Sie sich am liebsten?

Ich beschäftige mich am liebsten mit meinem Studium.

ODER:

Ich beschäftige mich am liebsten damit, Bücher zu lesen.

b. Beschäftigen Sie sich viel mit Videospielen?

Ja, ich beschäftige mich viel damit.

c. Wofür interessieren Sie sich?

_____

d. Worauf freuen Sie sich im Moment?

_____

e. Erinnern Sie sich an die Regeln für Präpositionen?

_____

f. Worüber sprechen Sie gern?

_____

√ g. Interessieren Sie sich für die Kunst des 19. Jahrhunderts?

_____

√ h. Woran denken Sie gerade?

_____

i. Worüber freuen Sie sich?

_____

√ j. Freuen Sie sich auf die Sommerferien?

_____

k. Woran müssen Sie sich noch gewöhnen?

_____

√ l. Sprechen Sie gern über Politik?

_____

m. Worauf hoffen Sie?

_____

n. Woran zweifeln Sie?

_____

o. Freuen Sie sich über E-Mails?

_____

D Ein Märchen der Brüder Grimm

Hänsel und Gretel

 Üb. 1–5 zu Textbuch S. 58, Strukturen

1 **Verben in drei Zeitformen notieren** Notieren Sie die Verben aus dem Märchentext *Hänsel und Gretel* in den angegebenen Zeitformen.

Infinitiv	Präsens 3. Person Singular: er/sie/es/man	Präteritum 3. Person Singular: er/sie/es/man	Perfekt 3. Person Singular: er/sie/es/man
wohnen	*wohnt*	*wohnte*	*hat ... gewohnt*
sein			
haben			
kommen			
müssen			
sollen			
schlafen			
hören			
gehen			
bleiben			
können			
wollen			
nehmen			
hoffen			
suchen			
finden			
aufstehen			

sehen			
lassen			
öffnen			
sagen			
vergessen			
warten			
werden			
merken			
weinen			
rufen			
schreien			
helfen			
singen			
tanzen			
machen			
sitzen			
bringen			
leben			

② **Die Hexe erzählt aus ihrer Jugend** Bilden Sie Sätze im Präteritum. Achten Sie auf den Kasus.

a. ich / aufwachsen / bei / ein Räuber / und / eine Hexe / in / eine Räuberhöhle

Ich wuchs bei einem Räuber und einer Hexe in einer Räuberhöhle auf.

b. ich / viele Brüder / und / Schwestern / haben

_____

c. ich / jeden Tag / früh aufstehen / viel lernen / und

_____

d. oft / sich verirren / Kinder / im Wald

_____

e. die Dämmerung / sein / die / schönste Zeit / weil / kommen / Räuber / mit / ihre Beute / nach Hause

_____

f. oft / mitbringen / sie (*Pl.*) / Gold und Edelsteine / oder / Kinder

_____

g. das Knusperhäuschen / bekommen / alle Hexen / von / ihre Großeltern

_____

h. ich / studieren / Psychologie / viele Jahre / aber auch Zauberei

_____

i. dann / ich / gründen / ein Zentrum für Hexen, die nicht böse sein wollen

_____

③ Friedrich Schiller: Biografie Ergänzen Sie die Verben im Präteritum.

Der Dichter Friedrich Schiller _____ _wurde_ _____ a (werden) 1759 in Marbach am Neckar

geboren. Sein Vater _____ b (sein) Arzt..Während seiner Militärzeit

_____ c (beschäftigen) er sich heimlich mit Lessing, Klopstock und der

Sturm-und-Drang-Dramatik. 1774 _____ d (beginnen) er sein Jurastudium,

_____ e (wechseln) aber dann zur Medizin. 1781 _____ f

(schreiben) er *Die Räuber.* Zur Uraufführung der *Räuber* _____ g (reisen) er

unerlaubt nach Mannheim. 1783 _____ h (nehmen) er eine Stelle als

Theaterdichter am Mannheimer Nationaltheater an und 1788 _____ i

(begegnen) er zum ersten Mal Goethe, mit dem er sich einige Jahre später

_____ j (anfreunden). 1789 _____ k (werden) ihm die

Doktorwürde verliehen. Ein Jahr später _____ l (heiraten) er Charlotte von

Lengefeld und ihr gemeinsamer Sohn Ernst _____ m (kommen) 1796 zur

Welt. Schiller _____ n (haben) zwei weitere Kinder: Karoline und Emilie. Ein

Jahr nach der Geburt seines dritten Kindes _____ o (sterben) Schiller in

Weimar.

④ Die eigene Biografie schreiben Schreiben Sie Ihre eigene Biografie. Sie können sich an Schillers Biografie orientieren. Schreiben Sie im Präteritum.

_____

_____

_____

_____

_____

_____

_____

_____

⑤ Märchen erzählen Sicher kennen Sie das Märchen *Aschenputtel*. Erzählen Sie es im Präteritum. Die Bilder und der Wortschatz helfen Ihnen.

ein Zweig von einem Baum

der Zeh, -en (auch: die Zehe, -n)

die Asche

die Stiefmutter

die Braut

der Königssohn

die Ferse, -n

die Stiefschwester, -n

das Grab

wachsen

Aschenputtel

abschneiden

die Strafe

das Blut

anprobieren

passen (+ Dat.)

kleben bleiben

die Taube, -n

die Hochzeit

der Klebstoff

einen Wunsch erfüllen

verbieten / nicht erlauben

die Linse, -n

Es war einmal _____

_____

_____

_____

_____

_____

_____

_____

_____

_____

_____

_____

_____

_____

_____

_____

_____

_____

E Der Wald

Johann Wolfgang von Goethe: Leben und wichtigste Werke

📖 Üb. 1–4 zu Textbuch S. 64, Strukturen

1 Partner-Interview Vervollständigen Sie die Fragen und arbeiten Sie dann mit einer Partnerin/einem Partner. Stellen Sie ihr/ihm die Fragen und notieren Sie die Antworten.

a. ____*Worauf*____ freust du dich im Moment am meisten?

_____

b. _____ interessierst du dich?

_____

c. _____ sprichst du nicht gern?

_____

d. _____ denkst du oft?

_____

e. _____ kannst du lachen?

_____

2 Dialoge I Ergänzen Sie *wo-* und *da-*Komposita, Präpositionen und, wo nötig, den Artikel oder die Endung.

a. JENS: ____*Wofür*____ interessierst du dich am meisten?

JUTTA: _____ klassische Literatur.

JENS: ____*Dafür*____ interessiere ich mich überhaupt nicht.

b. LARS: _____ freust du dich am meisten?

KAI: _____ Wochenende!

LARS: _____ freue ich mich auch.

c. MARK: _____ diskutierst du gern?

PETER: _____ Politik.

MARK: _____ diskutiere ich nicht sehr gern. Das endet meistens im Streit.

d. ANJA: Warum schaust du so komisch? _____ zweifelst du?

TOM: _____ mein_____ Intelligenz.

ANJA: _____ zweifle ich auch sehr oft.

③ Dialoge II Ergänzen Sie. Schauen Sie auf Seite 46 nach, wenn Sie die Präposition oder den Kasus nicht wissen.

a. LARS: _____*Mit wem*_____ hast du gerade gesprochen?

MARK: _____ Professor Schneider.

LARS: Ach Mist, ich versuche ihn seit Tagen zu erreichen. Ich muss auch unbedingt

_____ sprechen.

b. ANJA: _____ hast du gerade gedacht?

KAI: _____ Anna, sie ist immer noch im Krankenhaus.

ANJA: Ja, ich denke auch ständig _____.

c. ANKE: _____ wartest du?

HOLGER: _____ Daniel. Er wollte schon vor einer Stunde hier sein.

ANKE: Das ist typisch. _____ muss man immer lange warten. Er

kommt nie pünktlich.

d. LARS: _____ suchst du?

MARK: _____ Lisa.

LARS: Warum suchst du _____?

MARK: Sie hat versprochen, mir etwas Wichtiges mitzubringen.

④ Biografische Fragen über Goethe Setzen Sie ein *wo*-Kompositum, eine Präposition + Fragewort oder nur ein Fragewort ein.

a. —_____*Mit wem*_____ war Goethe befreundet?

—Mit Friedrich Schiller.

b. —_____ hat Goethe seinen Lebensunterhalt verdient?

—Mit seiner Tätigkeit als Jurist.

c. —_____ schrieb
   Goethe sehr oft?
   —Über die Liebe.

d. —_____ sprach
   Goethes Vater oft und gerne?
   —Über seinen Italienaufenthalt.

e. —_____ schrieb
   Goethe sein erstes Gedicht?
   —Für seinen Großvater, im Alter
   von sieben Jahren.

f. —_____ hat
   Goethe sich zum ersten Mal verliebt?
   —In eine Kellnerin.

g. —_____ interessierte Goethe sich am meisten?
   —Für das Schreiben.

h. —_____ dachte Goethe außerdem nach?
   —Über Biologie und Physik.

i. —_____ zweifelte Goethe schon als Kind?
   —An der Gerechtigkeit von Gott.

j. —_____ dachte Goethe während seiner Zeit in Weimar sehr oft?
   —An Italien.

k. —_____ fuhr er 1786 zum ersten Mal?
   —Nach Italien.

l. —_____ erinnerte sich Goethe an seinem 82. Geburtstag?
   —An das Gedicht, das er als 31-Jähriger in die Wand einer Waldhütte geritzt hatte.

m. —_____ begleitete ihn zu dieser Waldhütte?
   — Seine beiden Enkel Walter und Wolfgang.

📖 Üb. 5 zu Textbuch S. 66, Strukturen

---

5 **Verwandte Nomen** Schreiben Sie die passenden Nomen zu den Verben auf. Schauen Sie auf Seite 63 im Textbuch nach, wenn Sie möchten. Schreiben Sie auch die Artikel dazu.

a. arbeiten _____ *die Arbeit* _____

b. heiraten _____

c. beginnen _____

d. anfangen   _____

e. ankommen   _____

f. einladen   _____

g. studieren   _____

h. lieben   _____

i. abschließen   _____

j. begegnen   _____

k. reisen   _____

l. abreisen   _____

m. heimkehren   _____

n. gebären   _____

o. teilnehmen   _____

p. sterben   _____

q. sich aufhalten _____

Der Mond

Ein Bild von Caspar David Friedrich

 Üb. 1 & 2 zu Textbuch S. 72, Aufg. 3

1 **Wortschatz: Natur** Ergänzen Sie die Verben aus dem Kasten im Präsens.

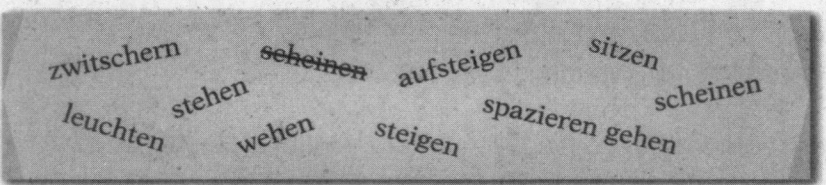

zwitschern   ~~scheinen~~   aufsteigen   sitzen

leuchten   stehen   wehen   steigen   spazieren gehen   scheinen

a. Der Mond _____*scheint*_____ hell.

b. Die Sterne _____ am Himmel.

c. Viele Leute _____ gerne im Wald _____.

d. Es ist angenehm, auf der Wiese zu _____.

e. Der Nebel _____ langsam aus dem Tal _____.

f. Bäume _____ am Wegesrand.

g. Die Sonne _____ hell und warm.

h. Der Wanderer _____ auf den Berg.

i. Kaum ein Wind _____.

j. Die Vögel _____ in den Bäumen.

② *Zwei Männer in Betrachtung des Mondes*

A. Wortschatz Im Textbuch haben Sie sich schon das Bild *Zwei Männer in Betrachtung des Mondes* von Caspar David Friedrich angesehen. Sehen Sie es sich hier noch einmal an und schreiben Sie den Wortschatz auf die Linien im Bild. Nehmen Sie das Bild im Farbteil des Textbuches zu Hilfe, wenn Sie wollen.

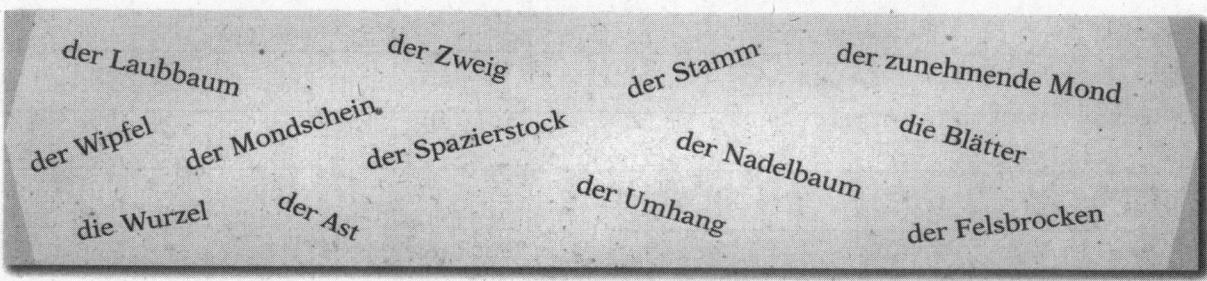

B. Bildbeschreibung Beschreiben Sie das Bild *Zwei Männer in Betrachtung des Mondes* so genau wie möglich. Der Wortschatz im Kasten hilft Ihnen.

im Vordergrund   im Hintergrund   in der Bildmitte   links / rechts davon   auf der linken / rechten Seite

_____
_____
_____
_____
_____
_____
_____
_____
_____
_____
_____

Abendlied von Karlhans Frank

 Üb. 3 & 4 zu Textbuch S. 73, Aufg. 2

③ Wortschatz: Komposita Bilden Sie Komposita aus den Wörtern im Kasten. Nehmen Sie das Wörterbuch zu Hilfe.

die Atomkraft   die Störung   sterben   die Angst   die Luft   ~~das Kohlendioxid~~   die Verschmutzung
die Veränderung   die Umwelt   schlafen   das Gehirn   das Klima
die Verschmutzung   der Wald   die Zukunft   die Wäsche   das Werk   ~~der Ausstoß~~

a. _der Kohlendioxidausstoß_   d. _____   g. _____

b. _____   e. _____   h. _____

c. _____   f. _____   i. _____

4 **Ein Bild malen** Lesen Sie noch einmal die ersten beiden Strophen des Gedichtes von Karlhans Frank auf den Seiten 73 und 74 im Textbuch. Malen Sie das Bild, das Frank von seiner Umwelt zeichnet, in den Kasten.

EINHEIT 3

Die Grünen und ihre Politik

Umweltbewusstsein und grüne Technologie

A Umweltbewusstsein

Drei Artikel zum Thema Umweltschutz

 Üb. 1–8 zu Textbuch S. 84, Aufg. 2

1 **Begriffe zuordnen** Lesen Sie die Begriffe und sehen Sie sich die Bilder an. Ordnen Sie jedem Bild einen Begriff zu, indem Sie die Begriffe unter die Bilder schreiben.

| das Waldsterben | der Müll/der Abfall | ~~die Atomkraft~~ |
| die Energieverschwendung | der Verkehr | die Luftverschmutzung |

1. _____*die Atomkraft*_____ 2. _____ 3. _____

4. _____ 5. _____ 6. _____

② **Verben zuordnen** Ordnen Sie den Begriffen a.–f. Verben aus dem Kasten zu. Einige Verben passen zu mehreren Begriffen.

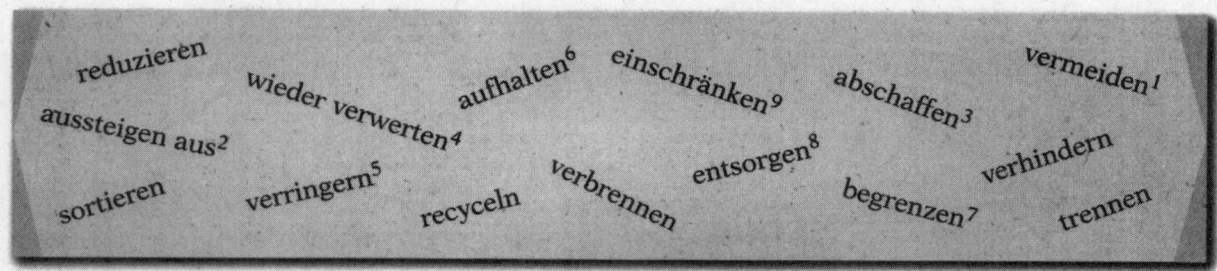

reduzieren   wieder verwerten⁴   aufhalten⁶   einschränken⁹   abschaffen³   vermeiden¹
aussteigen aus²
sortieren   verringern⁵   recyceln   verbrennen   entsorgen⁸   begrenzen⁷   verhindern   trennen

a. das Waldsterben: *reduzieren,* _____

b. die Energieverschwendung: _____

c. der Müll/der Abfall: _____

d. der Verkehr: _____

e. die Atomkraft: _____

f. die Luftverschmutzung: _____

③ **Sätze schreiben** Schreiben Sie 15 Sätze mit den Verben aus Übung 2. Alle Verben brauchen Akkusativ (Ausnahme: aussteigen aus + *Dat.*).

BEISPIEL: *Man muss das Waldsterben aufhalten.*

a. _____

b. _____

---

¹**vermeiden** etwas nicht produzieren, tun   ²**aussteigen aus** bei etwas nicht mehr mitmachen   ³**abschaffen** etwas nicht mehr machen, nicht mehr praktizieren   ⁴**wieder verwerten** recyceln   ⁵**verringern** reduzieren   ⁶**aufhalten** stoppen   ⁷**begrenzen** limitieren   ⁸**entsorgen** weggeben, wegwerfen   ⁹**einschränken** verringern, reduzieren

c. _____

d. _____

e. _____

f. _____

g. _____

h. _____

i. _____

j. _____

k. _____

l. _____

m. _____

n. _____

o. _____

④ Satzteile verbinden Ordnen Sie zu.

a: __2__   b: _____   c: _____   d: _____   e: _____   f: _____

a. Um das Waldsterben aufzuhalten, ...

b. Um die Energieverschwendung zu verringern, ...

c. Um das Müllproblem zu lösen, ...

d. Damit die Städte das Verkehrsproblem lösen können, ...

e. Damit die Atomkraft abgeschafft wird, ...

f. Damit die Luftverschmutzung verringert wird, ...

1. ... müssen die Politiker einem Ausstieg aus der Atomkraft zustimmen[1].

2. ... muss die Luftverschmutzung verringert werden.

3. ... müssen der Verkehr und die Emissionen reduziert werden.

4. ... muss man Energie sparen.

5. ... muss man Müll vermeiden und wieder verwerten.

6. ... müssen die Leute öfter mit öffentlichen Verkehrsmitteln fahren und das Autofahren einschränken.

[1]**zustimmen** (+ Dat.) dafür sein, gut finden

5 **Wortbildung** Schreiben Sie die passenden Nomen auf. Notieren Sie zuerst die Nomen, die Sie kennen. Schlagen Sie den Rest dann im Wörterbuch nach.

    Anmerkung: Aus jedem Verb kann im Deutschen ein Nomen werden. Dazu schreiben Sie einfach den Artikel *das* vor das Verb und schreiben es groß, z.B. *trennen → das Trennen; sortieren → das Sortieren.* Diese Form nennt man die „substanti-vierte" Form, da ein Substantiv aus einem Verb gemacht wurde. Oft gibt es aber Nomen, die gebräuchlicher[1] sind als die substantivierte Form, wie z.B. *vermeiden → die Vermeidung.*

a. vermeiden   →   *die Vermeidung*

b. reduzieren   →   _____

c. aussteigen   →   _____

d. trennen   →   *das Trennen*

e. sortieren   →   *das Sortieren*

f. abschaffen   →   _____

g. verhindern   →   _____

h. wieder verwerten   →   _____

i. verringern   →   _____

j. aufhalten   →   *das Aufhalten*

k. verbrennen   →   _____

l. recyceln   →   _____

m. begrenzen   →   _____

n. entsorgen   →   _____

o. einschränken   →   _____

6 **Wortschatz: „Öko-Basics"**

A. Setzen Sie die Verben ein. Manchmal haben Sie mehrere Möglichkeiten. Einige Verben passen öfter.

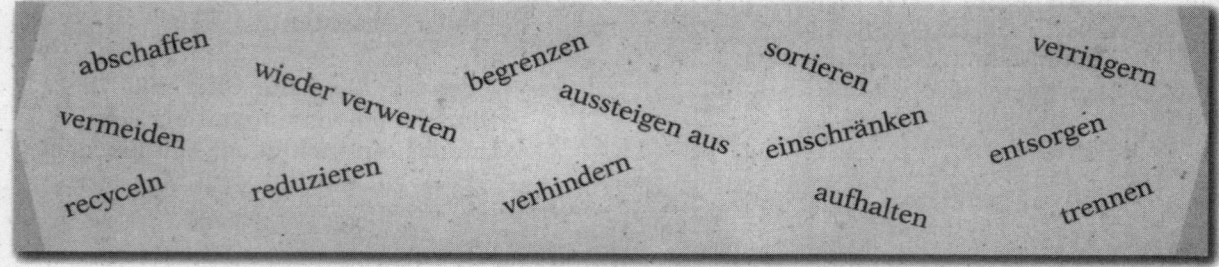

abschaffen   wieder verwerten   begrenzen   sortieren   verringern
vermeiden   aussteigen aus   einschränken   entsorgen
recyceln   reduzieren   verhindern   aufhalten   trennen

---

[1]**gebräuchlicher** *Komparativ von* gebräuchlich; etwas wird öfter benutzt, gebraucht als etwas anderes

Name _____ Kurs _____ Datum _____

a. _____*Vermeiden*_____ Sie Müll! Nehmen Sie eine Tasche mit in den Supermarkt, dann

brauchen Sie keine Plastiktüte.

b. _____ Sie Ihren Abfall[1]! Dann kann er besser recycelt werden.

c. _____ Sie Ihren Müll getrennt! Das ist besser für die Umwelt.

d. Kaufen Sie Mehrwegprodukte! Dadurch _____ Sie Müll.

e. Helfen Sie _____ ! Trennen Sie Ihren Müll sorgfältig.

f. _____ Sie Energieverschwendung! Schalten Sie das Licht aus, wenn Sie

nicht im Zimmer sind oder schlafen.

g. _____ Sie Schadstoffemission. Nehmen Sie den Zug.

h. Helfen Sie die Vergrößerung des Ozonlochs _____. Fahren Sie Fahrrad!

i. Helfen Sie sauren Regen _____. Nutzen Sie die öffentlichen

Verkehrsmittel.

j. Wir wollen aus der Atomkraft _____ und die Atomkraftwerke

_____: Wählen Sie grün!

B. Setzen Sie die Verben ein.

| verschwenden | sparen | verbrauchen |

a. _____ Sie Energie! Schalten Sie das Licht aus, wenn Sie nicht im

Zimmer sind.

b. _____ Sie weniger Energie und sparen Sie dabei Geld! Schließen Sie

die Fenster, wenn die Heizung an ist.

c. _____ Sie keine Energie! Schalten Sie die Heizung aus, wenn Sie nicht

zu Hause sind.

[1]**der Abfall** der Müll

C. Setzen Sie die Nomen ein.

> die Vermeidung   die Verringerung   ~~die Wiederverwertung~~
> die Entsorgung
> die Abschaffung   der Ausstieg   das Recycling

a. Helfen Sie bei der ___Wiederverwertung.___ Kaufen Sie Mehrwegflaschen[1]!

b. _____ ist in Deutschland sehr wichtig. Wer falsch trennt, bezahlt mehr.

c. Die _____ von nicht getrenntem Müll ist sehr teuer.

d. Am besten ist deshalb: die _____ von Müll.

e. Wir wollen den _____ aus der Atomkraft und die _____ der Atomkraftwerke. Wählen Sie grün!

f. Die _____ des Verkehrs hilft allen! Sie stehen nicht im Stau[2] und die Umwelt wird geschont[3]. Deshalb: Verzichten Sie auf Ihr Auto!

7 **Wortschatz: Verben** Streichen Sie das Verb, das nicht logisch zu dem Nomen passt.

a. das Waldsterben	aufhalten	verhindern	~~verbrauchen~~
b. den Müll	vermeiden	entsorgen	trennen
	abschaffen	recyceln	wieder verwerten
c. den Verkehr	sparen	reduzieren	verringern
d. die Erderwärmung	verhindern	aufhalten	entsorgen
e. die Energieverschwendung	trennen	vermeiden	begrenzen
f. Energie	entsorgen	sparen	verschwenden
g. die Atomkraftwerke	reduzieren	produzieren	abschaffen
h. (aus der) Atomkraft	aussteigen	abschaffen	trennen
i. die Schadstoffemission	reduzieren	einschränken	verbrennen
	vermeiden	verringern	begrenzen
j. die Vergrößerung des Ozonlochs	abschaffen	verhindern	aufhalten
k. den sauren Regen	verringern	trennen	verhindern

---

[1]**die Mehrwegflasche** eine Flasche, die mehr als einmal benutzt wird   [2]**der Stau** Verkehr, der so stark ist, dass man nicht mehr fahren kann, sondern stehen muss   [3]**schonen** schützen

⑧ Umweltschutz Was wissen Sie über den Umweltschutz in den deutschsprachigen Ländern Deutschland, Österreich und der Schweiz? Was wissen Sie über den Umweltschutz in Ihrem Land? Schreiben Sie mindestens acht Sätze mit *um ... zu, damit* oder *weil.*

BEISPIEL: *Die Deutschen stellen neues Papier aus Altpapier her, um die Umwelt zu schonen.*

a. _____

_____

b. _____

_____

c. _____

_____

d. _____

_____

e. _____

_____

f. _____

_____

g. _____

_____

h. _____

_____

B Grüne Politik

Politische Ziele der Grünen

 Üb. 1–6 zu Textbuch S. 95, Strukturen

1 **Genitiv: Was die Grünen wollen** Wiederholen Sie zunächst die Artikel und Endungen des Nomens im Genitiv.

	maskulin	neutrum	feminin	Plural
Artikel	des	des	der	der
	eines	eines	einer	–
Endungen des Nomens	-(e)s	-(e)s	–	–

A. Ergänzen Sie die bestimmten Artikel im Genitiv.

Wofür wollen die Grünen sorgen? Sie wollen für … sorgen.

a. den Schutz _____*der*_____ Umwelt (*f.*)

b. die Wiederverwertung _____ Mülls (*m.*)

c. die Verringerung _____ Verkehrs (*m.*)

d. die Abschaffung _____ Atomkraftwerke (*Pl.*)

e. die Reduzierung _____ CO_2-Ausstoßes[1] (*m.*)

f. den Schutz _____ Klimas (*n.*)

g. das Aufhalten _____ Erderwärmung (*f.*)

h. die Einschränkung _____ Energieverschwendung (*f.*)

i. die Begrenzung _____ Schadstoffemission (*f.*)

j. die Einhaltung _____ Kyoto-Protokolls (*n.*)

_____
[1]**der Ausstoß** die Emission

B. Ergänzen Sie die Endung, wo nötig.

Was wollen die Grünen verhindern? Sie wollen ... verhindern.

a. die Vergrößerung des Ozonloch*s* (*n.*)

b. die Vergrößerung des Müllberg_____ (*m.*)

c. die Erwärmung des Klima_____ (*n.*)

d. die Zunahme des Verkehr_____ (*m.*)

e. den Anstieg der Erderwärmung_____ (*f.*)

f. das Sterben des Wald_____ (*m.*)

g. die Erhöhung des sauren Regen_____ (*m.*)

h. die Zunahme der Abgase_____ (*Pl.*)

i. die Zunahme der Energieverschwendung_____ (*f.*)

j. den weiteren Betrieb der Atomkraftwerke_____ (*Pl.*)

❷ Genitiv: Das grüne Wahlkampfprogramm

A. Ergänzen Sie die bestimmten Artikel im Genitiv.

Die Grünen stehen für ...

a. Bildungspolitik: die Verbesserung[1] ___*des*___

Wahlplakat der Grünen

Unterrichts (*m.*).

die Verbesserung _____

Leistungen[2] (*Pl.*) _____

Schüler (*Pl.*).

die Verbesserung _____

Ausbildung (*f.*) _____

Lehrer (*Pl.*).

b. Demokratie: die Sicherung _____

Demokratie (*f.*).

c. Einwanderung: die Integration _____ Ausländer (*Pl.*).

_____

[1]**die Verbesserung** etwas wird besser   [2]**die Leistung** die Qualität der Arbeit

d. Energiewende: die Reduzierung _____ Atomkraft (*f.*).

die Reduzierung _____ CO_2-Ausstoßes (*m.*).

die Reduzierung _____ Verkehrs (*m.*).

die Reduzierung _____ Waldsterbens (*n.*).

e. Essen: die Verbesserung _____ Qualität (*f.*) _____ Essens (*n.*).

f. Europa: die Vergrößerung _____ Europäischen Union (*f.*) nach Osten.

die Sicherung _____ europäischen Demokratie (*f.*).

die Zusammenarbeit _____ europäischen Staaten (*Pl.*).

B. Ergänzen Sie den unbestimmten Artikel im Genitiv, wo nötig.

Die Grünen stehen für die Realisierung ...

a. _____*einer*_____ gerechteren Welt.

b. _____ moderneren Arbeitsmarktes.

c. _____ besseren Ausbildung.

d. _____ gesünderen Umwelt.

e. _____ besserer Arbeitsmarktchancen für Frauen.

f. _____ besserer Bedingungen für Familien.

g. _____ gesünderen Klimas.

h. _____ umweltfreundlichen Wiederverwertungssystems.

i. _____ Ausstiegs aus der Atomkraft.

j. _____ besseren Kinderbetreuung[1].

C. Ergänzen Sie die Endung, wo nötig.

Die Grünen stehen für ...

a. Frauenpolitik: die Verbesserung der Arbeitsmarktsituation__–__

der Frauen_____ .

den Slogan: „Die Hälfte der Macht_____ den Frauen!"

_____
[1]**die Kinderbetreuung** z.B. Kindergarten, Ganztagsschulen

b. Globalisierung: die Gerechtigkeit der Globalisierung_____.

c. Arbeitsplätze: die Reform des sozialen System_____.

die Reform des Arbeitsmarkt_____.

die Reform der Arbeitsmarktpolitik_____.

die Vergrößerung des Arbeitsmarkt_____ durch ökologische

Arbeitsplätze.

d. Klimaschutz: den Schutz des Klima_____.

den Schutz der Umwelt_____.

umweltbewusstes Verhalten der Politiker_____.

e. Kinder: den Schutz des Kind_____.

den Schutz der Familie_____.

den Schutz der Kinder_____ vor Gewalt[1].

die Vereinbarkeit[2] des Beruf_____ mit der Familie.

die Verbesserung der Kinderbetreuung_____.

f. Ostdeutschland: die Angleichung des Gehalt_____ an Westdeutschland.

die Angleichung der Lebensbedingungen_____ an den Westen.

die Verbesserung der Arbeitsmarktsituation_____.

3 **Genitiv: Die Geschichte der Grünen in Deutschland** Ergänzen Sie Artikel und Nomen im Genitiv. Benutzen Sie die Wörter in Klammern. Entscheiden Sie selbst, ob Sie den Singular oder den Plural benutzen müssen.

a. Seit Frühjahr 1977: Gründung _____*der*_____ „grünen" ____*Parteien*____ „Grüne Liste

Umweltschutz (GLU)", „Wählergemeinschaft Atomkraft Nein Danke", „Grüne Aktion

Zukunft (GAZ)", usw., die aber keine politischen Erfolge feiern. (die Partei, -en)

b. 1979 Zusammenschluss _____ _____ zu einer Partei: die Grünen.

(die Partei, -en)

c. Bei den Bundestagswahlen 1980 ist das Ergebnis _____ _____

mager: 1,5 Prozent _____ _____. (die Grünen; die Stimme, -n)

[1]**die Gewalt** die Brutalität   [2]**die Vereinbarkeit** die Möglichkeit beides zu haben: eine Familie und einen Job

d. Bei den Bundestagswahlen 1983 erhalten die Grünen 5,6 Prozent _____

_____ . (die Stimme, -n)

e. Ergebnis _____ _____ 1987: 8,3 Prozent. (die Wahl, -en)

f. 9. November 1989: Fall _____ _____ .

(die Berliner Mauer)

g. 24. November 1989: Gründung _____ „grünen _____ " (Sg.)

_____ _____ . (die Partei, -en; die DDR)

h. 1990: Zusammenschluss _____ ost- und westdeutschen _____ .

(die Grünen)

i. Bundestagswahlen 1990: die Grünen erhalten nur 4,8 Prozent _____ benötigten 5

_____ _____ _____ und kommen somit nicht in

den Bundestag. (das Prozent, -; die Stimme, -n)

j. 1991: Entstehung ein_____ neuen _____ , die sich gegen das Regime

_____ _____ richtet: Bündnis 90. (die Partei, -en; die DDR)

k. 1993: Zusammenschluss _____ _____ und Bündnis 90 zu einer

Partei: „Bündnis 90/Die Grünen". (die Grünen)

l. 1994 bekommen Bündnis 90/Die Grünen 7,3% _____ _____ und

schaffen es wieder in den Bundestag mit Joschka Fischer und Kerstin Müller an der

Spitze. (die Stimme, -n)

m. Nach den Bundestagswahlen 1998 werden Bündnis 90/Die Grünen zum ersten Mal an

der Regierung beteiligt: Bildung ein_____ gemeinsamen _____ mit der

SPD: die „rot-grüne Koalition". (die Regierung, -en)

n. Nach den Bundestagswahlen 2002: Weiterführung _____ _____

mit der SPD. (die Koalition, -en)

④ Namen im Genitiv Suchen Sie die richtige Kombination und schreiben Sie Sätze.

a. Europa ⟍   Heimatstadt ist Hannover.

b. Deutschland ⟶ Zentrum ist Brüssel.

c. Joschka Fischer   Regierender Bürgermeister heißt Klaus Wowereit.

d. Gerhard Schröder   Regierung sitzt in Berlin.

e. Berlin   Familienname ist ungewöhnlich.

f. Klaus   Hobby ist Jogging.

a. *Europas Zentrum ist Brüssel.* _____

b. _____

c. _____

d. _____

e. _____

f. _____

⑤ N-Nomen oder nicht? Ergänzen Sie die richtige Genitiv-Endung, wo nötig.

a. Die Meinung eines Experte*n*_____ ist:

b. Das Umweltbewusstsein der Menschen_____ muss verstärkt werden.

c. Das Umweltbewusstsein eines Mensch_____ hängt von seiner Erziehung ab.

d. Das Umweltbewusstsein des durchschnittlichen europäischen Bürger_____ ist groß.

e. Die Meinung eines Franzose_____ ist: „Das Umweltbewusstsein weltweit muss

     erhöht werden."

f. Nach Ansicht eines japanischen Bauer_____ und eines kanadischen Koch_____ ist

     das Kyoto-Protokoll ein Schritt in die richtige Richtung.

g. Die Meinung eines mexikanischen Lehrer_____ und eines chilenischen Polizist_____

     ist dieselbe.

h. Nach Auffassung eines australischen Student_____ ist das noch nicht genug.

i. Nach Ansicht eines amerikanischen Biologe_____ müssen die Menschen auf jeden

     Fall umdenken.

(6) Genitiv Schreiben Sie Sätze.

a. ich / für / die Reduzierung / der Verkehr / sein

Ich bin für die Reduzierung des Verkehrs.

b. die Grünen / die Politik / gefallen / mir / (nicht)

_____)

c. die Grünen / bekommen [*Perfekt*] / 8,6 Prozent / die Wählerstimmen / bei der letzten Wahl

_____

d. der Freund / mein Kollege / die Grünen / wählen / immer

_____

e. die Grünen / die Moral / hoch / sein

_____

f. das Umweltbewusstsein / die Mitglieder / groß / sein

_____

g. das Umweltbewusstsein / meine Familie / müssen / steigen

_____

h. ein Auto / brauchen / ich / wenn / ich / nehmen / das Auto / mein Freund

_____

📖 Üb. 7 zu Textbuch S. 101, Aufg. 2a

(7) Die Situation im Jahr 2005: *sowohl ... als auch* versus *weder ... noch*

A. Setzen Sie *sowohl ... als auch* oder *weder ... noch* ein.

a. Österreich ist _____ _sowohl_ _____ Mitglied der UN _____ _als auch_ _____ Mitglied der EU. (Österreich ist Mitglied in beiden Organisationen.)

b. Die Schweiz ist _____ Mitglied der EU _____ Mitglied der NATO. (Die Schweiz ist in keiner der beiden Organisationen Mitglied.)

c. Deutschland ist _____ Mitglied der EU _____ Mitglied der NATO. (Deutschland ist in beiden Organisationen Mitglied.)

d. Die Grünen tolerieren _____ Gewalt _____

Ausländerfeindlichkeit. (Sie tolerieren keins von beiden.)

e. Joschka Fischer ist _____ Außenminister _____ Vize-

Bundeskanzler. (Er ist beides.)

B. Formulieren Sie die Sätze um. Verwenden Sie *sowohl … als auch* oder *weder … noch*.

a. Die Ausbildung der Schüler und auch die Ausbildung der Lehrer muss verbessert
werden.

Sowohl die Ausbildung der Schüler als auch die Ausbildung der Lehrer muss verbessert

werden.

b. Die Leistungen der Schüler und der Lehrer sind nicht gut genug.

_____

_____

c. Die Grünen wollen die Atomkraft und auch den Verkehr reduzieren.

_____

_____

d. Die SPD und die CDU denken nicht so umweltbewusst wie die Grünen.

_____

_____

e. Die Grünen wollen den Arbeitsmarkt und auch das soziale System reformieren.

_____

_____

f. Die Grünen machen sich für Frauen und für Kinder stark.

_____

_____

g. Bei den Bundestagswahlen in Deutschland 2002 hat die SPD nicht die absolute
Mehrheit der Stimmen bekommen und auch die CDU nicht.

_____

_____

Joschka Fischer, der Liebling der Deutschen

Joschka Fischer

 Üb. 1–5 zu Textbuch S. 108, Strukturen

1 Das Partizip Perfekt

A. Tragen Sie die Verben im Kasten in die Tabellen unten und auf der nächsten Seite ein. Zu jeder Gruppe gehören genau sechs Verben. Bilden Sie dann das Partizip Perfekt. Wenn Sie eine Perfekt-Form nicht wissen, schauen Sie im Anhang des Textbuches nach.

~~treiben~~   leben   (sich) beteiligen an   fahren

gehen   ~~auszeichnen~~   heiraten

teilnehmen an   telefonieren   ~~studieren~~

werden   (sich) einschreiben (an der Uni)   ~~besuchen~~

arbeiten   nehmen   wohnen

~~machen~~   entdecken   demonstrieren   beginnen   laufen

joggen   abnehmen   verdienen

kreieren   (sich) engagieren   fotografieren   umziehen   bekommen

einladen

regelmäßige Verben		unregelmäßige Verben		Verben auf *-ieren*	
machen	- gemacht	treiben	- getrieben	studieren	- studiert
	-		-		-
	-		-		-
	-		-		-
	-		-		-
	-		-		-

Verben mit trennbarem Präfix		Verben mit untrennbarem Präfix	
auszeichnen	- ausgezeichnet	besuchen	- besucht
_____	- _____	_____	- _____
_____	- _____	_____	- _____
_____	- _____	_____	- _____
_____	- _____	_____	- _____
_____	- _____	_____	- _____

B. Ergänzen Sie Verben aus A im Perfekt. Sie brauchen nicht alle Verben.

Joschka Fischer kommt aus Gerabronn.

Seine Eltern haben vorher in Budapest

___gelebt / gewohnt___ [a], sind aber dann nach

Baden-Württemberg _____ [b].

Joschka Fischer ist in Stuttgart zum Gymnasium

_____ [c], hat aber das Abitur nicht

_____ [d]. Nach der 10. Klasse hat er

eine Fotografenlehre _____ [e], weil er

schon immer viel _____ [f] hat. Obwohl

er sich nie an der Uni _____ [g] hat, hat

er viele Vorlesungen _____ [h] und sich

in der Studentenbewegung _____ [i].

Zu dieser Zeit hat er auch oft _____ [j]

und an Hausbesetzungen _____ [k]. Geld hat Fischer mit verschiedenen Jobs

_____ [l], z.B. als Buchhändler. 1982 ist Joschka Fischer Mitglied der Grünen

_____ [m] und seit 1998 ist er Außenminister und Vize-Bundeskanzler.

Grün wirkt

Außen Minister, innen grün.

BÜNDNIS 90
DIE GRÜNEN
www.gruene.de

Joschka Fischer, Wahlplakat

② *Haben* oder *sein*?

A. Entscheiden Sie, ob die folgenden Verben das Perfekt mit *haben* oder mit *sein* bilden. Kreuzen Sie an.

	haben	sein		haben	sein
machen	☐	☐	demonstrieren	☐	☐
heiraten	☐	☐	(sich) engagieren	☐	☐
arbeiten	☐	☐	telefonieren	☐	☐
leben	☐	☐	auszeichnen	☐	☐
joggen	☐	☐	(sich) einschreiben	☐	☐
wohnen	☐	☐	abnehmen	☐	☐
treiben	☐	☐	umziehen	☐	☐
fahren	☐	☐	teilnehmen an	☐	☐
gehen	☐	☐	einladen	☐	☐
werden	☐	☐	besuchen	☐	☐
laufen	☐	☐	(sich) beteiligen an	☐	☐
nehmen	☐	☐	bekommen	☐	☐
studieren	☐	☐	beginnen	☐	☐
kreieren	☐	☐	entdecken	☐	☐
fotografieren	☐	☐	verdienen	☐	☐

B. Setzen Sie Formen von *haben* oder *sein* ein.

Früher war Joschka Fischer sehr dick, aber in den letzten Jahren ____*hat*____[a] er immer

sehr viel Sport getrieben, vor allem _____[b] er gejoggt. Dadurch und durch gesunde

Ernährung _____[c] er vorübergehend[1] 35 Kilo abgenommen. Er _____[d] sogar

1999 am New-York-Marathon teilgenommen und _____[e] die Strecke in drei

Stunden und 55 Minuten gelaufen. In demselben Jahr _____[f] er auch zum vierten

Mal geheiratet!

———————
[1]**vorübergehend** nicht permanent

Vor ein paar Jahren _____ g Joschka seine Liebe zur Toskana entdeckt. Er liebt

das toskanische Essen und _____ h auch selbst ein Gericht kreiert: Joschkas

Seeteufel auf toskanische Art. Fischer _____ i schon viele Auszeichnungen

bekommen. Unter anderem _____ j ihn die Gesellschaft für Christlich-Jüdische

Zusammenarbeit mit der Buber-Rosenzweig-Medaille ausgezeichnet.

3 Suche Brieffreund Der Student Jan sucht einen englischsprachigen Brieffreund, der auch
Deutsch kann. Er hat Ihre E-Mail-Adresse bekommen und schreibt Ihnen eine E-Mail, um
sich vorzustellen. Schreiben Sie die Sätze im Perfekt in das Feld auf der nächsten Seite,
beachten Sie aber die Ausnahmen im Kasten.

a. ich / aufwachsen / in Köln

b. die Uni / ich / besuchen / in Bonn

c. vor einem Monat / ich / den Abschluss machen

d. neun Jahre lang / ich / lernen / in der Schule / Englisch

e. ich / erst einmal / in einem englischsprachigen Land / sein

f. das / sein / vor fünf Jahren

g. meine Eltern / eine Reise machen / mit mir / nach Kanada und in die USA

h. wir / nach New York, Washington, D.C. und Toronto / fahren

i. wir / besichtigen / auch / die Niagara-Fälle

j. wir leider / nicht viel Zeit / haben

k. wir insgesamt / nur zehn Tage / reisen

l. wir dann / nach Deutschland / zurückfliegen / weil / die Schule / beginnen

m. damals / wollen / ich / nicht zurückfliegen / weil / gefallen / es / mir / so gut

Zur Erinnerung: Perfekt von *haben* und *sein*

Die Perfektformen von *haben* und *sein* werden selten benutzt. Man ersetzt sie fast immer
durch die Präteritumsformen, auch wenn man spricht.

sein → ~~ich bin … gewesen~~ → ich war

haben → ~~ich habe … gehabt~~ → ich hatte

Auch bei Modalverben benutzt man meistens das Präteritum.

An:	
Cc:	
Betr.:	Hallo aus Köln

Liebe(r) _____,

ich habe deine E-Mail-Adresse von einem Freund bekommen. Er sagt, dass du einen deutschsprachigen Brieffreund suchst, um dein Deutsch zu üben. Nun, das trifft sich gut, da ich einen englischsprachigen Brieffreund suche, denn ich möchte mein Englisch nicht vergessen. Leider ist mein Englisch nicht so gut, deshalb schreibe ich meine erste Mail auf Deutsch. Sicher bin ich beim nächsten Mal mutiger. Heute möchte ich mich vorstellen:

Ich heiße Jan und bin in Köln aufgewachsen. _____

_____

_____

_____

_____

_____

_____

_____

_____

_____

_____

Das soll für heute reichen, ich freue mich sehr auf deine Antwort.

Viele Grüße

Jan

4 **Der Antwortbrief** Antworten Sie Jan. Sie beantworten seine E-Mail auf Deutsch.
Schreiben Sie ca. zehn Sätze im Perfekt. Gehen Sie unter anderem auf folgende Punkte ein:

a. Machen Sie biografische Angaben.

b. Wo, wann und warum haben Sie Deutsch gelernt?

c. Waren Sie schon einmal in einem deutschsprachigen Land? Wo? Wie lange?

An:	jan@t-online.de
Cc:	
Betr.:	Re: Hallo aus Köln

Lieber Jan,

_____

_____

_____

_____

_____

_____

_____

_____

_____

_____

_____

_____

Bis bald und viele Grüße

⑤ Partner-Interview Machen Sie ein Interview mit einer Partnerin/einem Partner. Notieren Sie die Antworten und berichten Sie im Kurs. Bevor Sie anfangen, lesen Sie die Fragen durch.

a. Wann und wo bist du geboren?	
b. Wo bist du aufgewachsen?	
c. Wie warst du als Kind: nett, schüchtern, gemein, … ?	
d. Hattest du als Kind viele Freunde?	
e. Was wolltest du werden, als du ein Kind warst?	
f. Welche Sprachen hast du in der Schule gelernt?	
g. Welche Sportarten hast du in der Schule gemacht?	
h. Wann hast du die Schule abgeschlossen?	
i. Wann bist du zum College/zur Uni gekommen?	
j. Hattest du schon mal eine schlechte Note?	

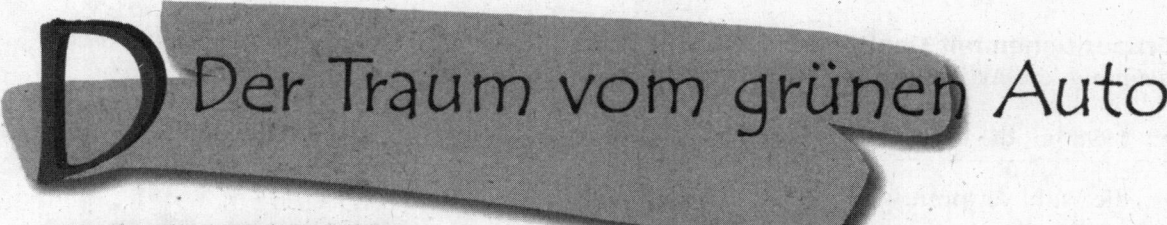

Der Traum vom grünen Auto

Das grüne Auto

 Üb. 1–4 zu Textbuch S. 115, Strukturen

1 **Optimist und Pessimist** Setzen Sie die Präpositionen *trotz, wegen, statt/anstatt* und *während* ein.

der Optimist	der Pessimist
a. _____*Wegen*_____ der großen Umweltprobleme haben die Grünen bei der letzten Wahl 8,6 Prozent der Stimmen bekommen! So viele hatten sie noch nie!	a. _____ der großen Umweltprobleme bekommen die Grünen immer noch weniger als 10 Prozent der Stimmen. Das kann doch nicht richtig sein!
b. _____ der letzten Jahre wurde viel für die Umwelt getan.	b. _____ der 80er Jahre meldeten alle Bundesländer großflächiges Waldsterben.
c. _____ langer Diskussionen mögen die Grünen lieber Aktionen.	c. _____ der Präsenz der Grünen in der Politik passiert zu wenig!
d. _____ der Umwelt-Konferenz in Kyoto wurde ein wichtiges Protokoll zum Umweltschutz erarbeitet.	d. _____ des Kyoto-Protokolls sinkt die CO_2-Emission nicht stark genug.
e. _____ dieses Protokolls arbeiten die Autohersteller an Autos, die emissionsarm fahren.	e. _____ umweltfreund-licher sparsamer Autos kaufen die Leute immer mehr SUVs, die sehr viel Benzin verbrauchen.
f. _____ der hohen Kosten für umweltfreundliche Autos sind diese Fahrzeuge sehr beliebt.	f. _____ der hohen Entwicklungskosten für emissionsarme Autos sind „normale" Autos sehr viel billiger.

② Präpositionen mit Genitiv Setzen Sie die Präpositionen *trotz, wegen, statt/anstatt* und *während*, die Artikel und die Endungen ein.

a. 1998 hat die CDU/CSU _____*wegen*_____ _____*eines*_____ Finanzskandal_s_ (*m.*)

   die Wahl verloren.

b. Die rot-grüne Regierung hat _____ ihr_____ ersten Amtszeit_____ (*f.*)

   viele Fehler gemacht.

c. Zum Beispiel hat sie _____ _____ versprochenen

   Steuersenkung_____[1] (*f.*) nach der Wahl die Steuern erhöht.

d. _____ dies_____ Fehler_____ (*Pl.*) ist die Koalition wieder gewählt

   worden.

e. Schröder ist vor allem _____ sein_____ Engagement_____ (*n.*) beim

   Hochwasser im Jahr 2002 wieder gewählt worden.

f. _____ _____ Hochwasser_____ (*n.*) hat er den Menschen

   finanziell sehr geholfen.

g. _____ sein_____ Vergangenheit_____ (*f.*) als Demonstrant ist Joschka

   Fischer Außenminister geworden.

h. Er ist _____ sein_____ moralischen Denken_____ (*n.*) sehr beliebt.

③ Umformen Sagen Sie es anders. Benutzen Sie die vier Genitiv-Präpositionen *trotz, wegen, statt/anstatt* und *während*.

a. Er ist heute mit dem Fahrrad zur Uni gefahren, obwohl es geregnet hat. (der Regen)

   Trotz des Regens ist er heute mit dem Fahrrad zur Uni gefahren.

b. Er wollte die U-Bahn nicht nehmen, weil sie ihm zu teuer ist. (der Fahrpreis)

   _____

c. Er nimmt nie die Bahn, sondern immer das Fahrrad. (die Bahn)

   _____

d. Als er gefahren ist, hat es angefangen stärker zu regnen. (die Fahrt)

   _____

---

[1] **die Senkung** die Reduzierung

e. Obwohl er ein Seminar hatte, ist er wieder zurück nach Hause gefahren, um sich trockene Kleidung anzuziehen. (das Seminar)

_____

f. Obwohl er sich bemüht hat, ist er zu spät zum Seminar gekommen. (die Mühe)

_____

g. Die Professorin war verärgert, weil er zu spät gekommen ist. (die Verspätung)

_____

④ Sätze bilden Schreiben Sie Sätze. Benutzen Sie die vier Genitiv-Präpositionen *trotz, wegen, statt/anstatt* und *während*.

a. der Preis / viele Leute / kaufen / ein 3-Liter-Auto

Trotz des Preises kaufen viele Leute ein 3-Liter-Auto. _____

b. die Leute / das / machen / die Umwelt / und / auch / der Benzinpreis

_____

c. ein Brennstoffzellen-Auto / brauchen / Wasserstoff / das Benzin

_____

d. die Fahrt / entstehen / fast keine Emission

_____

e. die Vorteile (*Pl.*) / es / geben / noch kein Brennstoffzellen-Auto / serienmäßig

_____

📖 Üb. 5–7 zu Textbuch S. 116, Strukturen

⑤ Zukunftsträume: das Futur Setzen Sie die Verben in Klammern im Futur ein.

a. Wenn ich mit dem College fertig bin, _____*werde*_____ ich meinen Traummann

_____*kennen lernen*_____ (kennen lernen).

b. Ich bin sicher, dass ich mich unsterblich in ihn _____

_____ (verlieben)!

c. Er _____ nett, lustig und sehr intelligent _____ (sein).

d. Wir _____ vier Kinder _____ (haben), zwei Mädchen und

zwei Jungen.

e. Die Mädchen _____ genauso _____ (aussehen) wie ich

und die Jungen _____ so _____ (aussehen) wie mein

Mann.

f. Mein Mann und ich _____ uns die Arbeit zu Hause _____

(teilen), sodass wir beide trotz der vier Kinder _____

_____ (arbeiten).

g. Wir _____ eine sehr glückliche Familie _____ (sein)!

h. Du glaubst mir nicht? Du _____ schon _____ (sehen)!

6 **Mehr Geld für Benzin!?** Vor kurzem machten die Grünen einen Vorschlag, der heftig
diskutiert wurde: Sie wollten den Preis für Benzin drastisch erhöhen. Hier sind die Gründe,
die sie dafür hatten. Schreiben Sie die Sätze im Futur.

Wenn wir den Benzinpreis erhöhen, ...

a. ... produzieren die Autohersteller Autos, die weniger Benzin brauchen.

   ... werden die Autohersteller Autos produzieren, die weniger Benzin brauchen

   werden.

b. ... benutzen mehr Menschen die öffentlichen Verkehrsmittel.

   _____

   _____

c. ... leben die Leute gesünder, weil sie öfter Fahrrad fahren.

   _____

   _____

d. ... wird die Umwelt weniger verschmutzt.

   _____

   _____

e. ... kaufen weniger Leute ein Auto.

_____

_____

f. ... wird das Brennstoffzellen-Auto Wirklichkeit.

_____

_____

7 **Eine Zukunftsvision: eine grüne Regierung** Stellen Sie sich vor, dass die Grünen bei der nächsten Wahl die absolute Mehrheit bekommen. Was wird dann anders? Ihre Ideen müssen nicht ernst oder realistisch sein. Schreiben Sie fünf Sätze im Futur.

BEISPIEL: *Viele Leute werden ihr Auto verkaufen, weil sie das Benzin nicht mehr werden bezahlen können.*

a. _____

_____

b. _____

_____

c. _____

_____

d. _____

_____

e. _____

_____

EINHEIT 4

Planet Germany

Deutschland, ein Einwanderungsland?

A Migration

Hintergrundwissen

 Üb. 1 zu Textbuch S. 126, Aufg. 2

1 Wortschatz Setzen Sie die Wörter im Kasten in der richtigen Form ein.

der Marshallplan
der Gastarbeiter, -   das Wirtschaftswunder
die Arbeitskraft, die Arbeitskräfte   die multikulturelle Gesellschaft
der Aufschwung[2]
anwerben[1]   zurückkehren   die Heimat

1949 nahmen die USA Westdeutschland in den _____Marshallplan_____a auf. Dadurch

begann Mitte der 50er Jahre in Deutschland das _____b: der größte

_____c in der Geschichte des Landes. Dieser Boom erforderte[3]

_____d, von denen es aber im Nachkriegsdeutschland nicht genug

gab. Zur Lösung dieses Problems fing die Bundesregierung 1955 an, Gastarbeiter aus den

_____

[1]**anwerben** Arbeit anbieten/geben, einstellen [2]**der Aufschwung** der Boom, die Konjunktur [3]**erfordern** brauchen

Mittelmeerländern _____e: aus Italien, Spanien, Griechenland, Marokko, Portugal, Tunesien, dem ehemaligen Jugoslawien und der Türkei. Die

_____f sollten für ein paar Jahre in Deutschland arbeiten und

danach wieder zurück in ihre _____g gehen. Nachdem die

Gastarbeiter 10 bis 20 Jahre in Deutschland gelebt hatten, wollten viele von ihnen nicht

mehr in ihre Heimat _____h und sind in Deutschland geblieben.

Deutschland ist heute eine _____i.

Üb. 2 & 3 zu Textbuch S. 127, Strukturen

2 **Infinitiv mit _zu_** Beenden Sie die Sätze.

a. *in den USA leben*

   Viele Leute haben den Wunsch _in den USA zu leben._ _____

b. *ein Arbeitsvisum für die USA bekommen*

   Es ist nicht leicht, _____

c. *in den USA studieren können*

   Viele ausländische Studenten hoffen _____

d. *in den USA ein besseres Leben führen können*

   Viele Ausländer haben die Hoffnung _____

e. *in die USA einwandern*

   _____ war früher leichter.

f. *immigrieren*

   Viele Familien bekamen früher die Erlaubnis _____

g. *ein Visum oder eine Green Card bekommen*

   Wann ist es möglich, _____?

h. *eine Green Card gewinnen*

   _____ ist möglich.

i. *einen Arbeitgeber kennen lernen*

   Für ein Arbeitsvisum ist es notwendig, _____

j. *im Ausland gelebt haben*

   _____ ist eine wichtige Erfahrung.

k. *aus Ihrer Heimat auswandern*

Könnten Sie sich vorstellen _____?

③ Infinitiv mit *zu* Bilden Sie acht Sätze aus den unten angegebenen Satzanfängen und den Satzteilen im Kasten.

Ausdrücke und Wörter, die einen Infinitiv mit *zu* brauchen:

Ich habe die Absicht …	Es ist unmöglich, ……
Ich habe vor …	Ich könnte mir vorstellen …
Ich habe versucht …	Man hat mir empfohlen …
Ich habe die Gelegenheit …	Ich hoffe …
Es wäre schön, …	Ich hätte große Lust …

als Angestellter/Angestellte einer internationalen Firma im Ausland leben

in Deutschland Asyl beantragen

ein Jahr in Berlin studieren

nach Europa auswandern

einen deutschen Mann/eine deutsche Frau heiraten

als Englischlehrer/Englischlehrerin in Deutschland arbeiten

für zwei Jahre in der Schweiz arbeiten

ein Praktikum in Wien machen

aus beruflichen Gründen im Ausland leben

als Au-pair Erfahrungen im Ausland sammeln

als Wissenschaftler/Wissenschaftlerin nach Heidelberg oder Köln gehen

eine deutsche Green Card beantragen

BEISPIEL: *Ich könnte mir vorstellen als Wissenschaftlerin nach Heidelberg zu gehen.*

1. _____

_____

2. _____

_____

3. _____

_____

4. _____

_____

5. _____

_____

6. _____

_____

7. _____

_____

8. _____   _____   _____

_____

Deutschlandbild: So sehen Ausländer die Deutschen

 Üb. 4–9 zu Textbuch S. 131, Strukturen

 Bingo Spielen Sie mit Ihrem Kurs Bingo. Lesen Sie die Fragen, bevor Sie anfangen zu spielen. Fragen Sie Ihren Kursleiter/Ihre Kursleiterin nach Wörtern, die Sie nicht kennen.

Spielregeln:

◇ Stellen Sie Ihren Kommilitonen/Kommilitoninnen Fragen aus dem Raster.

◇ Wenn Sie als Antwort auf Ihre Frage ein „Ja" bekommen, dürfen Sie ein Kreuz machen.

◇ Ziel ist es, vier Kreuze in einer waagerechten, senkrechten oder diagonalen Reihe zu bekommen.

◇ Notieren Sie bei allen „Ja"-Antworten den Namen Ihres Gesprächspartners/Ihrer Gesprächspartnerin im entsprechenden Feld des Rasters.

◇ Gehen Sie nach einer „Ja"-Antwort zur nächsten Person. Bei einem „Nein" dürfen Sie derselben Person noch eine Frage stellen.

◇ Achten Sie darauf, dass Ihr Gesprächspartner/ Ihre Gesprächspartnerin in ganzen Sätzen antwortet, also z.B.: „Ja, ich könnte mir vorstellen, ein Jahr in Deutschland zu leben."

◇ Rufen Sie „Bingo!", wenn Sie vier Kreuze in einer Reihe haben. Dann sind Sie der Gewinner/die Gewinnerin.

Könntest du dir vorstellen, ein Jahr in Deutschland zu leben?	Hättest du Lust als Englischlehrer/ Englischlehrerin im Ausland zu arbeiten?	Könntest du dir vorstellen, im Ausland zu studieren?	Denkst du, du hättest Heimweh, wenn du im Ausland leben würdest?
Würdest du als Au-pair arbeiten?	Könntest du dir vorstellen, einige Jahre in der Schweiz zu arbeiten?	Würdest du dich bei der UNO bewerben?	Möchtest du in deinem Leben etwas verändern?
Könntest du dir vorstellen auszuwandern?	Würdest du nach Indien auswandern und ein Haus in Goa kaufen?	Könntest du dir vorstellen, in Österreich zu studieren?	Würdest du nach Grönland auswandern und ein Restaurant eröffnen?
Wärest du dazu bereit, weit entfernt von deiner Familie zu leben?	Würdest du, wenn du einen Job hättest, ein Au-pair bei dir aufnehmen?	Wärest du glücklich, wenn du von hier wegziehen könntest?	Würdest du einen Ausländer/eine Ausländerin heiraten und mit ihm/ihr im Ausland leben?

⑤ Konjunktiv II: So viele Möglichkeiten! Setzen Sie die Wörter auf der rechten Seite in der richtigen Form des Konjunktivs II bzw. der **würde** + Infinitiv-Konstruktion ein.

Was _____*könnte*_____[a] man nach dem College alles machen? Es gibt	können
so viele Möglichkeiten! Man _____[b] mal genau überlegen:	müssen
Man _____[c] z.B. einen Job suchen, es _____[d]	können, sein
aber auch möglich, weiterzustudieren. Diese Dinge _____[e]	müssen
man aber nicht im Inland machen, man _____[f] auch	können
ins Ausland gehen. Dort _____[g] man für ein paar Jahre	bleiben
und dann _____[h] man zurück. Es _____[i]	kommen, sollen
allerdings ein Land sein, dessen Sprache man spricht. Dort	
_____[j] das Leben auch nicht zu teuer sein, weil man	dürfen
nicht so viel Geld _____[k]. Es _____[l] ein	haben, sollen
Land sein, in dem man eine Wohnung in der Stadt haben	
_____[m], wenn man _____[n], weil man	können, wollen
natürlich viel _____ _____[o].	ausgehen
Wenn ich die Wahl _____[p], _____[q] ich	haben, gehen
nach London. Allerdings _____[r] ich einen guten Job, weil	brauchen
das Leben sehr teuer _____[s]. Wahrscheinlich	sein
_____[t] es auch sehr schwierig, dort eine Arbeit zu finden,	sein

weil sehr viele Menschen in London arbeiten wollen. Da ich Deutsch

lerne, _____ᵘ ich auch die Möglichkeit, in ein deutsch- | haben

sprachiges Land zu ziehen. Dort _____ ich vielleicht

als Englischlehrer/Englischlehrerin _____ᵛ. Ich | arbeiten

_____ vielleicht nach Köln _____ʷ. Köln | ziehen

ist eine interessante lebendige Stadt und es _____ˣ ein | sein

guter Ausgangspunkt für Reisen durch Europa. Ich _____ʸ | nehmen

zum Beispiel den Zug und _____ᶻ in nur fünf Stunden in | sein

Paris oder Brüssel. Mit dem Nachtzug kommt man auch bequem nach

Wien oder Rom. Ich _____ einfach im Zug

_____ᵃᵃ, und wenn ich _____ | schlafen,

_____ᵇᵇ, _____ᶜᶜ ich schon am Ziel. Es | aufwachen, sein

_____ᵈᵈ natürlich auch die Möglichkeit ein Praktikum | geben

zu machen, allerdings _____ᵉᵉ sich das nicht finanzieren, | lassen

da ein Praktikum meistens unbezahlt ist. Aber vielleicht

_____ᶠᶠ ich ja Glück und _____ ein bezahltes | haben

Praktikum _____ᵍᵍ. Wenn ich bloß _____ʰʰ, | finden, wissen

was ich nach dem College machen soll!

⑥ Indikativ oder Konjunktiv? Setzen Sie die Wörter auf der rechten Seite
ein. Entscheiden Sie, ob Sie den Konjunktiv II bzw. die **würde** + Infinitiv-
Konstruktion oder das Präsens im Indikativ brauchen.

Ich _____*würde*_____ gerne nach Brasilien ____*auswandern*____ᵃ. | auswandern

Ich _____ dort auf einer Farm _____ᵇ, | arbeiten

die ich _____ _____ᶜ und ich | kaufen

_____ ein neues Leben _____ᵈ. Allerdings | beginnen

_____*habe*_____ᵉ ich Angst vor Tieren und ich _____ᶠ | haben, sprechen

auch kein Portugiesisch.

Ich _____ g auch nach Indien gehen und dort ein | können

Haus kaufen. Ich _____ ein Hotel _____ h. | eröffnen

Leider _____ i ich nicht gern mit Menschen zusammen | sein

und ich _____ j auch nicht gern die Betten. | machen

   Vielleicht _____ k ich ein Restaurant in Grönland | sollen

aufmachen, allerdings _____ l es dort kalt. Im Winter | sein

_____ m es auch zu früh dunkel. Ich _____ | werden

wahrscheinlich Depressionen _____ n. | bekommen

   Vielleicht Australien: Dort _____ o es immer warm, ich | sein

_____ p die Sprache und die Menschen _____ q | sprechen, sein

sehr freundlich. Ich glaube, dort _____ r ich glücklich. | sein

Aber nein, dort _____ s es zu viele große Spinnen! | geben

7 **Was wäre, wenn … ?** Beenden Sie die Sätze.

a. Wenn ich reich wäre, *würde ich eine Weltreise machen.* _____

b. Wenn ich Königin von England wäre, _____

c. Wenn ich mit dem Studium fertig wäre, _____

d. Wenn Arnold Schwarzenegger keine Muskeln hätte, _____

e. Wenn Blumen sprechen könnten, _____

f. Wenn man Urlaub auf dem Mond machen könnte, _____

g. Wenn Fische fliegen könnten, _____

h. Wenn ich ein Vogel wäre, _____

i. Wenn ich Präsident der USA wäre, _____

j. Wenn ich Präsident von Europa wäre, _____

k. Wenn mein Bett mit mir sprechen könnte, _____

8 Ich würde mir das so vorstellen Stellen Sie sich vor, Sie hätten schon Ihren Abschluss vom College / von der Universität. Was würden Sie im Anschluss[1] machen? Schreiben Sie zehn Sätze über Ihre Zukunftspläne. Beginnen Sie z.B. so:

Wenn ich mit dem College fertig wäre, würde ich zuerst ...

_____

_____

_____

_____

_____

_____

_____

_____

_____

_____

9 Konjunktiv II: Gebrauch Lesen Sie, in welchen Situationen der Konjunktiv II benutzt wird:

A. irreale Bedingungen   **C.** Ratschläge   **E.** Vergleiche mit *als ob*

B. höfliche Bitten   **D.** irreale Wünsche

Sehen Sie sich die Zeichnung an und lesen Sie die Sprech- und Denkblasen. Ordnen Sie dann jeder Blase eine Situation zu, indem Sie die Buchstaben A–E auf die Linien vor den Sätzen schreiben.

___ Die Bluse sieht so aus, als ob sie mir zu groß wäre.

___ Ich würde diese Bluse kaufen, wenn es sie in meiner Größe gäbe.

___ Ach, wenn es diese Bluse doch nur drei Nummern kleiner gäbe!

___ „Entschuldigung, könnten Sie mir bitte helfen?"

___ „Sie sollten diese Bluse kaufen! Das trägt man heutzutage so."

_____
[1]**im Anschluss** danach

A. Irreale Bedingungen Schreiben Sie.

1. Ich habe keinen Hund.

   Wenn ich einen Hund hätte, würde ich jeden Tag spazieren gehen.

2. Ich habe kein eigenes Haus.

   _____

3. Ich kann nicht gut kochen.

   _____

4. Meine Eltern wohnen sehr weit entfernt.

   _____

5. Im Sommer muss ich arbeiten.

   _____

B. Höfliche Bitten Was sagen Sie in den folgenden Situationen?

1. Sie haben gerade im Café Ihren Kaffee bekommen. Sie brauchen Zucker, auf Ihrem Tisch steht aber keiner.

   „Entschuldigung, könnte ich bitte Zucker bekommen?"

2. Sie kochen gerade. Es fehlt Ihnen ein Ei. Sie klingeln bei Ihrer Nachbarin.

   _____

3. Sie haben Schnupfen und brauchen dringend ein Taschentuch. Fragen Sie einen Passanten auf der Straße.

   _____

4. Sie sitzen im Deutschkurs und Ihnen ist warm. Das Fenster ist geschlossen.

   _____

5. Sie fahren in Urlaub und bitten einen Nachbarn, Ihre Blumen zu gießen.

   _____

C. Ratschläge Ihr Freund hat Probleme. Geben Sie ihm Ratschläge.

1. Er fühlt sich sehr einsam. *„Du solltest in einen Sportverein gehen."*

2. Er hat zu viel Arbeit. _____

3. Er hat Streit mit seiner Freundin. _____

4. Er fühlt sich immer müde und krank. _____

5. Er möchte abnehmen. _____

D. Irreale Wünsche Schreiben Sie Sätze.

1. Urlaub: *Ach, hätte ich doch schon Ferien! Dann könnte ich Urlaub machen!* _____

2. Aussehen: _____

3. Talent: _____

4. Wohnen: _____

5. Ausbildung: _____

E. Vergleiche mit *als ob* Beenden Sie die Sätze.

1. Er ist faul, *aber er tut so, als ob er sehr fleißig wäre.* _____

2. Sie ist 20 Jahre alt, aber sie sieht so aus, _____

3. Er hat keine Ahnung, _____

4. Sie sind keine Geschwister, _____

5. Er hat kein Geld, _____

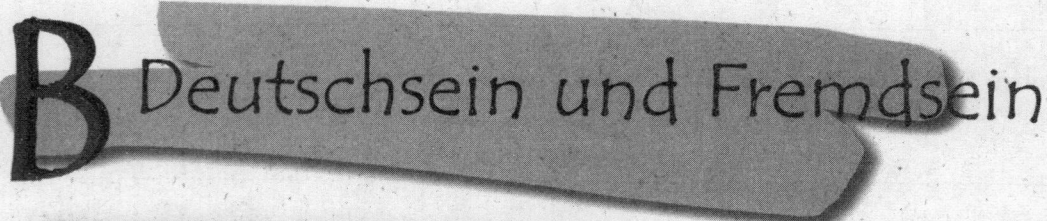

B Deutschsein und Fremdsein

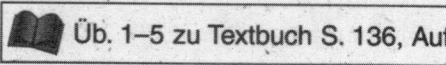

„Es ist Zeit" von Aziza-A

📖 Üb. 1–5 zu Textbuch S. 136, Aufg. 4

1 **Modalverben im Präsens: Aziza-A** Schreiben Sie *können, wollen, sollen, dürfen, müssen* oder „*möchten*" in der richtigen Form in die Lücken. Manchmal gibt es mehrere Möglichkeiten.

a. Aziza-A ist in zwei Kulturen aufgewachsen: in der deutschen und in der türkischen.

Ihre Familie _____*will/möchte*_____, dass sie sich wie eine Türkin verhält, aber Aziza-A

_____ wie eine

deutsche Frau leben.

b. Aziza-A _____ mit

ihrer Musik die türkischen Frauen

ansprechen.

c. Sie _____ ihnen

sagen, dass sie weniger gehorsam

sein _____ und

dass sie nicht alles tun

_____ , was die

Männer ihnen sagen.

d. In der traditionellen türkischen

Kultur _____ die

Frauen kaum eigene Entscheidungen

treffen.

Aziza-A

e. Oft entscheiden die Väter sogar, welchen Mann ihre Tochter heiraten

_____ .

f. Viele Ehemänner _____ auch nicht, dass ihre Frau studiert.

g. Sie _____ zu Hause bleiben und den Haushalt führen.

h. Viele Türkinnen _____ nur Alkohol trinken, wenn ihr Mann es

erlaubt.

i. Die Töchter _____ möglichst so sein wie ihre Mütter.

j. Aziza-A _____ den Frauen sagen, dass sie ihr Leben ändern

_____ und sie _____ ihnen Mut dazu machen.

k. Aziza-A _____ durch ihre Musik sagen, was sie mit ihrer Familie nicht

besprechen _____ .

2 **Modalverben im Präsens: Sätze bilden** Beenden Sie die Sätze mit den Angaben im Kasten. Schreiben Sie auch eigene Sätze.

> traditionell   tun, was die Männer wollen   einen Schleier tragen   ihre Meinung sagen   modern
> selbst entscheiden   ~~gehorsam~~   Alkohol trinken   so wie ihre Mutter

a. In der ländlichen Türkei müssen die Frauen *gehorsam sein. Sie sollen möglichst ...*

_____

_____

b. In der Türkei dürfen die traditionellen Frauen nicht _____

_____

_____

3 **Modalverben im Präteritum** Lesen Sie den folgenden Text. Sie kennen ihn schon aus dem Textbuch auf Seite 126, Aufgabe 2. Setzen Sie danach in den Lückentext passende Modalverben im Präteritum und die Infinitive aus dem Kasten ein.

> 1949 nahmen die USA Westdeutschland in den Marshallplan auf. Durch den Marshallplan begann Mitte der 50er Jahre in Deutschland das „Wirtschaftswunder": der größte Aufschwung in der Geschichte des Landes. Dieser Aufschwung erforderte Arbeitskräfte, von denen es aber im Nachkriegsdeutschland nicht genug gab. Gründe dafür waren die geburtenschwachen Nachkriegsjahrgänge, der Aufbau der Bundeswehr im Jahre 1955 und der Bau der Berliner Mauer 1961, da nun keine Arbeiter mehr aus der DDR und Osteuropa kommen konnten. Zur Lösung dieses Problems fing die Bundesregierung 1955 an, „Gastarbeiter" aus den Mittelmeerländern anzuwerben. Die Gastarbeiter sollten für ein paar Jahre in Deutschland arbeiten und danach wieder zurück in ihre Heimat gehen. Nachdem die Gastarbeiter 10 bis 20 Jahre in Deutschland gelebt hatten, wollten viele von ihnen nicht mehr in ihre Heimat zurückkehren und sind in Deutschland geblieben. Deutschland ist heute eine multikulturelle Gesellschaft.

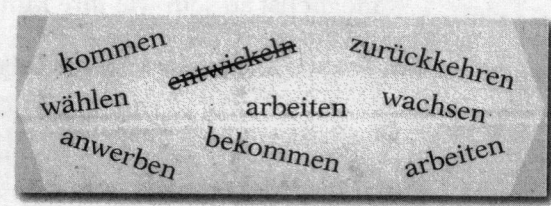

> kommen   ~~entwickeln~~   zurückkehren
> wählen   arbeiten   wachsen
> anwerben   bekommen   arbeiten

a. Durch das Geld aus dem Marshallplan _____ *konnte* _____ sich die deutsche Wirtschaft

_____ *entwickeln* _____ .

b. Die Regierung _____ Arbeitskräfte _____, damit die

Konjunktur weiter _____ _____.

c. In den Mittelmeerländern _____ viele Leute nicht _____,

weil es zu wenig Arbeit gab.

d. Deshalb _____ Arbeiter aus den Mittelmeerländern für ein paar Jahre

nach Deutschland _____ und dort _____.

e. Nach 10 bis 20 Jahren in Deutschland _____ viele Gastarbeiter nicht

mehr in ihre Heimat _____.

f. Sie sind in Deutschland geblieben, obwohl sie die deutsche Staatsbürgerschaft nicht

_____ _____ und somit auch nicht _____

_____.

④ Ein Gastarbeiterkind erzählt: Modalverben im Präsens und Präteritum Bilden Sie
Sätze. Entscheiden Sie, ob Sie das Präsens oder das Präteritum benutzen müssen.

a. in den 50er Jahren / die Situation auf dem Arbeitsmarkt / schlecht sein / mein Vater /
nicht arbeiten / können / arm sein / wir

In den 50er Jahren war die Situation auf dem Arbeitsmarkt schlecht. Mein Vater konnte

nicht arbeiten und wir waren arm.

b. als / hören / er / dass / Deutschland / anwerben / Arbeitskräfte / wollen / mein Vater /
nach Deutschland gehen

_____

_____

c. meine Mutter und wir Kinder / in der Türkei bleiben / wollen / lieber

_____

_____

d. mein Vater / einige Jahre / in Deutschland / bleiben / und schließlich / meine Familie /
müssen / auch / umziehen

_____

_____

e. ich / müssen / Deutsch lernen / und / sollen / einen deutschen Schulabschluss / machen

_____

_____

f. heute / haben / ich / eine eigene Familie / und / wollen / nicht mehr / in die Türkei
zurückkehren

_____

_____

g. ich / deutsche Staatsbürgerin / möchten / werden / und / leben / wie eine deutsche Frau

_____

_____

Junge Ausländer in Deutschland: Was denken sie?

5 **Modalverben im Konjunktiv II** Schreiben Sie Sätze im Konjunktiv II.

a. alle / Menschen / gleich / sein / sollen

  *Alle Menschen sollten gleich sein.*_____

b. sollen / man / benachteiligen / niemanden / wegen seiner Nationalität

_____

c. alle / Menschen / nach ihrer Persönlichkeit / man / sollen / beurteilen

_____

d. niemanden / man / wegen Religion, Kultur oder Aussehen / sollen / verurteilen

_____

e. Rassisten / man / müssen / bestrafen

_____

f. Rassismus / man / nicht / dürfen / tolerieren

_____

g. Frauen / nicht / man / dürfen / benachteiligen

_____

    h. Ausländer / die gleichen Chancen / haben / müssen

    _____

    i. Vorurteile / abbauen / müssen / man

    _____

    j. Vorurteile / nicht / tolerieren / sollen / man

    _____

Einwanderung und Einbürgerung

Gesetzlicher Hintergrund: *Ius sanguinis* versus *Ius soli*

 Üb. 1 zu Textbuch S. 139, Strukturen

① **Bekommen** **versus** **werden** Schreiben Sie *bekommen* oder *werden* in der richtigen Form in die Lücken.

    a. Ich habe starke Halsschmerzen. Ich glaube, ich _____*werde*_____ krank.

    b. Nein, so kannst du das nicht machen! Wann _____ du endlich erwachsen?

    c. Die Musik in der Bar war so laut, dass ich Kopfschmerzen _____ habe.

    d. Hör auf so zu reden, ich _____ ja Angst!

    e. Sie können in diesem Fitnessstudio nur trainieren, wenn Sie hier Mitglied

    _____ .

    f. Früher bin ich fünf Kilometer in einer halben Stunde gelaufen, jetzt brauche ich viel

    länger. Ich glaube, ich _____ alt.

    g. Sie geht auf eine Journalismus-Schule, weil sie Reporterin _____ will.

    h. Bald ist das Semester zu Ende. Was für eine Note _____ du wohl in

    Deutsch?

    i. Ich denke, ich _____ eine bessere Note als im letzten Semester. Mein

    Deutsch ist viel besser _____ .

j. Wenn ich ein A in Deutsch _____, _____ ich von meinen

Eltern einen Flug nach Berlin zum Geburtstag.

k. Er studiert Medizin, weil er Arzt _____ will.

l. Joschka Fischer hat für seine Arbeit mehrere Auszeichnungen _____ .

Üb. 2 zu Textbuch S. 140, Aufg. 2

② **Modalverben im Präsens und Präteritum: Einbürgerung** Bilden Sie Sätze im Präsens bzw. im Präteritum. Entscheiden Sie immer dort, wo Sie „ ... " sehen, ob Sie *werden* oder *bekommen* benutzen müssen.

a. früher / Ausländer / können / nur / sehr schwer / deutsche Staatsbürger / ...

   Früher konnten Ausländer nur sehr schwer deutsche Staatsbürger werden.

b. vor Januar 2000 / dürfen / man / nur / Deutscher / ... / wenn / man / deutsche Vorfahren / haben

   _____

   _____

c. wenn / man / die deutsche Staatsangehörigkeit / ... / wollen / mindestens / ein Elternteil / müssen / deutsch sein

   _____

   _____

d. Kinder von Ausländern / ... / die Staatsangehörigkeit / ihrer Eltern / auch wenn / sie / in Deutschland / geboren sein

   _____

   _____

e. wenn / ein Ausländer / deutscher Staatsbürger / ... / wollen / müssen / er / mindestens / 15 Jahre / legal / in Deutschland leben / haben

   _____

   _____

f. seit / Januar 2000 / Ausländer / können / leichter / deutsche Staatsbürger / ...

   _____

   _____

g. wenn / sie / wollen / können / sie / jetzt / schon / ... / nach acht Jahren / die deutsche Staatsbürgerschaft

   _____

   _____

h. jetzt / in Deutschland geborene Kinder von Ausländern / Deutsche / ... / können / wenn / ein Elternteil / seit acht Jahren / leben / in Deutschland

_____

_____

i. Kinder / die doppelte Staatsbürgerschaft / ... / können / bis zum 23. Lebensjahr / aber / danach / müssen / sie / sich entscheiden / denn / dürfen / sie / nur / eine Staatsbürger-schaft / behalten

_____

_____

_____

j. Ausländer / sollen / gut Deutsch sprechen / können / müssen / sie / deshalb / bevor sie Staatsbürger ... / machen / einen Sprachtest

_____

_____

_____

Wladimir Kaminer

 Üb. 3 zu Textbuch S. 142, Aufg. 2

3 **Russendisko: Infinitiv ohne *zu*** Schreiben Sie Sätze.

a. in der Russendisko / lernen / die neueste russische Musik / kennen / Sie

   In der Russendisko lernen Sie die neueste russische

   Musik kennen.

Der Schriftsteller Wladimir Kaminer

b. dort / Sie / sehen / Berliner / wild tanzen

   _____

c. gehen / Sie / tanzen / doch / auch mal wieder

   _____

d. kommen / Wodka / trinken / Sie / ins Kaffee Burger

   _____

e. im Kaffee Burger / hören / die neueste russische Musik / Russen / singen / Sie

_____

f. Sie / sich / faszinieren / lassen / von der Musik

_____

g. Ihr Herz / fühlen / danach / schlagen / Sie / so richtig

_____

h. nicht / zu Hause vor dem Fernseher / sitzen / bleiben / Sie

_____

i. fahren / tanzen / Sie / auf jeden Fall / mit dem Taxi / denn / werden / Sie / viel Alkohol / trinken

_____

📖 Üb. 4 zu Textbuch S. 145, Aufg. 7

④ Wie würden Sie reagieren? In seinem Text über den Sprachtest führt Kaminer drei Beispielfragen an, die Bewerbern gestellt werden könnten. Schreiben Sie im Konjunktiv II.

Variante 1:
Ihr Nachbar lässt immer wieder spätabends laut Musik laufen. Sie können nicht schlafen.

Was würden Sie hoffen?

a. _Ach, wenn er doch die Musik leiser drehen würde!_____

b. _____

c. _____

Was würden Sie denken?

a. _Er benimmt sich, als ob er allein im Haus wäre!_ _____

b. _____

c. _____

Was würden Sie machen?

a. _Ich würde mich bei meinem Nachbarn über die laute Musik beschweren._

b. _____

c. _____

Was würden Sie sagen?

a. _„Entschuldigen Sie, ich kann nicht schlafen, könnten Sie bitte die Musik leiser drehen?"_

b. _____

c. _____

Variante 2:
Der Sommerschlussverkauf hat gerade begonnen. Was würden Sie kaufen und warum?
Wohin würden Sie gehen?

a. _____

b. _____

c. _____

Variante 3:
Ihr Freund hat gerade sehr viel zu Mittag gegessen und will jetzt schwimmen gehen. Geben
Sie ihm Ratschläge.

a. _Du solltest ..._ _____

b. _____

c. _____

Üb. 5–7 zu Textbuch S. 145, Aufg. 8

5 Mit *zu* oder ohne *zu*? Ergänzen Sie *zu*, wo nötig.

Es gibt viele Gründe, den postsozialistischen Staaten den Rücken _____ _zu_ _____ ª kehren.

Die meisten Menschen wollen ein besseres Leben _____ – _____ ᵇ führen. Manche Leute

haben auch einfach nur Lust, etwas Neues _____ ᶜ machen. Nach dem Fall der

Berliner Mauer hatten viele Menschen die Gelegenheit, ihr Leben _____^d verändern.
Viele von ihnen hatten vor, in die USA _____^e emigrieren. Wladimir Kaminer wollte
nach Deutschland _____^f emigrieren, weil die Fahrkarte billiger war als ein
Flugticket in die USA.

Kaminer scheint ein Multitalent _____^g sein: Er ist Schriftsteller und hat eine
wöchentliche Radiosendung. Er arbeitet fürs Fernsehen und organisiert die „Russendisko".
Seine Geschichten findet er im täglichen Leben: Er geht in den Supermarkt _____^h
einkaufen, er hört Leute auf der Straße _____ⁱ reden oder die allein stehenden
Freundinnen seiner Frau _____^j erzählen. Er sieht seine Nachbarn den Alltag
_____^k leben oder er lässt einfach seine Gedanken _____^l schweifen[1]. Seine
inzwischen berühmte Russendisko findet zweimal im Monat statt. Hier kann man
Wladimir _____^m treffen und man wird Wodka _____ⁿ trinken und zur
neuesten russischen Musik _____^o tanzen. Es lohnt sich, dorthin _____^p
gehen. In der Russendisko lassen alle ihre Hemmungen[2] _____^q fallen. Im Moment
ist es sehr angesagt[3], dorthin _____^r gehen. Und ganz sicher ist: Niemand wird vor
den Morgenstunden aufhören _____^s tanzen!

6 **Mit *zu* oder ohne *zu*?** Schreiben Sie Sätze.

a. Kaminer / deutsche Staatsbürger / werden / möchten / und / sein Vater

   Kaminer und sein Vater möchten deutsche Staatsbürger werden.

b. es / sein / notwendig / ablegen / eine Prüfung / dafür

   _____

c. man / gehen / die Prüfung / ablegen / in einem Büro der Stadt

   _____

d. sein Vater / müssen / anfangen / lernen / für die Prüfung

   _____

e. die Prüfung / er / unbedingt / gut / machen / wollen

   _____

---

[1]**die Gedanken schweifen lassen** den Gedanken freien Lauf lassen, die Gedanken wandern lassen, nicht stoppen
[2]**die Hemmung** die Angst   [3]**angesagt** hip

f. über / die Fragen / beginnen / nachdenken / er

_____

g. er / sich / nicht so leicht / aufs Kreuz / legen / lassen

_____

h. scheinen / wissen / er / viel / über / die deutsche Kultur / schon

_____

i. die Absicht haben / bleiben / in Deutschland / er

_____

7 **Persönliche Sätze: Mit *zu* oder ohne *zu*?** Beenden Sie die Sätze mit einem Infinitiv.

a. Es ist schwierig, _____

b. Es ist unnötig, _____

c. Es ist gefährlich, _____

d. Es ist angenehm, _____

e. Ich helfe meiner Freundin _____

f. Ich versuche _____

g. Ich fühle _____

h. Ich komme _____

i. Es freut mich, _____

j. Ich habe die Gelegenheit _____

k. Ich lerne _____

l. Ich habe Lust _____

m. Ich kann gut _____

n. Ich bitte meinen Freund darum, _____

o. Ich muss _____

p. Ich beabsichtige _____

q. Morgen fange ich an _____

D Film: *Schwarzfahrer* von Pepe Danquart

Schwarzfahrer

 Üb. 1 zu Textbuch S. 147, Aufg. 1

1 **Redewendungen und Ausdrücke mit *schwarz*** Setzen Sie die Wörter im Kasten in der richtigen Form ein.

> schwarze Zahlen schreiben sich schwarz ärgern schwarzarbeiten
> ~~schwarzfahren~~ schwarzes Gold schwarzes Schaf warten, bis man schwarz wird schwarze Kasse
> der Schwarzmarkt schwarz sehen schwarzer Tag schwarz auf weiß

a. Wenn man mit dem Zug oder Bus fährt, aber keine Fahrkarte kauft, dann

   _____*fährt*_____ man _____*schwarz*_____ .

b. In Saudi Arabien und im Irak gibt es das meiste _____

   _____ .

c. Eine Person, die arbeitet und Geld verdient, aber keine Steuern bezahlt,

   _____ _____ .

d. Auf dem _____ kann man illegale Waren kaufen und Dinge, die

   woanders viel teurer sind.

e. Ein _____ _____ ist eine Person, die als einzige aus einer

   Gruppe immer Fehler macht und Probleme hat.

f. Sie stehen in der Warteschlange an der Post. Obwohl Sie schon eine halbe Stunde

   warten, sind Sie kaum vorangekommen. Eine Frau sagt: „Hier muss man immer

   _____ bis man _____ wird!"

g. Ich habe telefonisch erfahren, dass ich den Job habe. Ich glaube es aber erst, wenn ich

   es _____ _____ _____ habe.

h. Heute hat nichts funktioniert, alles ging schief und es gab nur Probleme, heute war

wirklich ein _____ _____.

i. Lange Zeit dachte ich, meine Firma würde Pleite gehen, aber jetzt _____

wir endlich wieder _____ _____.

j. „Denk positiv, _____ nicht immer so _____!"

k. „So ein blöder Fehler! Ich könnte _____ darüber _____

_____!"

l. Helmut Kohl hatte _____ _____, aus denen er seinen

Wahlkampf teilweise finanziert hat. Das war sein politisches Ende.

📖 Üb. 2–4 zu Textbuch S. 151, Aufg. 10

② **Wortschatz** Setzen Sie die Wörter aus dem Kasten in der richtigen Form in den Text ein.

der Fahrschein, -e/die Fahrkarte, -n   die Geldstrafe   wegsehen   der Fahrkartenkontrolleur

die Monatskarte   ~~die Straßenbahn~~   die Ausrede   zustimmend

hinunterschlucken   kontrollieren   aussteigen   der Schwarze   schweigen

der Fahrgast, die Fahrgäste   behaupten   anpassen   schwarzfahren

ausländerfeindlich   riechen   ausfüllen

Berlin, eine _____ *Straßenbahn* _____ ᵃ, es scheint Morgen zu sein, die Leute

fahren zur Arbeit: Unter den _____ᵇ ist eine alte Frau, die

_____ᶜ Bemerkungen über einen jungen _____ᵈ

macht, der neben ihr sitzt. Sie _____ᵉ, dass Ausländer sich nicht

an die deutschen Sitten _____ᶠ, schlecht _____ᵍ

und alle AIDS haben. Die anderen Fahrgäste _____ʰ,

_____ _____ⁱ, einige lächeln _____ʲ. Plötzlich

steigt ein _____ᵏ in die Straßenbahn ein und beginnt die

_____ˡ zu _____ᵐ. Die alte Frau holt ihre Fahrkarte aus

der Tasche. Überraschend nimmt der Schwarze ihren Fahrschein und _____ ihn _____ⁿ. Er selbst zeigt dem Kontrolleur seine

_____ᵒ. Als die alte Frau die Geschichte erzählt, sagt der Kontrolleur

nur, dass er so eine dumme _____ᵖ noch nie gehört hat und bittet die

Frau _____ᑫ. Er _____ ein Formular _____ʳ

und die Frau muss eine _____ˢ bezahlen, weil sie

_____ᵗ ist.

③ Mit *zu* oder ohne *zu*? Beenden Sie die Sätze mit den Ausdrücken im Kasten und
entscheiden Sie, ob Sie *zu* benutzen müssen oder nicht.

ausländerfeindliche Bemerkungen machen   aussteigen   ausländerfeindliche Bemerkungen machen

ignorieren   dem Schwarzen helfen   schwarzfahren   eine Geldstrafe geben

den Fahrschein / die Fahrkarte zeigen   die Fahrscheine / Fahrkarten sehen   die Geldstrafe bezahlen

a. Als der Schwarze in die Straßenbahn einsteigt, beginnt die alte Frau _____

_____

b. Der Schwarze scheint sie _____

c. Die anderen Fahrgäste hören die alte Frau _____

d. Die anderen Fahrgäste haben nicht die Absicht _____

e. Der Fahrkartenkontrolleur möchte _____

f. Er bittet auch die alte Frau _____

g. Die alte Frau soll _____

h. Es ist verboten, _____

i. Der Kontrolleur beabsichtigt der Frau _____

j. Die alte Frau muss _____

④ Konjunktiv II Beenden Sie die Sätze.

a. Die anderen Fahrgäste tun so, als ob _____

_____

b. Wenn ich einer der anderen Fahrgäste wäre, _____

_____

c. Wenn mir das passieren würde, was dem jungen Schwarzen passiert, _____

_____

d. Wenn ich der Kontrolleur wäre, _____

_____

e. Wenn ich hören würde, dass jemand eine ausländerfeindliche Bemerkung macht, _____

_____

f. Wenn ich im Ausland wäre und jemand eine ausländerfeindliche Bemerkung zu mir

machen würde, _____

g. Ich wünschte, dass _____

_____

Name _____ Kurs _____ Datum _____

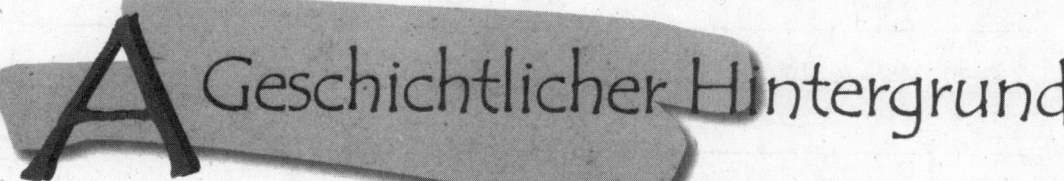

EINHEIT 5

Die Comedian Harmonists

Ein Musikensemble der 20er und 30er Jahre

A Geschichtlicher Hintergrund

Weimarer Republik

 Üb. 1–4 zu Textbuch S. 158, Strukturen

① Reflexive Verben Schreiben Sie Sätze mit den angegebenen Verben.

A. Transitive Verben Schreiben Sie je drei Sätze:
1. einen Satz, in dem Sie das Verb nicht reflexiv gebrauchen
2. einen Satz, in dem Sie das Verb reflexiv mit einem Akkusativ-Reflexivpronomen verwenden
3. einen Satz, in dem Sie das Verb reflexiv mit einem Dativ-Reflexivpronomen benutzen.

    a. (sich) ansehen

       1. _Ich sehe den Mann an, der mit mir spricht._

       2. _Ich sehe mich am Morgen lieber nicht im Spiegel an._

       3. _Ich sehe mir den Film an._

    b. (sich) abtrocknen

       1. _____

       2. _____

       3. _____

c. (sich) anziehen

1. _____

2. _____

3. _____

d. (sich) schneiden

1. _____

2. _____

3. _____

e. (sich) waschen

1. _____

2. _____

3. _____

B. **Reflexive Verben mit Akkusativ** Schreiben Sie je einen persönlichen Satz.

a. sich ausruhen

Ich ruhe mich meistens abends vor dem Fernseher aus.

b. sich beeilen

_____

c. sich benehmen

_____

d. sich entscheiden

_____

e. sich entschuldigen

_____

f. sich erkälten

_____

g. sich fragen

_____

h. sich irren

_____

i. sich langweilen

_____

j. sich verhalten

_____

k. sich verlaufen

_____

l. sich verspäten

_____

C. Reflexive Verben mit Dativ Schreiben Sie je einen persönlichen Satz.

a. sich etwas ausdenken

Ich denke mir gerne lustige Geschichten aus und erzähle sie meiner kleinen Schwester.

b. sich etwas einbilden

_____

c. sich etwas leisten

_____

d. sich etwas merken

_____

e. sich schaden

_____

f. sich etwas überlegen

_____

g. sich etwas vorstellen

_____

h. sich etwas wünschen

_____

D. Reflexive Verben mit Präpositionalobjekt Schreiben Sie je einen persönlichen Satz. Das Reflexivpronomen steht im Akkusativ.

a. sich ärgern über (+ *Akk.*)

   Ich ärgere mich über die U-Bahn, wenn ich sie verpasse.

b. sich bedanken für

   _____

c. sich erinnern an (+ *Akk.*)

   _____

d. sich erkundigen nach

   _____

e. sich freuen auf (+ *Akk.*)

   _____

f. sich interessieren für

   _____

g. sich unterhalten über (+ *Akk.*)

   _____

h. sich verabreden mit

   _____

i. sich vorbereiten auf (+ *Akk.*)

   _____

j. sich wundern über (+ *Akk.*)

   _____

2 **Reflexive Verben** Ergänzen Sie das Reflexivpronomen im Akkusativ oder Dativ.

a. Ich interessiere _____ *mich* _____

   sehr für die Filme aus den 20er

   und 30er Jahren.

b. Gestern Abend habe ich

   _____ einen Film mit

   Marlene Dietrich angesehen.

Szene aus Fritz Langs Film *Metropolis*

c. Ich interessiere _____ auch sehr für die Kleidung dieser Zeit.

d. Ich wünsche _____, dass die Kleidung bald wieder modern wird.

e. Ich frage _____ oft, wie es wohl gewesen wäre, in dieser Zeit zu leben.

f. Manchmal stelle ich _____ vor, in dieser Zeit zu leben.

g. Gestern Abend habe ich _____ mit einem netten Jungen getroffen.

h. Er hat _____ vor kurzem von seiner Freundin getrennt.

i. Ich langweile _____ meistens und meine Freundin sagt, dass ich _____ komisch benehme.

j. Gestern war es anders: Wir haben _____ lange über die 20er Jahre

unterhalten.

k. Er interessiert _____ für die Filme von Fritz Lang.

l. „Worüber habt ihr _____ unterhalten?", hat meine Freundin später gefragt.

m. Sie wundert _____ immer darüber, wie man so unmodern sein kann.

n. „Hast du _____ mit ihm verabredet?", wollte sie wissen.

o. „Ja, wir treffen _____ morgen Abend zum Essen", habe ich geantwortet.

p. „Ich mache _____ Sorgen, dass ich nicht das Richtige zum Anziehen habe."

q. „Du kannst _____ eine Bluse von mir leihen."

3 **Reflexive Verben mit und ohne Präpositionalobjekt** Schreiben Sie Sätze. Achten Sie auch auf Deklinationen und Konjugationen.

a. ich / sich interessieren für / Surrealismus

Ich interessiere mich für Surrealismus. _____

b. es / sich handeln um / ein- ganz besonderen Stil

_____

c. ich / sich fragen / oft / ob / ich / die Bilder / richtig / interpretieren

_____

d. ich / glauben / dass / ich / sich irren / oft

_____

e. ich / sich vorstellen / manchmal / dass / der Maler / sich amüsieren über (+ *Akk.*) / mein- Interpretation

_____

_____

f. ich / sich beschäftigen mit / Kunst / gern

_____

g. ich / möchten / sich einschreiben für / ein- Kunstkurs / an der Volkshochschule

_____

h. man / sich beschäftigen mit / ein ganzes Wochenende / die Interpretation von Gemälden

_____

_____

i. viele Leute / sich interessieren für / dies- Seminar

_____

_____

④ **Schüttelkästen: Reflexive Verben mit Präpositionalobjekt** Schreiben Sie acht Sätze.
Suchen Sie sich Wörter aus den Kästen aus oder benutzen Sie Wörter aus dem Unterricht.

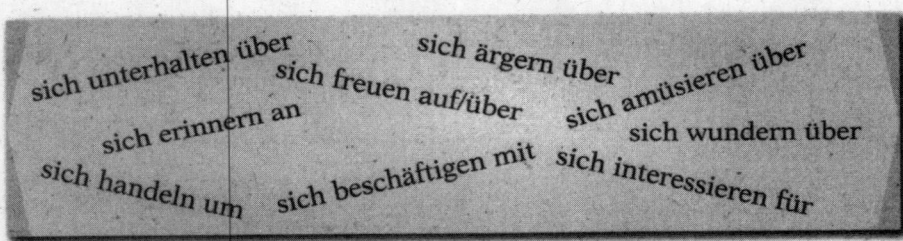

sich unterhalten über   sich ärgern über
sich freuen auf/über   sich amüsieren über
sich erinnern an   sich wundern über
sich handeln um   sich beschäftigen mit   sich interessieren für

der Tonfilm   die Bauhaus-Architektur   der Bauhaus-Stil
der Expressionismus   die Weimarer Republik   der Charleston
kniefreie Kleider   der Surrealismus
der Kurzhaarschnitt (Bubikopf)   Walter Gropius
der Tango   Ludwig Mies van der Rohe   der Jazz
der Stummfilm   das Bauhaus-Design   der Dadaismus   das Bauhaus
der Blues

BEISPIEL: *Ich amüsiere mich immer über die Fotos von meinen Großeltern, auf denen meine Großmutter einen Bubikopf trägt.*

1. _____

_____

2. _____

_____

3. _____

_____

4. _____

_____

5. _____

_____

6. _____

_____

7. _____

_____

8. _____

_____

B Film: *Comedian Harmonists* von Joseph Vilsmaier

Lebensläufe der Comedian Harmonists

📖 Üb. 1–5 zu Textbuch S. 169, Aufg. 1

1 Das Ensemble Schreiben Sie *Erwin, Ari, Erich, Harry, Roman* oder *Robert* auf die Linien. Wenn Sie sich nicht erinnern können, schauen Sie im Textbuch auf den Seiten 170–173 nach.

a. Ich bin der Mann, der in Lodz geboren

wurde. _____*Roman*_____

b. Als ich jung war, war Haskovo, die Stadt,

in der ich geboren bin, ein Teil von der

Türkei. _____

Von links nach rechts: Robert Biberti, Erich A. Collin, Erwin Bootz, Roman Cycowski, Harry Frommermann und Ari Leschnikoff

c. Wir sind die Comedian Harmonists, deren Heimat Berlin ist. _____,

_____, _____

d. Das Leben, das mein Vater führte, der ein berühmter Opernsänger war, hat seine Stimme ruiniert. _____

e. Robert Biberti, den ich am Großen Schauspielhaus kennen gelernt hatte, nahm Roman und mich mit zu Harry Frommermann. _____

f. Meine Eltern, deren Ehe in die Brüche ging, als ich drei Jahre alt war, waren sehr gut mit Albert Einstein befreundet. _____

g. Die Professoren, die mich mit 18 Jahren aus der Schauspielschule hinauswarfen, konnten mich nicht leiden. _____

h. Ich bin der Mann, dessen Vater Kinderarzt war. _____

i. Mein Vater, den ich seit meiner Emigration aus Polen nie wiedergesehen habe, war sehr traurig über meine Entscheidung nach Deutschland auszuwandern.

_____

j. Wir sind die Comedian Harmonists, die jüdischen Glaubens sind. _____,

_____, _____

k. Die „Revellers", von denen ich früher begeistert war, inspirierten mich dazu, die Comedian Harmonists zu gründen. _____

l. Mein Vater, mit dem ich mich sehr über meine Pläne Schauspieler zu werden gestritten habe, war bei meiner Geburt schon 56 Jahre alt. _____

m. Ich bin der Mann, der sein eigenes Musikzimmer hatte. _____

② Relativpronomen

A. Unterstreichen Sie das Relativpronomen in den Sätzen und geben Sie jedes Mal an, auf welches Nomen bzw. Pronomen das Relativpronomen sich bezieht. Notieren Sie am Ende der Übung den Namen des Harmonisten, zu dem diese Aussagen passen.

BEISPIEL: Ich bin ein Comedian Harmonist, <u>der</u> in Berlin geboren ist.
Das Relativpronomen ist „der" und bezieht sich auf „ein Comedian Harmonist".

a. Mein Vater, dem ich immer gehorchen musste, wollte nicht, dass ich Schauspieler werde.

_____

b. Er, den ich noch nie wütend gesehen hatte, wurde böse, als ich es ihm sagte.

_____

c. Ich setzte aber meinen Kopf durch und besuchte eine Schauspielschule, aus der ich mit 18 Jahren rausflog.

_____

d. Meine Professoren, zu denen ich sehr frech war, mochten mich nicht.

_____

e. Meine Mutter, die immer sehr liebevoll gewesen war, starb bald danach und mein Vater, dessen Wut immer noch groß war, sprach nicht mehr mit mir.

_____

f. Da ich die Musik liebte, war ich glücklich, als die Sänger auf die Anzeige antworteten, die ich in der Zeitung aufgegeben hatte.

_____

g. Die Revellers, deren Musik mich schon lange begeisterte, waren das Vorbild für dieses neue Ensemble, das ich gründen wollte.

_____

Wie heiße ich? _____

B. Schreiben Sie die Relativpronomen aus Übung A in die Tabelle.

	maskulin	feminin	neutrum	Plural
Nominativ	der			
Akkusativ				
Dativ				
Genitiv				

C. Wie heißen die anderen Relativpronomen? Ergänzen Sie die Tabelle.

D. Wo steht das Verb im Relativsatz?

_____

3 **Informationen trennen** Relativsätze kombinieren Informationen miteinander. Trennen Sie die Informationen und machen Sie aus jedem Relativsatz einen Hauptsatz. Notieren Sie anschließend den Namen des Harmonisten, zu dem diese Aussagen passen.

a. Ich bin der Mann, dessen Familie verhältnismäßig reich war.

   Ich bin ein Mann.

   Die Familie dieses Mannes war verhältnismäßig reich.

b. Ich bin der Comedian Harmonist, der aus Stettin kommt und der sechs Geschwister hat.

   _____

   _____

   _____

c. Ich hatte ein eigenes Musikzimmer, in dem ich Klavier spielte.

   _____

   _____

d. 1928 war ich noch in der Musikhochschule, die ich seit 1924 besuchte.

   _____

   _____

e. Das Ensemble, bei dem Ari Leschnikoff mich eingeladen hatte mitzumachen, war etwas merkwürdig.

   _____

   _____

f. In einer Wohnung, in die Ari mich mitgenommen hat, habe ich alle anderen Mitglieder des Ensembles getroffen.

   _____

   _____

Wie heiße ich? _____

4 **Informationen kombinieren** Kombinieren Sie. Notieren Sie unten den Namen des Harmonisten, zu dem diese Aussagen passen.

1: _*i*_ , 2: _____ , 3: _____ , 4: _____ , 5: _____ , 6: _____ , 7: _____ , 8: _____ , 9: _____

1. Ich bin der Comedian Harmonist,

2. Die Militärschule,

3. Die Zeit in dieser Schule,

4. 1922 fuhr ich nach Deutschland,

5. Das Geld,

6. Ich arbeitete als Kellner in einer Kneipe,

7. Als Chorsänger arbeitete ich 1926 am Großen Schauspielhaus,

8. Am Schauspielhaus lernte ich Bob Biberti kennen,

9. Die Comedian Harmonists,

a. die ich von 1916 bis 1918 besuchte, war in Sophia.

b. das ich aus Bulgarien mitgebracht hatte, hatte ich bald ausgegeben.

c. dessen Namen jeder in Berlin kannte.

d. zu denen ich als neues Mitglied kam, entstanden 1927.

e. den ich sehr sympathisch fand und der mich zu den Comedian Harmonists brachte.

f. wo ich 20 Jahre lebte.

g. in der ich schlecht bezahlt wurde.

h. in der man immer sehr diszipliniert sein musste, war schrecklich für mich.

i. der 1897 in Haskovo, in der Nähe von Sophia, Bulgarien, geboren wurde.

Wie heiße ich? _____

⑤ Relativpronomen Setzen Sie das richtige Relativpronomen ein.

a. Harry Frommermann ist der Mann, _____ *der* _____ die Comedian Harmonists gegründet hat.

b. Harry ist der Harmonist, _____ auch Komiker war.

c. Unsere Gruppe, _____ Name „Comedian Harmonists" ist, hat sechs Mitglieder.

d. Die Musikgruppe, von _____ ich begeistert war, hieß „Revellers".

e. Die Kneipe, in _____ Ari singt, ist sehr schick.

f. Ich bin der Mann, _____ aus Bulgarien kommt.

g. Mein Vater, _____ Liebe für mich kein Ende hat, stellte sich mir nicht in den Weg, als ich nach Deutschland gehen wollte.

h. Mein Vater war ein Kinderarzt, _____ ich fürchtete und liebte.

i. Die Musikhochschule, an _____ ich studiert habe, war in Berlin.

j. Der Mann, _____ Name Erwin Bootz ist, spielte Klavier.

k. Am Großen Schauspielhaus, _____ Orchester sehr gut ist, habe ich gearbeitet.

l. Die Stadt, aus _____ ich komme, heißt Stettin.

m. Ich bin der Mann, _____ vier Jahre an der Musikhochschule studierte.

n. In einer Filmszene spiele ich einen Mönch, _____ Haar blond ist.

o. Russland ist das Land, in _____ ich geboren wurde.

> 📖 Üb. 6 & 7 zu Textbuch S. 180, Aufg. 3

⑥ Wiederholung Genitiv: Warum bleiben wir nicht einfach in den USA? Setzen Sie die Genitiv-Endungen ein.

Wir können ... nicht in den USA bleiben.

a. wegen mein_er___ Mutter _____

b. wegen mein_____ Haus_____

c. wegen mein_____ Familie_____

d. wegen mein_____ Frau_____

e. wegen mein_____ Vater_____

f. wegen mein_____ Freunde_____

g. wegen mein_____ Vermögen_____ (*n.*)

h. wegen d_____ Sprache_____

i. wegen mein_____ Liebe_____ zu Berlin

j. wegen mein_____ Eltern_____

k. wegen unser_____ Musik_____

l. wegen unser_____ Erfolg_____ (*m.*)

Die Freiheitsstatue

⑦ Wiederholung Futur: Zukunftsgedanken Schreiben Sie Sätze im Futur.

a. in Deutschland / keine Zukunft / haben / wir

   Wir werden in Deutschland keine Zukunft haben.

b. in dieser Zusammensetzung / keine Musik / mehr / machen / dürfen / wir

   _____

   _____

c. sich trennen / müssen / wir

   _____

d. unsere Familien / nicht wiedersehen / können / wenn wir bleiben / wir

_____

_____

e. wir / unser gesamtes Vermögen / verlieren / wenn / sich entschließen / hier bleiben / wir

_____

_____

f. meine Mutter / vor Traurigkeit / krank werden

_____

g. ich / meine Frau / die / ich / sehr lieben / nicht verlassen (*mit Relativsatz*)

_____

h. sich entscheiden / müssen / wir

_____

 Üb. 8 zu Textbuch S. 184, Aufg. 2a

8 **Wiederholung Genitiv:** *trotz, wegen, während, (an)statt* Schreiben Sie Sätze.

a. die Comedian Harmonists / ihr-
Aufenthalt in den USA / eine Idee
haben / während

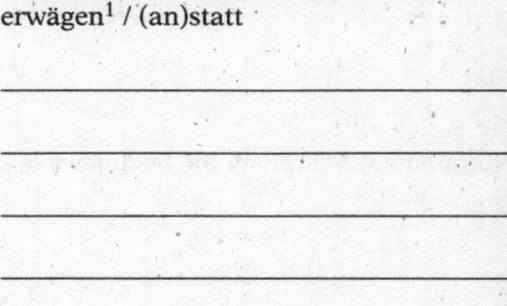
Während ihres Aufenthalts in den USA

haben die Comedian Harmonists eine Idee.

b. die Comedian Harmonists / die Rückkehr
nach Deutschland / eine Alternative
erwägen[1] / (an)statt

_____

_____

_____

_____

[1]**erwägen** über etwas nachdenken

Der Central Park

c. die politische Situation in Nazideutschland / nachdenken über / in den USA bleiben / sie / wegen

_____

_____

d. Harry / sein- jüdischer Glaube / und / sein- Trennung von Erna / in den USA bleiben wollen / wegen

_____

_____

e. andere Harmonisten / ihr- Familie / und / ihr- Freunde / nicht bleiben / wollen / wegen

_____

_____

f. sie / das Naziregime / glauben / in Deutschland weiterarbeiten können / trotz

_____

_____

g. die bevorstehenden Schwierigkeiten / nach Deutschland zurückkehren / trotz / sie

_____

_____

h. weitere- Konzerte / ihre Trennung / bekannt geben / 1935 / (an)statt / die Gruppe

_____

_____

i. die Zeit in New York / zum letzten Mal / gemeinsam vergnügt[1] sein / während / sie

_____

_____

📖 Üb. 9–15 zu Textbuch S. 187, Aufg. 9

9 **Relativpronomen** Ergänzen Sie das Relativpronomen. Schreiben Sie auch jeweils zwei eigene Sätze auf die Linien.

a. Harry ist der Harmonist,

_____*dessen*_____ Gruppe die Nazis verboten haben.

_____ sich mit Bob gestritten hat.

_____
[1]**vergnügt** glücklich

_____ Erna wirklich liebt.

_____ Erna nach Wien folgt. (folgen + *Dat.*)

_____

_____

b. Erna ist die Frau,

_____ Harry in einem Musikgeschäft begegnet. (begegnen + *Dat.*)

_____ Liebe Harry braucht.

_____ Harry und Bob verliebt sind. (verliebt sein in + *Akk.*)

_____ ihre Heimat verlässt und mit Harry nach Wien geht.

_____

_____

c. „Veronika" ist ein Lied,

_____ bis heute bekannt ist.

_____ viele Leute heute noch auswendig können.

_____ Text lustig ist.

_____ der typische Humor der Comedian Harmonists nicht fehlt.
(fehlen + *Dat.*)

_____

_____

d. Die Comedian Harmonists sind Musiker,

_____ Musik in den 30er Jahren sehr beliebt war.

_____ die Musik der Revellers gefiel. (gefallen + *Dat.*)

_____ auch Komiker waren.

_____ die Frauen träumten. (träumen von)

_____

_____

⑩ Sätze kombinieren Verbinden Sie die Sätze zu einem Hauptsatz mit Relativsatz/Relativsätzen.

a. Die Geschichte der Comedian Harmonists spiegelt die Zeit des Hitlerregimes wider. Die Comedian Harmonists waren in den 30er Jahren sehr populär.

   Die Geschichte der Comedian Harmonists, die in den 30er Jahren sehr populär waren,

   spiegelt die Zeit des Hitlerregimes wider.

b. Die Comedian Harmonists mussten sich 1935 trennen. Die Nazis schadeten ihnen.

c. Drei Mitglieder der Comedian Harmonists flohen zuerst nach Wien, dann nach Zürich und später in die USA. Drei Mitglieder der Comedian Harmonists waren jüdischen Glaubens.

d. Die USA nahmen die drei jüdischen Mitglieder der Comedian Harmonists 1940 auf. Die USA hatten den Comedian Harmonists schon früher die Einwanderung angeboten.

e. Der Film *Comedian Harmonists* zeigt den Werdegang der Musikgruppe. Das Ende des Films ist ein bisschen traurig.

f. Der Film zeigt auch die persönlichen Geschichten der Mitglieder. Ich habe meinen Freunden von dem Film erzählt.

g. Erna arbeitet in einem Musikgeschäft und studiert. Harry und Bob verlieben sich in sie.

_____

_____

_____

h. Am Ende des Films entscheidet sich Erna für Harry. Erna liebt Harry mehr als Bob. Harry hat immer nur Erna geliebt.

_____

_____

_____

i. Erwin lässt sich von seiner Frau scheiden. Erwins Frau ist Jüdin.

_____

_____

_____

j. Erich heiratet eine Frau. Er weiß nicht viel über sie. Er spricht ihre Sprache nicht.

_____

_____

_____

k. Roman verliebt sich in eine Frau und bittet sie, zum jüdischen Glauben überzutreten. Roman ist sehr religiös. Die Frau ist wahrscheinlich Christin.

_____

_____

_____

l. Ari, Erwin und Bob bleiben in Berlin und versuchen ein neues Ensemble zu gründen. Alle Frauen lieben Ari. Erwin ist geschieden. Erna hat sich von Bob getrennt.

_____

_____

_____

11 *Wo* **oder** *was*? Setzen Sie *wo* oder *was* ein, um den Relativsatz einzuleiten.

a. Deutschland ist das Land, _____wo_____ die Comedian Harmonists zuerst bekannt waren.

b. Die Comedian Harmonists waren das, _____ Harry sich immer gewünscht hatte.

c. Die Zeit zwischen 1927 und 1935 war wahrscheinlich für die Mitglieder der Comedian Harmonists das Beste, _____ ihnen passiert ist.

d. Nachdem die Comedian Harmonists sich getrennt hatten und die drei jüdischen Mitglieder in die USA immigriert waren, _____ Erich und Roman den Rest ihres Lebens verbrachten, war die beste Zeit der Gruppe lange vorbei.

e. Nichts, _____ danach kam, konnte an den Erfolg der Originalgruppe heranreichen.

f. Harry versuchte in New York, _____ er sich niedergelassen hatte, eine neue Gruppe zu gründen, aber er scheiterte, _____ ihn sehr traurig gemacht haben muss.

g. Die drei „Arier" versuchten in Deutschland, _____ sie geblieben waren, ebenfalls eine neue Gruppe mit dem Namen „Meister-Sextett" zu gründen, _____ auch zunächst erfolgreich war. Aber schließlich scheiterten auch sie, _____ das Ergebnis von Streit und der Einberufung zum Militär war.

h. Die Musik der Originalgruppe erlebt zurzeit eine Renaissance, _____ man auch daran sieht, dass ein Film über sie gedreht wurde, _____ die Comedian Harmonists sicher freuen würde!

12 **Schreiben** Die drei Comedian Harmonists, die in Berlin blieben, suchten Mitglieder für ein neues Ensemble. Schreiben Sie eine Anzeige von 3–5 Sätzen, in der Sie Relativsätze benutzen, um zu erklären, was für Musiker Sie suchen und wer Sie sind.

Sänger gesucht, die ... _____

_____

_____

_____

_____

⑬ Relativsätze Beenden Sie die Sätze.

a. Die Comedian Harmonists arbeiteten in Berlin, wo _____

_____

b. „Die goldenen Zwanziger" nennt man die Zeit, in der _____

_____

c. Die Arbeitslosigkeit zu dieser Zeit war hoch, was _____

_____

d. Trotz der Probleme dieser Zeit waren die Comedian Harmonists, die _____

_____, erfolgreich.

e. Wegen des Naziregimes musste sich die Gruppe trennen, deren _____

_____

f. Die jüdischen Mitglieder emigrierten ins Ausland, was _____

_____

g. Sie fuhren zunächst nach Wien und dann in die deutschsprachige Schweiz, in der _____

_____

h. 1940 immigrierten sie in die USA, die _____

_____

i. Die anderen drei Mitglieder blieben in Deutschland, wo _____

_____

j. Sie gründeten ein neues Ensemble, das _____

_____

⑭ Relativsätze Definieren Sie die Wörter, indem Sie die Sätze mit einem Relativsatz beenden. Ihre Sätze sollen zum Thema der Einheit passen.

a. Der Erste Weltkrieg *war ein Krieg, dessen Ende 1918 den Anfang der Weimarer Republik*

bedeutete. _____

b. Die Weimarer Republik _____

_____

c. Arbeitslosigkeit _____

_____

d. Die Weltwirtschaftskrise _____

_____

e. Die Revellers _____

_____

f. Die Comedian Harmonists _____

_____

g. Der Antisemitismus _____

_____

h. Die Reichsmusikkammer _____

_____

i. Das Abschiedskonzert _____

_____

j. 1935 _____

_____

⑮ Wortschatz Setzen Sie das passende Verb aus dem Kasten im Präteritum ein.

sich verlieben   beantragen   angehören   verlassen

verlassen   sich trennen   ~~gründen~~

konvertieren   aufnehmen   ablehnen   verbieten

a. Harry Frommermann _____*gründete*_____ 1927 die Comedian Harmonists.

b. Drei der Sänger _____ dem jüdischen Glauben _____.

c. Einer der drei jüdischen Musiker _____ _____ in eine

Frau, die aus Liebe zum jüdischen Glauben _____.

d. Die Comedian Harmonists _____ die Aufnahme in die

Reichsmusikkammer.

e. Die Reichsmusikkammer _____ die drei jüdischen Mitglieder der

Comedian Harmonists nicht _____ sondern _____ ihre

Aufnahme _____ und _____ weitere gemeinsame

Auftritte.

f. Beim letzten Konzert der Gruppe _____ ein paar Leute den Konzertsaal,

als sie erfuhren, dass drei der Sänger jüdischen Glaubens waren.

g. 1935 _____ _____ die Comedian Harmonists.

h. Die drei jüdischen Mitglieder _____ Deutschland.

Üb. 16–18 zu Textbuch S. 187, Strukturen

16 **Reflexive Verben** Erna erzählt Mary, Romans Frau, von ihrer Beziehung zu Harry und Bob. Setzen Sie die reflexiven Verben im Perfekt ein.

sich verloben   sich freuen (über + Akk.)   sich trennen (von)   sich entschließen

sich unterhalten (über + Akk.)[1]   sich entscheiden   sich verabreden[2]   sich treffen (mit)

sich (Dat.) (etwas) machen (aus)[5]   sich verlieben (in + Akk.)   sich langweilen   sich kümmern um[4]

sich konzentrieren (auf + Akk.)

sich trennen (von)   sich erinnern (an + Akk.)   sich verlieben (in + Akk.)   ~~sich kennen lernen~~   sich verhalten[3]

Harry und ich haben _____uns_____ in dem Musikgeschäft _____kennen_____

_____gelernt_____[a], in dem ich als Studentin gearbeitet habe. Er hat dort immer

die neuesten Platten der Revellers gekauft. Wir haben _____ oft über die

Musik _____[b] und getanzt. Ich habe _____ sofort in ihn

_____[c]. Nach ein paar Wochen haben wir _____ zum ersten

Mal _____[d]. Er hat mich ins Rundfunkstudio eingeladen und ich habe

ihm bei einer Aufnahme zugehört. Ich habe _____ sehr über diese Einladung

---

[1]**sich unterhalten über** über etwas sprechen   [2]**sich verabreden** ein Treffen vereinbaren, z.B. zum Abendessen
[3]**sich verhalten** sich benehmen; sein   [4]**sich kümmern um** *hier:* Zeit verbringen mit   [5]**sich etwas machen aus** sich
interessieren für

_____e. Wir waren lange Zeit sehr glücklich. Dann hatte die Gruppe großen

Erfolg und er hat _____ mehr auf seine Arbeit _____f als auf mich

und _____ nur noch wenig um mich _____g. Ich habe _____

mit ihm _____h. Ich habe angefangen, _____ mit Bob zu

_____i. Ich wusste, dass er _____ in mich _____j

hatte und ich habe _____ _____k, _____ von Harry

zu _____l. Harry hat _____ dann sehr merkwürdig

_____m. Ich glaube, er war sehr verletzt. Aber ich habe _____ nie

wirklich etwas aus Bob _____n! Dann wurden die Comedian Harmonists

verboten und auf dem letzten Konzert hat Harry unser Lied gesungen. Plötzlich habe ich

_____ daran _____o, wie sehr ich ihn einmal geliebt habe und ich

habe _____ spontan _____p, _____ wieder von Bob zu

_____q und mit Harry nach Wien zu fahren. Und gestern haben wir

_____ _____r!

⑰ Reflexive Verben Bob erzählt Ari und Erwin in Berlin von seiner Liebe zu Erna und von
Ernas Beziehung zu Harry. Erzählen Sie Ernas Geschichte aus Übung 16 nun aus Bobs
Perspektive zu Ende.

Erna und Harry haben sich in dem Musikgeschäft kennen gelernt, in dem Erna als Studentin

gearbeitet hat. Er hat mir erzählt, dass er sich sofort in sie verliebt hat. Nach ein paar Wochen

haben sie sich zum ersten Mal verabredet. Er hat sie ins Rundfunkstudio eingeladen, wo ich

Erna zum ersten Mal gesehen habe! ...

_____

_____

_____

_____

_____

_____

_____

_____

_____

_____

_____

_____

_____

_____

18 Reflexive Verben Schreiben Sie persönliche Sätze mit den Verben aus Übung 16.

BEISPIEL: sich unterhalten über (+ *Akk.*): *Heute Morgen habe ich mich mit einer Kommilitonin über den Film „Dogville" unterhalten. Darüber gibt es viel zu sagen.*

a. sich unterhalten über (+ *Akk.*): _____

_____

b. sich trennen von: _____

_____

c. sich verabreden (mit): _____

_____

d. sich freuen über (+ *Akk.*): _____

_____

e. sich entscheiden: _____

_____

f. sich entschließen: _____

_____

g. sich verlieben in (+ *Akk.*): _____

_____

h. sich treffen (mit): _____

_____

i. sich verloben mit: _____

_____

j. sich konzentrieren auf (+ *Akk.*): _____

_____

k. sich erinnern an (+ *Akk.*): _____

_____

l. sich verhalten: _____

_____

m. sich kümmern um: _____

_____

n. sich langweilen: _____

_____

o. sich kennen lernen: _____

_____

p. sich (*Dat.*) etwas machen aus: _____

_____

EINHEIT 6

Stationen der Geschichte

Deutschland – Österreich – Schweiz

A Stationen der schweizerischen Geschichte

Zwei Reden

 Üb. 1 & 2 zu Textbuch S. 199, Aufg. 4

① Zeitformen: Präsens, Präteritum, Perfekt Notieren Sie die Verben aus der Rede „Frauenerfolge: gestern – heute – morgen" in den angegebenen Zeitformen in der 3. Person Singular.

Frauenstreiktag

Infinitiv	Präsens	Präteritum	Perfekt
a. streiken	*streikt*	*streikte*	*hat ... gestreikt*
b. herrschen			
c. fordern			
d. erhalten			
e. zu•stehen			
f. wollen			
g. sich ein•fügen			
h. verwirklichen			
i. versprechen			
j. bringen			

② Wortschatz: Nomen-Verb-Verbindungen Lesen Sie die Nomen und inhaltlich passende Verben aus dem Hörtext „Frauenerfolge: gestern–heute–morgen". Schreiben Sie mit jeder Nomen-Verb-Verbindung einen Satz, der zum Inhalt der Rede passt.

a. der Arbeitsfriede: herrschen (+ *Nom.*)

   In der Schweiz herrscht Arbeitsfriede, das heißt, dass es keine Streiks gibt.

b. die Gleichstellung: streiken für

c. das Recht, -e: erhalten[1]

d. das Frauenstimmrecht: zustehen[2] (+ *Dat.*)

e. das traditionelle Rollenmuster: sich einfügen in[3] (+ *Akk.*)

f. die Lohngleichheit: versprechen, verwirklichen

---

[1]**erhalten** bekommen   [2]**zustehen** das Recht sein   [3]**sich einfügen in** akzeptieren

    g. die Kinderkrippe, -n: zur Verfügung stellen[1]

_____

    h. die Teilzeitstelle, -n: zur Verfügung stellen

_____

    i. die Hausarbeit: sich beteiligen an (+ *Dat.*)

_____

> Üb. 3 zu Textbuch S. 199, Aufg. 5

❸ Die Rede „Frauenerfolge: gestern – heute – morgen" zusammenfassen Sie haben die Rede von Frau Calmy-Rey gehört und erzählen einer Freundin davon. Fassen Sie die Rede zusammen. Schreiben Sie mindestens fünf Sätze im Perfekt. Wenn Sie wollen, können Sie die gedruckte Rede im Textbuch auf den Seiten 366 und 367 zu Hilfe nehmen.

Ich habe mir gestern die Rede von Frau Calmy-Rey angehört. Sie war sehr interessant. Frau

Calmy-Rey hat ... _____

_____

_____

_____

_____

_____

_____

_____

_____

_____

_____

_____
[1]**zur Verfügung stellen** *hier*: organisieren

 Üb. 4 zu Textbuch S. 200, Aufg. 6

④ Wortschatz

A. Nomen einsetzen Setzen Sie die Wörter im Kasten in den Text ein.

> der Kündigungsschutz   das Gehalt, die Gehälter   die Arbeitszeit
> der Arbeitnehmer, -   ~~das Ziel, -e~~   der Arbeitgeber, -
> die Arbeitsbedingung, -en   der Arbeitsplatz, die Arbeitsplätze
>   die Gewerkschaft, -en

Der Frauenstreik in der Schweiz war sehr originell. Normalerweise haben Streiks das

_____Ziel_____ [a], die _____ [b] zu verbessern. Die

_____ [c] wollen die _____ [d] dazu bringen,

ihnen beispielsweise ein höheres _____ [e] zu bezahlen, die

_____ [f] zu verkürzen oder den _____ [g] zu ver-

stärken. Manchmal streiken Arbeitnehmer auch, weil ihre Firma _____ [h]

abbauen will. Meistens werden Streiks von den _____ [i] organisiert.

B. Nomen und Verben zuordnen Welches Verb passt zu welchem Nomen? Setzen Sie ein.

Verben: abbauen, erhöhen, organisieren, verbessern, verkürzen, verstärken

a. die Arbeitsbedingungen _____

b. das Gehalt _____

c. die Arbeitszeit _____

d. den Kündigungsschutz _____

e. Arbeitsplätze _____

f. einen Streik _____

C. Das Verb *kündigen* Sehen Sie sich die beiden Verwendungsweisen des Verbs *kündigen* an
und beantworten Sie dann die Fragen.

kündigen   = Ein Arbeitnehmer verlässt eine Firma auf eigenen Wunsch.

jemandem (*Dat.*) kündigen   = Der Arbeitgeber teilt dem Arbeitnehmer mit[1], dass er nicht
                                 mehr in dieser Firma arbeiten kann.

---
[1]**mitteilen** sagen

Name _____ Kurs_____ Datum _____

a. Unter welchen Bedingungen kann in Ihrem Land ein Arbeitnehmer kündigen?

    _____

    _____

b. Unter welchen Bedingungen kann in Ihrem Land ein Arbeitgeber einem Arbeitnehmer kündigen?

    _____

    _____

Üb. 5 & 6 zu Textbuch S. 201, Aufg. 10

5 **Wortschatz** Erklären Sie die folgenden Wörter aus der Rede „Unsere Armee verteidigte damals keine Grenze, sondern einen randvoll mit Gold gefüllten Tresor." auf Seite 201 im Textbuch mit einem Relativsatz.

a. die Grenze:

    Eine Grenze ist eine Markierung, die zwei Länder voneinander trennt.

b. der Tresor:

    _____

c. die Vergangenheit:

    _____

d. der Zettel:

    _____

e. die Geschäfte (*Pl.*):

    _____

f. die Alliierten (*Pl.*):

    _____

g. der Buchhalter:

    _____

h. der Verlierer:

    _____

i. der Sieger:

    _____

6 **Wortschatz** Erklären Sie die folgenden Ausdrücke im Kontext der Rede „Unsere Armee verteidigte damals keine Grenze, sondern einen randvoll mit Gold gefüllten Tresor." auf Seite 201 im Textbuch.

a. konfrontiert werden mit (Zeile 2): _____

b. … soll … gehangen haben (Zeile 4/5): _____

c. im Kriegsfall (Zeile 6): _____

d. Furcht vor (+ *Dat.*) (Zeile 8): _____

e. eine Bank überfallen (Zeile 12): _____

f. Geldgeschäfte tätigen (Zeile 12/13): _____

g. zu den Verlierern/Siegern gehören (Zeile 16/17): _____

B Stationen der deutschen Geschichte

Das Reichstagsgebäude

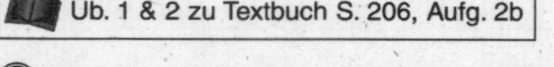 Üb. 1 & 2 zu Textbuch S. 206, Aufg. 2b

1 **Genitiv: Das Reichstagsgebäude** Setzen Sie die Artikel und, wo nötig, die Endungen ein.

a. 1884 fand die Grundsteinlegung

____des____ Reichstagsgebäude_s_ (*n.*)

statt.

b. 1894 war die Schlusssteinlegung

_____ Reichstag_____ (*m.*).

c. 1918 erfolgte vom Balkon _____

Reichstag_____ die Ausrufung

_____ Republik_____ (*f.*).

Das Reichstagsgebäude in Berlin

d. Im Januar 1933 war Hitler____ Machtergreifung. Der Brand _____

Reichstag____ bedeutete das Ende _____ parlamentarischen Demokratie____ (f.)

in Deutschland.

e. Das nationalsozialistische Regime führte Deutschland und Europa in die Katastrophe

_____ Zweiten Weltkrieg____ (m.). 1945, am Ende _____ Krieg____, war

Deutschland fast völlig zerstört[1].

f. Wegen der Blockade _____ Westsektoren____ (Pl.) Berlin____ durch die

Sowjetunion demonstrierten im September 1948 350.000 Menschen vor dem

Reichstag. Dies war die Zeit _____ Berliner Luftbrücke____ (f.).

g. Durch den Bau _____ Mauer____ (f.) am 13. August 1961 wurde Berlin

geteilt.

h. Das Ende _____ sozialistischen Regime____ (n.) bedeutete gleichzeitig das

Ende _____ DDR____ (f.) und den Fall _____ Mauer____ 1989.

i. 1990, einen Tag nach der Wiedervereinigung, fand die erste Sitzung _____

gesamtdeutschen[2] Parlament____ (n.) im Reichstag statt.

j. 1994 entschied sich der Bundestag nach langen Überlegungen[3] für das

Projekt _____ Künstler____ (Pl.) Christo und Jeanne-Claude: für die

Verhüllung[4] _____ neuen Sitz____ (m.) _____ gesamtdeutschen

Parlament____. Das Ergebnis _____ Projekt____ (n.) kann man im Internet

sehen.

k. Nach der Wiedervereinigung wurde das Gebäude nach den Plänen _____

bekannten Architekt____ (m.) Sir Norman Foster umgebaut. Die gläserne

Kuppel, das Wahrzeichen[5] _____ Gebäude____ (n.), ist auch für Besucher

begehbar.

_____

[1]**zerstört** kaputt [2]**gesamtdeutsch** von beiden Teilen Deutschlands zusammen [3]**die Überlegung** der Gedanke, das Nachdenken [4]**die Verhüllung** das Verpacken [5]**das Wahrzeichen** das Typische

② **Genitiv: Der Reichstag** Setzen Sie die Endungen der Adjektive und Nomen ein. Im Genitiv ist die Adjektivendung immer -en, wenn ein Artikelwort (bestimmter oder unbestimmter Artikel, Possessivartikel, kein-) vor dem Adjektiv steht.

a. 1894 fand die Grundsteinlegung des geplant_en__ Reichstagsgebäude_s___ statt.

b. 1918 erfolgte die Ausrufung der Weimarer Republik vom Balkon des gerade fertig

    gestellt_____ Reichstag_____ .

c. Dies bedeutete das Ende des ungeliebt_____ Monarch_____ .

d. Die Wahl Hitlers zum Reichskanzler bedeutete das Ende der parlamentarisch_____

    Demokratie_____ in Deutschland und den Aufstieg des tyrannisch_____

    Nationalsozialist_____ .

e. Das Jahr 1945 bedeutete das Ende des Zweit_____ Weltkrieg_____ .

f. 1948 war der Beginn der berühmt_____ Berliner Blockade_____ .

g. Durch den Bau der weltbekannt_____ Berliner Mauer_____ 1961 wurde die Stadt geteilt.

h. 1989 wurde die Berliner Mauer geöffnet und die Arbeit der erst_____ Mauerspechte_____

    begann. Es war die Macht des stark_____ Wille_____, die die Mauer öffnete.

i. 1995 wurde der Reichstag verpackt. Viele Menschen kamen nach Berlin, um den Anblick

    des neu_____ originell_____ Projekt_____ von Christo und Jeanne-Claude zu sehen.

 Üb. 3–11 zu Textbuch S. 206, Strukturen

③ **Passiv: Der verhüllte Reichstag**

A. Lesen Sie den Text und notieren Sie alle Sätze, die im Passiv geschrieben sind. Nennen Sie auch Satzart, Zeit und handelnde Personen.

1995 wurde der Reichstag von Christo und Jeanne-Claude verhüllt. Zuvor wurde 23 Jahre lang von der Bundesregierung darüber diskutiert, ob der Reichstag von den Künstlern verhüllt werden darf oder nicht. Das Projekt wurde von 90 professionellen Bergsteigern und 120 Installateuren durchgeführt. Im September 1994 hatten zehn deutsche Firmen begonnen, das Material für die Verhüllung herzustellen: silbrigen Stoff und blaues Seil. Von April bis Juni 1995 wurden die

Der verhüllte Reichstag

Stahlkonstruktionen, an denen das Material befestigt[1] wurde, auf den Türmen und dem Dach installiert. Der Reichstag blieb 14 Tage lang verhüllt und das ganze Material wurde anschließend recycelt. Die Arbeit wurde, wie alle ihre Projekte, vollständig von den Künstlern finanziert.

Passiv-Sätze (Hauptsätze oder Nebensätze)

a. _1995 **wurde** der Reichstag von Christo und Jeanne-Claude **verhüllt.**_____

b. _____

c. _____

d. _____

e. _____

f. _____

g. _____

h. _____

Satzart, Zeit   Genannte oder gedachte handelnde Person(en)

a. _Hauptsatz, Präteritum_____   _Christo und Jeanne-Claude_____

b. _____   _____

c. _____   _____

d. _____   _____

e. _____   _____

f. _____   _____

g. _____   _____

h. _____   _____

B. Aktiv-Sätze Formulieren Sie nun die Passiv-Sätze aus Übung A als Aktiv-Sätze im Präteritum.

a. _Christo und Jeanne-Claude verhüllten 1995 den Reichstag._____

b. _____

c. Präsens: ..., ob _____

_____
[1]**befestigen** fixieren

d. _____

e. _____

f. _____

g. ... man _____

h. _____

④ **Passiv Präsens: Die Verhüllung des Reichstags** Formulieren Sie um. Schreiben Sie im Passiv.

a. Man verhüllt den Reichstag.

   Der Reichstag **wird verhüllt.** _____

b. Man produziert silbriges Material und blaues Seil.

   _____

c. Man installiert Stahlkonstruktionen auf dem Dach und den Türmen.

   _____

d. Man engagiert Bergsteiger.

   _____

e. Man befestigt das Material an den Stahlkonstruktionen.

   _____

f. Man fixiert den Stoff mit dem Seil.

   _____

g. Man macht Werbung für das Projekt.

   _____

   _____

h. Man verkauft Poster und Postkarten.

   _____

i. Man plant das nächste Projekt: Man verhüllt Bäume.

   _____

   _____

Verhüllte Bäume

⑤ Passiv Präteritum und Perfekt: Die Verhüllung des Reichstags Formen Sie die Sätze um.

A. Formen Sie die Aktiv-Sätze ins Passiv Präteritum um.

a. Christo und Jeanne-Claude verhüllten 1995 den Reichstag.

1995 **wurde** *der Reichstag (von Christo und Jeanne-Claude)* **verhüllt.**

b. Zehn deutsche Firmen stellten das silbrige Material her.

_____

_____

c. 90 Bergsteiger und 120 Installateure befestigten die Stahlkonstruktionen auf dem Dach.

_____

_____

d. Christo und Jeanne-Claude verpackten den Reichstag für 14 Tage.

_____

_____

e. Die beiden Künstler finanzierten das Projekt komplett selbst.

_____

_____

f. Die Bundesregierung diskutierte 23 Jahre lang über die Verhüllung des Reichstags.

_____

_____

g. Die Stadt Berlin recycelte das ganze Material nach dem Ende des Projekts.

_____

_____

B. Formen Sie die Aktiv-Sätze ins Passiv Perfekt um.

a. Christo und Jeanne-Claude verhüllten 1995 den Reichstag.

1995 **ist** *der Reichstag (von Christo und Jeanne-Claude)* **verhüllt worden.**

b. Zehn deutsche Firmen stellten das silbrige Material her.

_____

_____

c. 90 Bergsteiger und 120 Installateure befestigten die Stahlkonstruktionen auf dem Dach.

_____

_____

d. Christo und Jeanne-Claude verpackten den Reichstag für 14 Tage.

_____

_____

e. Die beiden Künstler finanzierten das Projekt komplett selbst.

_____

_____

f. Die Bundesregierung diskutierte 23 Jahre lang über die Verhüllung des Reichstags.

_____

_____

g. Die Stadt Berlin recycelte das ganze Material nach dem Ende des Projekts.

_____

_____

6 **Perfekt Aktiv und Passiv: *geworden* oder *worden*?** Schreiben Sie *geworden* oder *worden* in die Lücken, je nachdem ob der Satz im Perfekt Aktiv oder Perfekt Passiv geschrieben ist.

Christo und Jeanne-Claude sind beide am selben Tag geboren ____worden____ [a]:

am 13. Juni 1935! Er ist in Bulgarien groß _____ [b], sie in Casablanca,

Marokko. Später sind sie amerikanische Staatsbürger _____ [c]. Sie haben

sich 1958 in Paris kennen gelernt und sind schnell ein Paar _____ [d].

Zwei Jahre später haben sie einen Sohn bekommen. Er ist nicht Künstler, sondern

Dichter _____ [e]. Viele seiner Gedichte sind in Büchern veröffentlicht

_____ [f].

Viele Objekte sind schon von Christo und Jeanne-Claude verhüllt _____ g: Küsten, Bäume, Statuen, Gebäude, Brücken, … . Durch ihre „Verpackungsprojekte" sind sie sehr bekannt _____ h. Trotzdem mussten sie 23 Jahre lang warten, bis ihre Idee, den Reichstag zu verhüllen, vom Bundestag akzeptiert _____ i ist. Erst 1994 ist ihr Projekt endlich genehmigt[1] _____ j. Vorher ist es jedes Mal abgelehnt[2] _____ k.

7 **Passiv Präsens mit Modalverben: Besuch des Reichstags** Formen Sie die Sätze ins Passiv um.

a. Besucher müssen lange am Eingang warten.

   Am Eingang **muss** *(von den Besuchern) lange* **gewartet werden.** _____

b. Das Sicherheitspersonal muss die Taschen kontrollieren.

   _____

c. Im Reichstag darf man nicht rauchen.

   _____

d. Die Besucher dürfen die Kuppel betreten[3].

   _____

e. Von oben kann man das Kunstwerk „DER BEVÖLKERUNG" von Hans Haacke sehen.

   _____

f. Die Besucher können die Politiker nicht sehen.

   _____

g. Man sollte im Reichstag keine Postkarten kaufen.

   _____

h. Für eine Postkarte muss man 2 Euro bezahlen.

   _____

_____

[1]**genehmigen** erlauben   [2]**ablehnen** nicht erlauben   [3]**die Kuppel betreten** in die Kuppel gehen

⑧ Passiv in verschiedenen Zeitformen: „DER BEVÖLKERUNG" von Hans Haacke Formen Sie die Sätze ins Passiv um. Achten Sie auf die Zeit.

a. Am 12. September 2000 weihten Bundestagspräsident Wolfgang Thierse und der Künstler Hans Haacke das Kunstwerk „DER BEVÖLKERUNG" im Reichstag ein.

   Am 12. September 2000 wurde das

   Kunstwerk „DER BEVÖLKERUNG" (von

   Bundestagspräsident Wolfgang Thierse

   und dem Künstler Hans Haacke) im

   Reichstag eingeweiht.

DER BEVÖLKERUNG von Hans Haacke

b. Für das Kunstwerk hatte der Bundestag einen 21 x 7 m großen Kasten im Reichstag installiert.

   _____

   _____

   _____

c. In die Mitte hatte der Künstler in Leuchtbuchstaben[1] die Worte „DER BEVÖLKERUNG" geschrieben.

   _____

   _____

d. Alle Politiker des Bundestags bringen nach und nach Erde aus ihren Wahlkreisen mit.

   _____

   _____

e. Sie streuen die Erde in das Kunstwerk.

   _____

f. Der Künstler kreierte einen Biotop.

   _____

---

[1]**Leuchtbuchstaben** Buchstaben, die fluoreszieren

g. Niemand schneidet diese Pflanzen.

_____

h. Man kann über eine WebCamera beobachten, wie sich das Kunstwerk verändert.

_____

_____

i. Von allen Etagen des Reichstags kann man das Werk sehen.

_____

_____

j. Der Künstler formte den Schriftzug „DER BEVÖLKERUNG" passend zum Schriftzug „DEM DEUTSCHEN VOLKE" an der Fassade des Reichstags.

_____

_____

_____

k. Damit will der Künstler einen Denkprozess in Gang setzen.

_____

_____

9 **Passiv: *von* oder *durch*?** Entscheiden Sie, ob Sie *von* oder *durch* benutzen müssen. Setzen Sie auch die Artikel ein, wo notwendig.

a. Die Weimarer Republik wurde _____*von*_____ Philipp Scheidemann ausgerufen.

b. Die Weimarer Republik wurde _____*durch*_____ _____*die*_____ Weltwirt-

schaftskrise geschwächt.

c. Von 1948–49 wurde Westberlin _____ _____ Sowjetunion

blockiert.

d. Berlin wurde _____ _____ Mauer geteilt.

e. Berlin wurde _____ _____ DDR geteilt.

f. Die Mauer wurde _____ friedliche Demonstrationen geöffnet.

g. _____ _____ Fall der Mauer wurde Deutschland

wiedervereinigt.

h. Nach dem Fall der Mauer wurden Mauerstücke _____ Mauerspechten herausgenommen.

i. Der Reichstag wurde _____ Christo und Jeanne-Claude verhüllt.

j. Der Reichstag wurde _____ sehr viel Stoff verhüllt.

k. Der Reichstag wurde _____ _____ Architekten Sir Norman Foster umgebaut.

⑩ Passiv oder Aktiv? Machen Sie Sätze aus den Satzteilen. Benutzen Sie, wo sinnvoll, das Passiv. Wenn kein Passiv-Satz sinnvoll ist, verwenden Sie das Aktiv. Achten Sie auf Konjugationen und Kasus.

a. Norman Foster / sein / ein britischer Architekt

   Norman Foster ist ein britischer Architekt. _____

b. er / geboren werden / 1935 / in Manchester

   _____

c. er / studieren / an der Universität in Manchester / Städtebau und Architektur

   _____

   _____

d. nach diesem Abschluss / machen / er / ein Magister (*m.*) an der Yale University

   _____

   _____

e. anschließend / zurückgehen / er / nach England

   _____

f. er / gründen / mit seiner Frau Wendy und dem Ehepaar Su und Richard Rogers / das Team 4, ein Architekturbüro

   _____

   _____

g. zuerst / bauen / einige Häuser in London

   _____

h. dann / umsetzen[1] / größere Projekte

   _____

---

[1]**umsetzen** realisieren

i. das Büro / vergrößern / schnell

_____

j. von 1981–86 / bauen / das Hochhaus der Hongkong und Shanghai Bank in Hongkong

_____

_____

k. dieses Hochhaus / realisieren / in einer sehr kurzen Bauzeit

_____

l. 1986 / haben / Norman Fosters Büro / 160 Mitarbeiter

_____

m. 1992 / einladen / „Foster and Partners" / für den Wettbewerb zum Umbau des Reichstags

_____

_____

n. „Foster and Partners" / gewinnen / der Wettbewerb

_____

o. nach der Verhüllung des Reichstags / beginnen / mit dem Umbau

_____

_____

⑪ Passiv: Mit dem Internet arbeiten Sie wissen sehr viel über das Reichstagsgebäude in Berlin. Suchen Sie nun im Internet Informationen über eine andere Sehenswürdigkeit in Deutschland, z.B. das Schloss Neuschwanstein, den Kölner Dom, die Semper-Oper, das Heidelberger Schloss, das Leipziger Gewandhaus, ... Schreiben Sie zehn Sätze im Passiv darüber.

Finden Sie beispielsweise Folgendes heraus:

◇ Wann wurde die Sehenswürdigkeit gebaut?
◇ Wie wird sie finanziert?
◇ Welche interessanten Projekte wurden dort durchgeführt?

_____

_____

_____

_____

_____

_____

_____

_____

_____

📖 Üb. 12 zu Textbuch S. 208, Aufg. 4

⑫ Wortschatz Setzen Sie die Wörter aus dem Kasten in der richtigen Form in den Text ein.

das Wahrzeichen   die Kuppel   die Niederlage   der Fall
der Mauerspecht, -e   die Grenze   der Schlussstein   der Umbau
das Kaiserreich   die Grenze   ~~der Kaiser~~   der Teil, -e
die Wiedervereinigung   der Reichskanzler   die Bauzeit   der Grundstein
das Regime   die Blockade   die Zone, -n   die Luftbrücke   die Verhüllung   die Mauer

Am 9. Juni 1884 legte _____Kaiser_____ᵃ Wilhelm I. den _____ᵇ für das

Reichstagsgebäude. Nach einer _____ᶜ von nur zehn Jahren legte Kaiser

Wilhelm II. den _____ᵈ. Nach dem Zusammenbruch des

_____ᵉ rief Philipp Scheidemann vom Balkon des Reichstagsgebäudes die

Republik aus. 1933 wurde Hitler zum _____ᶠ ernannt. Das nationalsozia-

listische _____ᵍ führte Deutschland und Europa in die Katastrophe des

Zweiten Weltkrieges. Erst 1945 war die _____ʰ des Deutschen Reiches

endgültig. Deutschland wurde in vier _____ⁱ aufgeteilt: in eine amerika-

nische, eine britische, eine französische und in eine sowjetische. Im Sommer 1948 begann

die Sowjetunion mit der _____ʲ von Westberlin, sodass der Westteil der Stadt

für fast ein Jahr über die _____ᵏ versorgt werden musste.

Weil viele Menschen vom Osten Deutschlands in den Westen umzogen, baute die DDR

1961 die _____^{l}, die Berlin in zwei _____^{m} teilte. Die

_____^{n} war direkt hinter dem Reichstagsgebäude. Erst 28 Jahre später

wurde diese deutsch-deutsche _____^{o} wieder geöffnet. _____^{p}

gingen mit einem Hammer zur Mauer und holten sich Stücke der Mauer als Erinnerung.

Ein Jahr nach dem _____^{q} der Mauer fand die _____^{r} statt.

Schon seit 1971 hatten die Künstler Christo und Jeanne-Claude versucht, die

Erlaubnis für die _____^{s} des Reichstagsgebäudes zu bekommen, aber erst

1994 stimmte die Bundesregierung, die nach der Wiedervereinigung von Bonn nach Berlin

ziehen wollte, dem Projekt zu. Im Anschluss an die Verhüllung des Gebäudes begann der

Architekt Norman Foster mit dem _____^{t} des Reichstags. Er konstruierte

eine gläserne _____^{u}, die für Besucher begehbar ist und zum

_____^{v} des Reichstags wurde.

Stationen der österreichischen Geschichte

Schwarzer Peter von Peter Henisch

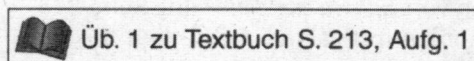
Üb. 1 zu Textbuch S. 213, Aufg. 1

1 **Genitiv** Welche Informationen bekommt der Leser im ersten Teil des Textauszugs von *Schwarzer Peter*? Formulieren Sie Sätze mit dem Genitiv. Benutzen Sie die Wörter im Kasten und die unterstrichenen Wörter für Ihre Sätze.

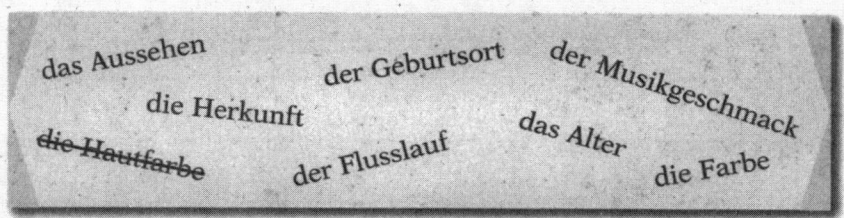

das Aussehen   der Geburtsort   der Musikgeschmack

die Herkunft   ~~die Hautfarbe~~   der Flusslauf   das Alter   die Farbe

Peter Henisch …

a. hat seine <u>Hauptfigur</u> „schwarzer Peter" genannt und sagt, dass dieser nicht so aussieht, als ob er aus Österreich käme.

b. erzählt, dass der <u>Ich-Erzähler</u> in Wien geboren wurde.

c. sagt, dass <u>Peter</u> älter als 30 ist.

d. sagt nur vage, woher seine <u>Eltern</u> kommen.

e. erzählt, dass die <u>Donau</u> nicht blau ist.

f. informiert den Leser darüber, dass der <u>Protagonist</u> den Donauwalzer nicht mag.

g. berichtet, dass der <u>Donaukanal</u>, nicht die Donau, durch Wien fließt.

h. sagt, dass das „<u>Donaukanälchen</u>" klein und hässlich ist.

Peter Henisch gibt dem Leser im ersten Teil des Textes (vage) Informationen über …

a. *die Hautfarbe seiner Hauptfigur.* _____

b. _____

c. _____

d. _____

e. _____

f. _____

g. _____

h. _____

Üb. 2 zu Textbuch S. 213, Aufg. 2

2 **Schreiben** Fassen Sie den zweiten Teil des Textauszugs von *Schwarzer Peter* auf Seite 214 im Textbuch zusammen. Bilden Sie Sätze aus den Satzteilen im Kasten. Schreiben Sie im Präteritum. Wenn es Ihnen hilft, nummerieren Sie die Satzteile vor dem Schreiben. Beginnen Sie so:

Als ich ungefähr fünf Jahre alt war, saß ich eines Tages am Ufer des Donaukanals und _____

_____

_____

_____

_____

_____

_____

_____

_____

_____

_____

_____

_____

_____

_____

_____

vielleicht in die Donau schwimmen (das Schiff)

die Idee mögen, weil …

~~am Ufer des Donaukanals sitzen~~

auf dem Weg ins Schwarze Meer sein

das Schiff suchen, aber nicht finden

ein Spielzeugschiff aus Holz am Bindfaden halten

verweint nach Hause kommen

wegfahren (das Schiff)

aus Papier sein (der Bindfaden)

sich aufweichen (der Bindfaden)

📖 Üb. 3 zu Textbuch S. 215, Aufg. 3

❸ Wortschatz Im dritten Teil des Textauszugs von *Schwarzer Peter* auf Seite 215 im Textbuch wird oft das Wort „Krieg" erwähnt. Erklären Sie die folgenden Ausdrücke.

a. Es war viel vom Krieg die Rede.

   Es wurde viel über den Krieg gesprochen. _____

b. vor dem Krieg/nach dem Krieg

   _____

c. Der Krieg war vergangen.

   _____

d. Der Krieg war gegenwärtig.

_____

e. jemand muss in den Krieg gehen/ziehen

_____

f. jemand ist im Krieg

_____

g. jemand bleibt im Krieg

_____

h. jemand kommt aus dem Krieg heim

_____

Üb. 4 zu Textbuch S. 215, Aufg. 4

④ Wortschatz: _Schwarzer Peter_ (Teil IV)

A. Erklären Sie die folgenden Ausdrücke.

a. der/die Verlobte

Person, mit der man eine Partnerschaft hat und die man plant zu heiraten

b. fremdgehen

_____

c. schwanger werden

_____

d. das uneheliche Kind

_____

e. die Ferntrauung

_____

f. der leibliche Vater

_____

g. ähnlich sehen

_____

B. Beantworten Sie die Frage: Wie ist die Beziehung zwischen Peters Mutter, seinem leiblichen Vater und seinem „Vater"? Benutzen Sie die Ausdrücke aus Übung A.

Während der Verlobte von Peters Mutter noch im Krieg war, _____

_____

_____

_____

_____

_____

_____

_____

Üb. 5 & 6 zu Textbuch S. 218, Aufg. 7

5 **Genitiv** Sagen Sie es anders. Formulieren Sie Sätze mit dem Genitiv. Die unterstrichenen Nomen sollen die Genitiv-Konstruktion bilden. Im Genitiv enden alle Adjektive auf *-en,* wenn ein Artikelwort (bestimmter oder unbestimmter Artikel, Possessivartikel, *kein-*) davor steht.

a. Peters <u>Leben</u> ist untypisch. Er verbrachte <u>die ersten 30 Jahre</u> in Wien.

   *Peter verbrachte **die ersten 30 Jahre seines untypischen Lebens** in Wien.*

b. Seine untreue[1] <u>Mutter</u> hatte einen <u>Geliebten</u>[2]. Er ist Peters Vater.

   _____

   _____

c. Seine <u>Mutter</u> war einsam[3]. Der <u>Geliebte</u> hatte ein nettes Wesen[4] und schöne Hände.

   _____

   _____

d. Die <u>Mutter</u> war lebenslustig. Der <u>Verlobte</u> war unwissend.

   _____

   _____

---

[1]**untreu** wenn man mit einer Person zusammen ist und mit einer anderen eine Affäre hat   [2]**der Geliebte** ein Mann, mit dem jemand eine Affäre hat   [3]**einsam** allein   [4]**das Wesen** der Charakter

e. Peters <u>Vater</u> ist musikalisch. Peter weiß nicht viel über sein <u>Leben</u>.

_____

_____

f. Sein leiblicher <u>Vater</u> hat einen dunkelbraunen <u>Teint</u>[1].

_____

_____

g. Die politisch unkorrekte <u>Großmutter</u> hatte ein Buch mit dem <u>Titel</u> *10 kleine Negerlein*.
Die Mutter fand das <u>Buch</u> blöd[2].

_____

_____

h. Sein offizieller <u>Vater</u> kam lange nach dem Krieg zurück. Nach der <u>Rückkehr</u> versuchten
Peter und er sich kennen zu lernen.

_____

_____

i. Der angebliche[3] <u>Vater</u> hatte eine sehr hohe <u>Toleranz</u>.

_____

_____

6 **Passiv: Peters „Vater"** Entscheiden Sie, welche Sätze im Passiv formuliert werden können
und welche nicht. Formulieren Sie im Passiv Perfekt, wo möglich. Schreiben Sie „—", wo
kein Passiv-Satz gebildet werden kann.

a. Man hat Peters „Vater" in den Krieg geschickt.

*Peters „Vater" ist in den Krieg geschickt worden.*_____

b. Peters Mutter hat ihn betrogen[4].

_____

c. Peters Mutter hat ihn nicht gefragt, ob er das Kind will.

_____

d. Peters Mutter und er haben geheiratet.

_____

_____

[1]**der Teint** die Hautfarbe [2]**blöd** dumm, nicht gut/intelligent [3]**angeblich** offiziell [4]**jemanden betrügen** fremdgehen

e. Peters Mutter hat ihn belogen[1].

_____

f. Peters Mutter hat ihm gesagt, dass Peter sein Kind ist.

_____

g. Man hat Peters „Vater" lange gefangen gehalten.

_____

h. Niemand hat ihm seinen Humor genommen.

_____

i. Er weiß, dass Peter nicht sein leiblicher Sohn ist.

_____

j. Er will so tun, als ob nichts wäre.

_____

Zusammenfassung

 Üb. 7 & 8 zu Textbuch S. 223, Aufg. „Schreiben ..."

7 **Wortschatz** Ordnen Sie den Nomen die Verben aus dem Kasten zu.

> unterschreiben   besuchen   beteiligen   öffnen   teilnehmen   erklären   beenden
> anschließen   dauern   ergreifen   schließen   beginnen   unterzeichnen   schließen
> besuchen   aufteilen   (wieder)vereinigen   beenden
> sperren   schließen   verursachen   einführen
> unterschreiben   ~~verwirklichen~~   gleichstellen   unterzeichnen
> verursachen

a. eine Idee _____*verwirklichen*_____

b. einen Krieg _____, _____, _____,

  _____

_____
[1]**jemanden belügen** jemandem nicht die Wahrheit sagen, jemandem etwas Falsches erzählen

c. sechs Jahre _____ .

d. an einem Krieg _____

e. sich an einem Krieg _____

f. eine Krise _____ , _____

g. eine Gelegenheit, die Macht _____

h. sich einer Meinung _____

i. ein Abkommen _____ , _____ , _____

j. eine Grenze _____ , _____ , _____

k. einen Vertrag _____ , _____ , _____

l. ein Konzept, z.B. die Gleichstellung _____

m. etwas Ganzes in Stücke/Teile _____

n. eine Stadt, eine Person _____

o. Frauen und Männer _____

p. ein Land _____ , _____

8 **Passiv oder Aktiv?** Schreiben Sie Sätze. Entscheiden Sie jeweils, ob das Aktiv oder das Passiv sinnvoller ist. Schreiben Sie im Präteritum. Manchmal müssen Sie Wörter hinzufügen, um einen Passiv-Satz zu bilden.

a. von 1914–1918 / stattfinden / der Erste Weltkrieg

Von 1914–1918 fand der Erste Weltkrieg statt.

b. 1919 / verwirklichen / Deutschland / die Republik

_____

c. die Weltwirtschaftskrise / verursachen / der Schwarze Donnerstag

_____

d. 1933 / ernennen / Hitler / zum Reichskanzler

_____

e. 1937 / schließen / Arbeitgeber / Gewerkschaften / in der Schweiz / ein Abkommen / über den Verzicht auf Streiks

_____

_____

f. von 1939 bis 1945 / sein / der Zweite Weltkrieg

_____

g. 1941 / angreifen / Pearl Harbor / Japan

_____

h. 1942 / sperren / die Grenze / die Schweiz / für Flüchtlinge

_____

i. 1945 / anfangen / die Besatzungszeit / in Deutschland und Österreich

_____

j. 1949 / gründen / die Bundesrepublik und die DDR

_____

k. 1955 / unterschreiben / Staatsvertrag / und / die Besatzungszeit / beenden / in Österreich

_____

_____

l. 1961 / bauen / die Mauer

_____

m. 1963 / besuchen / John F. Kennedy / Berlin

_____

n. 1981 / einführen / die Schweiz / die Gleichstellung für Frauen und Männer

_____

_____

o. 1989 / fallen / die Berliner Mauer

_____

p. 1990 / wiedervereinigen / Deutschland

_____

EINHEIT 7

Umgang mit der Vergangenheit

Formen der Vergangenheitsbewältigung

Einstimmung auf das Thema

📖 Üb. 1 & 2 zu Textbuch S. 230, Aufg. 4

1 *statt/anstatt ... zu, ohne ... zu, um ... zu* Setzen Sie *statt/anstatt*, *ohne* oder *um* ein.

Der Mann lügt ...

a. _____*um*_____ die Wahrheit zu verharmlosen.

b. _____ die Ereignisse kritisch zu betrachten.

c. _____ seine Schuld zu reflektieren.

d. _____ sich mit seiner Schuld auseinander zu setzen.

e. _____ seine Mitschuld nicht zugeben zu müssen.

f. _____ seinem Enkel zu erzählen, was wirklich passiert ist.

g. _____ nicht von seinem Enkel beschuldigt zu werden.

... UND DANN KAMEN 1933 VIELE BRAUNE LEBEWESEN AUS DEM WELTALL, MORDETEN UND BRANDSCHATZTEN ÜBERALL UND VERSCHWANDEN 1945 WIEDER VON DER ERDE.....

2 *statt/anstatt ... zu, ohne ... zu, um ... zu* Schreiben Sie Sätze.

a. die Vergangenheit / man / nicht bewältigen / können / ohne ... zu / kritisch sein

Man kann die Vergangenheit nicht bewältigen ohne kritisch zu sein.

b. um ... zu / die Vergangenheit / bewältigen / man / nicht aufhören / dürfen / darüber nachdenken

_____

_____

c. statt/anstatt ... zu / sich rechtfertigen / man / selbstkritisch / sein / müssen

_____

_____

d. statt/anstatt ... zu / die Vergangenheit / verharmlosen / man / der Wahrheit / ins Gesicht / sehen / müssen

_____

_____

e. ohne ... zu / die Vergangenheit / aufarbeiten / man / sie / nicht bewältigen / können

_____

_____

f. um ... zu / die Vergangenheit / aufarbeiten / man / selbstkritisch / sein / müssen

_____

_____

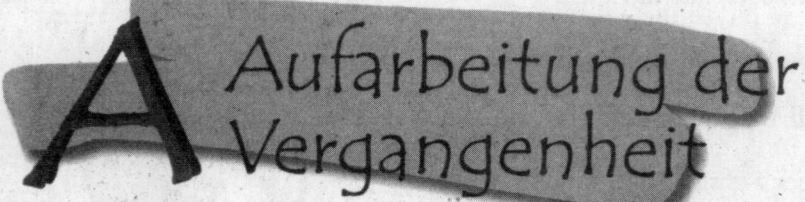

A Aufarbeitung der Vergangenheit

„Bewältigte Vergangenheit": Ein Gedicht von Reinhard Döhl

 Üb. 1 & 2 zu Textbuch S. 233, Aufg. 3

1 **Umformulieren:** *Bewältigte Vergangenheit* Formulieren Sie die Sätze um, indem Sie *müssen* benutzen.

a. Man hatte mit Hand anzulegen.

   Man musste mit Hand anlegen.
   _____

b. Man hatte zuzusehen.

_____

c. Man hatte zu gehorchen.

_____

d. Man hatte zu schweigen.

_____

e. Man hatte an Frau und Kind zu denken.

_____

f. Man hatte Rücksicht zu nehmen.

_____

2 *haben ... zu* Schreiben Sie fünf Sätze mit *haben ... zu*. Was mussten Sie als Kind machen?

BEISPIEL: Als Kind hatte ich immer früh ins Bett zu gehen.

a. _____

b. _____

c. _____

d. _____

e. _____

Üb. 3–8 zu Textbuch S. 235, Strukturen

3 **Konjunktiv II der Vergangenheit:** *Bewältigte Vergangenheit* Setzen Sie die Konjunktiv II-Form von *haben* oder *sein* ein.

a. Man _____*hätte*_____ Kopf und Kragen riskiert.

b. Man _____ in Teufels Küche gekommen.

c. Man _____ dem Tod ins Auge gesehen.

d. Das _____ gefährlich gewesen.

e. Man _____ alles verloren.

f. Man _____ die Familie ruiniert.

g. Man _____ keine Zukunft gehabt.

h. Man _____ dabei ums Leben gekommen.

④ Konjunktiv II der Vergangenheit: *Bewältigte Vergangenheit* Setzen Sie die Konjunktiv II-Formen der Verben in Klammern ein.

a. Man _____*hätte*_____ gern etwas dagegen _____*getan*_____ (tun).

b. Das _____ fatale Folgen _____ (haben).

c. Das _____ nicht möglich _____ (sein).

d. Man _____ große Schwierigkeiten _____ (bekommen),

weil das ernste Konsequenzen _____ _____ (haben).

e. Das _____ man nicht _____ (überleben).

f. Das _____ der Familie gegenüber nicht fair _____ (sein),

weil sie dabei auch in Teufels Küche _____ _____ (kommen).

g. Die Familie _____ das nicht _____ (wollen), weil man

dem Tod ins Auge _____ _____ (sehen).

⑤ Doppelter Infinitiv, Konjunktiv II der Vergangenheit mit Modalverb: *Bewältigte Vergangenheit* Setzen Sie die Konjunktiv II-Formen der Vergangenheit mit Modalverb ein. Achten Sie auf den doppelten Infinitiv am Satzende.

a. Man _____*hätte*_____ etwas dagegen _____*tun*_____ _____*können*_____

(tun, können).

b. Man _____ den Befehl _____

(verweigern, sollen).

c. Man _____ den Verfolgten _____

(helfen, müssen).

d. Man _____ nicht _____ _____ (zusehen,

dürfen).

e. Man _____ nicht _____ (schweigen,

dürfen).

f. Man _____ nicht _____ _____ (gehorchen,

dürfen), weil dann nicht so viele Menschen _____ _____

_____ (sterben, müssen).

g. Man _____ die Verfolgten _____ _____
(verstecken, sollen), damit sie _____ _____
_____ (fliehen, können).

h. Man _____ nicht _____ _____ (mitmachen,
dürfen).

6 **Konjunktiv II der Vergangenheit** Was wäre wohl gewesen, wenn Hitler nie gelebt hätte?

A. Schreiben Sie Sätze.

a. es / den Zweiten Weltkrieg / vielleicht nicht / geben

Dann hätte es den Zweiten Weltkrieg vielleicht nicht gegeben. _____

b. die Weimarer Republik / eine Chance haben

_____

c. nicht / so viele Menschen / sterben müssen

_____

d. nicht / so viele Unschuldige / leiden müssen

_____

e. nicht / so viele Intellektuelle / aus Deutschland / emigrieren

_____

f. die DDR / nicht / existieren

_____

Schreiben Sie fünf eigene Sätze:

1. _____
2. _____
3. _____
4. _____
5. _____

B. Schreiben Sie Sätze im Passiv.

a. die Juden / nicht so systematisch / verfolgen

   Dann wären die Juden nicht so systematisch verfolgt worden.

b. nicht / so viele Menschen / ermorden

   _____

c. Deutschland / nicht / teilen

   _____

d. die DDR / nicht / gründen

   _____

e. die Mauer / nicht / bauen

   _____

f. nicht / so viele Menschen bei Fluchtversuchen / erschießen (Partizip Perfekt: erschossen)

   _____

g. Familien / nicht / trennen

   _____

h. Deutschland / nicht / wiedervereinigen

   _____

i. nicht / so viele Städte / zerstören

   _____

7 Konjunktiv II der Vergangenheit Schreiben Sie fünf Sätze im Konjunktiv II der Vergangenheit. Die Satzteile im Kasten können Ihnen helfen. Sie können aber auch eigene Ideen notieren.

> Frauen arbeiten dürfen
> mit dem Auto zum Einkaufen fahren
> sich über Computerviren ärgern müssen
> mit dem Flugzeug verreisen können
> viel mit dem Pferd unterwegs sein

Wenn ich im 19. Jahrhundert gelebt hätte, …

hätte ich als Frau keine Hosen tragen dürfen.

a. _____

b. _____

c. _____

d. _____

e. _____

8 **Konjunktiv II** Was hätten Sie gemacht, wenn Sie nicht zu dieser Universität / diesem College gekommen wären? Wo wären Sie jetzt und was würden Sie machen? Schreiben Sie zehn Sätze im Konjunktiv II der Vergangenheit bzw. des Präsens.

_____

_____

_____

_____

_____

_____

_____

_____

_____

C *Film: *Deutschland, bleiche Mutter* von Helma Sanders-Brahms*

Deutschland, bleiche Mutter

📖 Üb. 1 & 2 zu Textbuch S. 252, Strukturen – Konj. + Präp.

1 **Einsetzen: Präpositionen und Konjunktionen** Setzen Sie die Präpositionen *vor*, *nach*, *während* und *seit* und die Konjunktionen *bevor*, *nachdem*, *während* und *seit/seitdem* ein.

a. Lene und Hans heirateten _____ *vor* _____ dem Beginn des Krieges.

b. _____ Hans in den Krieg musste, war er mit Lene glücklich.

_____

*Anmerkung: Zu Teil B gibt es keine Übungen.

c. _____ Hans in den Krieg gezogen war, fühlte Lene sich allein.

d. _____ dem Beginn des Krieges sahen Hans und Lene sich nur selten.

e. Anna kam zur Welt, _____ Hans im Krieg war.

f. _____ der Geburt von Anna änderte sich für Hans und Lene sehr viel.

g. _____ des Krieges sah Anna ihren Vater nur selten.

h. _____ Hans zu Besuch in Berlin war, hatte seine Ehe Probleme.

② Umformen Schreiben Sie die Sätze um. Ersetzen Sie die Präpositionen *während, nach, vor* und *seit* durch die Konjunktionen *während, nachdem, bevor* und *seit/seitdem* und umgekehrt.

a. Während Hans im Krieg war, blieb er seiner Frau treu.

   *Während des Krieges blieb Hans seiner Frau treu.*_____

b. Seit Hans' Besuch war Lene schwanger.

   _____

c. Während Annas Geburt gab es einen Bombenalarm.

   _____

d. Vor ihrer Ankunft bei den Verwandten traf Lene einen kleinen Jungen, der seine Familie suchte.

   _____

e. Seit Hans Anna und Lene in Berlin besuchte, schien die Ehe nicht mehr richtig glücklich zu sein.

   _____

f. Während Hans seine Familie in Berlin besuchte, lehnte Anna ihren Vater ab.

   _____

g. Nachdem Hans wieder aus Berlin abgereist war, war Anna glücklich.

   _____

h. Bevor Hans wieder abreiste, waren die Spannungen zwischen ihm und seiner Familie groß.

   _____

i. Nach Hans' Rückkehr zu seinem Bataillon war Lene traurig und auch enttäuscht.

   _____

📖 Üb. 3–8 zu Textbuch S. 252, Strukturen – Plusquamperfekt

③ Plusquamperfekt Ergänzen Sie.

a. Hans _____*hatte*_____ Lene am Flussufer _____*gesehen*_____ (sehen), danach

wusste er, dass er Lene heiraten wollte.

b. Lene war von einem Hund gebissen worden und _____ nicht

_____ (schreien), da hatte Hans Respekt vor ihr.

c. Lene und Hans _____ sich gerade erst _____

_____ (kennen lernen), als sie schon wussten, dass sie sich verlieben

würden.

d. Hans _____ mit Lene zum ersten Mal _____ (ausgehen),

da sagte er anschließend, dass er sie wiedersehen wollte.

e. Lene _____ nach der ersten Verabredung mit Hans nach Hause

_____ (kommen), als sie ihrer Schwester schon erzählte, dass sie Hans

heiraten würde.

f. Hans musste in den Krieg, bevor er seine Frau richtig _____

_____ _____ (kennen lernen).

④ Plusquamperfekt mit *nachdem* Setzen Sie die Formen von *haben* und *sein* und die Verben im Kasten ein.

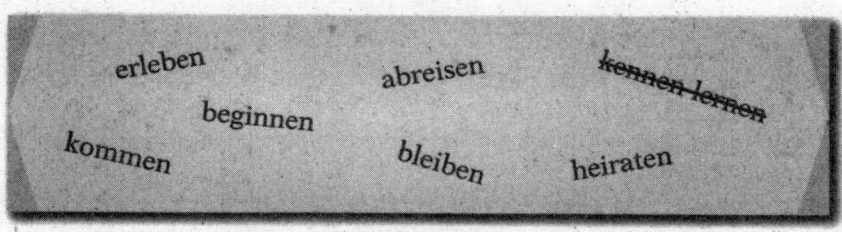

erleben   abreisen   ~~kennen lernen~~

beginnen

kommen   bleiben   heiraten

a. Nachdem Hans und Lene sich _____*kennen*_____ _____*gelernt*_____

_____*hatten*_____, heirateten sie sehr bald.

b. Nachdem Hans und Lene _____ _____, wurde Lene

schwanger.

c. Anna wurde geboren, nachdem der Krieg _____ _____ .

d. Hans musste wieder zurück in den Krieg, nachdem er zwei Tage in Berlin

   _____ _____.

e. Kurz nachdem Lene nach Berlin _____ _____, verließ sie

   die Stadt schon wieder, um aufs Land zu ziehen.

f. Hans wurde eifersüchtig, nachdem er Lene und Anna zusammen _____

   _____.

g. Nachdem Hans wieder _____ _____, war Anna erleichtert.

⑤ Umformen: Sätze mit *nachdem* Schreiben Sie die Sätze aus Übung 4 um. Benutzen Sie im Nebensatz das Perfekt statt des Plusquamperfekts.

a. *Nachdem Hans und Lene sich kennen gelernt haben, heiraten sie sehr bald.* _____

b. _____

   _____

c. _____

   _____

d. _____

   _____

e. _____

   _____

f. _____

   _____

g. _____

   _____

⑥ Plusquamperfekt: Sätze verbinden Schreiben Sie Sätze mit *nachdem*. Entscheiden Sie jedes Mal, welche Handlung oder welcher Zustand vor dem anderen liegt.

a. Hans hat Lene gesehen. Er wollte sich mit ihr verabreden.

   Nachdem Hans Lene gesehen hatte, wollte er sich mit ihr verabreden.
   oder:
   Hans wollte sich mit Lene verabreden, nachdem er sie gesehen hatte.

b. Hans wollte Lene wiedersehen. Sie sind ausgegangen.

_____

c. Sie haben geheiratet. Sie haben sich verliebt.

_____

d. Lene wurde schwanger. Sie haben geheiratet.

_____

e. Anna ist zur Welt gekommen. Die Ehe hat Probleme bekommen.

_____

(7) Doppelter infinitiv: Plusquamperfekt Schreiben Sie die Formen des Plusquamperfekts in die Lücken. Achten Sie auf den doppelten Infinitiv.

A. Plusquamperfekt im Hauptsatz

a. Als Hans und Lene sich kennen lernten, _____ *hatte* _____ Hitler schon viel Einfluss

_____ *erlangen*[1] _____ _____ *können* _____. (erlangen, können)

b. Lene und Hans _____ _____ _____, bevor

Hans in den Krieg musste. (heiraten, wollen)

c. Hans und Lene _____ sich nicht richtig _____

_____ _____, bevor der Krieg begann. (kennen lernen,

können)

d. Lene _____ Anna in den ersten Jahren allein _____

_____, danach war sie sehr stark. (aufziehen, müssen)

e. Anna _____ ihren Vater nicht _____ _____

_____, bevor er Berlin wieder verließ. (kennen lernen, können)

f. Anna _____ ihren Vater ihre Ablehnung[2] _____

_____, danach verließ er Berlin, ohne sich von ihr zu verabschieden.

(spüren[3], lassen)

_____

[1]**erlangen** bekommen   [2]**die Ablehnung** *von* **ablehnen**: nicht akzeptieren, nicht mögen   [3]**spüren** fühlen

B. Plusquamperfekt im Nebensatz

a. Nachdem Hans Lene _____*hatte*_____ _____*treffen*_____ _____*können*_____,

wollte er sie heiraten. (treffen, können)

b. Nachdem Hans _____ _____ _____, war

Lene allein. (weggehen, müssen)

c. Nachdem Lene ihr Kind bei einem Bombenalarm _____

_____ _____, war sie so stark, dass sie alles tun konnte.

(bekommen, müssen)

d. Nachdem Hans seine Tochter _____ _____

_____ _____, wusste er, dass er Schwierigkeiten mit ihr

hatte. (kennen lernen, können)

e. Nachdem Anna ihren Vater _____ _____

_____, wollte sie ihn nicht wiedersehen. (treffen, können)

f. Nachdem Hans Berlin wieder _____ _____

_____, war Anna froh. (verlassen, müssen)

g. Nachdem Anna und Lene nicht mehr in Berlin _____

_____ _____, gingen sie aufs Land. (bleiben, können)

❽ Doppelter Infinitiv: Perfekt Schreiben Sie die Formen des Perfekts in die Lücken. Achten Sie auf den doppelten Infinitiv. Beenden Sie dann die Sätze.

a. Hans _____*hat*_____ Lene nicht richtig _____*kennen*_____

_____*lernen*_____ _____*können*_____ (kennen lernen, können), weil *er nach der*

Hochzeit in den Krieg musste.

b. Hans _____ vorerst nicht auf Menschen _____

_____ (schießen, können), weil _____

_____

c. Hans _____ keine Kondome _____ _____

(nehmen, wollen), weil _____

d. Anna _____ nur mit Lene zusammen _____

_____ (sein, wollen), weil _____

e. Der kleine Junge _____ seine Familie _____

_____ (finden, wollen), die _____

f. Bevor Lene und Anna Berlin wieder _____ _____

_____ (verlassen, müssen), _____

g. Bevor Hans wieder aus Berlin _____ _____

_____ (weggehen, müssen), _____

Üb. 9 zu Textbuch S. 253, Aufg. 4

⑨ **Temporale Präpositionen und Konjunktionen: Sätze verbinden** Verbinden Sie die Sätze mit den Wörtern in Klammern.

a. Hans hörte von Lene.

Er wollte sie kennen lernen. (seit/seitdem)

Seitdem Hans von Lene hörte wollte er sie kennen lernen. _____

b. Lene kommt von ihrer Verabredung mit Hans nach Hause.

Sie erzählt ihrer Schwester von ihm. (nachdem)

_____

_____

c. Lene und ihre Schwester sehen aus dem Fenster.

Rachel Bernstein wird deportiert. (während, *Präposition*; die Deportation)

_____

_____

d. Hans muss wieder in den Krieg.

Lene wird schwanger. (bevor)

_____

_____

e. Anna wird geboren.

Draußen werden Bomben geworfen. (während, *Konjunktion*)

_____

_____

f. Anna wurde geboren.

Lene muss stark sein. (seit, *Präposition*)

_____

_____

g. Der Krieg hat begonnen.

Lene singt sehr viel, um dem Kind und sich selbst die Angst zu nehmen. (seit/seitdem)

_____

_____

h. Lene kommt bei den Verwandten in Berlin an.

Lene trifft einen kleinen Jungen, der seine Familie sucht (vor; die Ankunft)

_____

_____

i. Lene kommt bei ihren Verwandten in Berlin an.

Die Verwandten ziehen aufs Land. (nach)

_____

_____

Der Räuberbräutigam

 Üb. 10–12 zu Textbuch S. 259, Strukturen B

10 **Konjunktionen** Lesen Sie die folgenden Sätze. Streichen Sie die falsche Konjunktion durch.

a. Ein Müller wollte seine Tochter verheiraten, weil/~~denn~~ sie erwachsen geworden war.

b. Eines Tages kam ein Freier und der Müller gab ihm seine Tochter, weil/denn der Freier schien ein netter Mann zu sein.

c. Der Müller versprach ihm seine Tochter, da/denn er nichts an dem Freier auszusetzen wusste.

d. Die Tochter hatte den Mann nicht so recht lieb, außerdem/und sie hatte Angst vor ihm.

e. Sie hatte Angst vor dem Mann, dennoch/aber sollte sie ihn heiraten.

f. Obwohl/Trotzdem sie den Mann heiraten sollte, vertraute sie ihm nicht.

⑪ Sätze verbinden Verbinden Sie die Sätze mit allen Konjunktionen in Klammern. Achten Sie auf die unterschiedliche Satzstellung und auf die Logik.

a. Das Mädchen hatte Angst vor seinem Bräutigam. Es liebte ihn nicht. (*deshalb, weil, denn*)

Das Mädchen hatte Angst vor seinem Bräutigam, deshalb liebte es ihn nicht.

Das Mädchen liebte seinen Bräutigam nicht, weil ...

_____

b. Der Bräutigam sprach zur Braut: „Du bist meine Braut. Du besuchst mich nie."
(*aber, trotzdem, obwohl*)

_____

_____

_____

c. Der Bräutigam lud seine Braut zu sich ein. Das Mädchen suchte nach Ausreden.
(*als, aber*)

_____

_____

d. Das Mädchen freute sich nicht über die Einladung. Es suchte Ausreden. (*aus diesem Grund, deswegen*)

_____

_____

e. Das Mädchen erfand eine Ausrede. Es sagte, dass es den Weg nicht finden kann. (*indem*)

_____

⑫ **als, wenn, wann** Schreiben Sie *als*, *wenn* oder *wann* in die Lücken.

_____Als_____[a] seine Tochter erwachsen geworden war, suchte der Vater einen Bräutigam

für sie. Er dachte: „_____[b] ein Freier kommt, so will ich ihm meine Tochter zur

Frau geben." _____[c] ein freundlicher junger Mann kam, versprach ihm der Vater

seine Tochter. Aber immer _____[d] das Mädchen seinen Bräutigam sah, hatte es

schreckliche Angst. Eines Tages fragte der Bräutigam seine Braut, _____[e] sie ihn

endlich einmal in seinem Haus im Wald besuchen kommt. Das Mädchen sagte, dass es den

Weg nicht finden kann. Er antwortete, dass er ihm Asche auf den Weg streuen wird, damit

es den Weg findet. _____[f] der Tag kam, an dem das Mädchen den Bräutigam

besuchen musste, hatte es schreckliche Angst. Immer _____[g] es an eine

Weggabelung[1] kam, streute es ein paar Erbsen an den Wegesrand, um den Weg wieder aus

dem Wald herausfinden zu können. _____[h] das Mädchen den ganzen Tag gegangen

war, kam es endlich zu einem alten unheimlichen Haus. _____[i] es hineinging,

hatte es furchtbare Angst. Im Keller war eine alte Frau und das Mädchen fragte sie:

„_____[j] kommt der Mann zurück, der in diesem Haus wohnt?" Die Alte sagte dem

Mädchen, dass sein Bräutigam es eingeladen hätte, um es aufzuessen und _____[k]

es sich nicht schnell verstecken würde, so würden er und seine Freunde es finden.

_____[l] die Horde nach Hause kam, musste das Mädchen zusehen, wie ein anderes

Mädchen von den Räubern getötet wurde und _____[m] die alte Frau ihm nicht

geholfen hätte zu fliehen, wäre mit dem Mädchen das Gleiche passiert. _____[n] das

Mädchen aus dem Haus kam, konnte es den Heimweg leicht finden, denn es hatte ja

Erbsen gestreut. _____[o] es dem Vater alles erzählte, beschloss er, den Bräutigam den

Gerichten zu übergeben. Und _____[p] sie nicht gestorben sind, dann leben sie noch

heute.

_____
[1]**die Weggabelung** wenn ein Weg sich in zwei Wege aufteilt

Name _____ Kurs _____ Datum _____

Deutschland, bleiche Mutter

📖 Üb. 13–15 zu Textbuch S. 263, Aufg. 5

⑬ Zusammenfassung der dritten Filmsequenz Setzen Sie die Präpositionen und Konjunktionen aus der Tabelle ein.

A. nebenordnende Konjunktionen	B. unterordnende Konjunktionen	C. adverbiale Konjunktionen	D. Präpositionen
aber/doch aber/doch aber/doch und	als als als ob bis bis dass indem obwohl obwohl während weil weil	deshalb/deswegen deshalb/deswegen trotzdem	~~nach~~ seit

_____*Nach*_____^a dem Krieg wird Lene von

zwei amerikanischen Soldaten vergewaltigt,

_____^b Anna dabei zusieht.

_____^c sie auf dem Schwarz-

markt versucht, Zigaretten gegen ein paar Eier

zu tauschen, trifft sie ihre Schwester. Sie teilen

sich ein Zimmer _____^d arbeiten

als Trümmerfrauen, _____^e sie

aus Steinen wieder Häuser bauen.

_____^f Hans aus Griechen-

land zurückkommt, freut Lene sich zunächst,

_____^g bald beginnen die

Händler auf einem Schwarzmarkt
in Berlin, Sommer 1947

Probleme zu Hause. Hans ist ein sehr strenger Vater: Einmal sagt Anna zu Hans: „Du bist

ein Waldheini", ohne zu wissen, was es bedeutet, _____^h verprügelt Hans sie.

Die Probleme in der Familie sind offensichtlich, _____ⁱ bleibt Lene bei Hans.

Hans wird bei der Arbeit befördert, _______________[j] er nicht in der Partei war. Zuerst freut er sich darüber, _______________[k] er hört, dass Ulrich schneller befördert wird, _______________[l] er ein Nazi war.

Eines Tages bekommt Lene eine Gesichtslähmung, _______________[m] muss sie zum Arzt. _______________[n] der Arzt ihr alle Zähne zieht, wird die Lähmung nicht besser. _______________[o] dem Zahnarztbesuch hat sich auch Lenes Wesen verändert. Zum Beispiel kocht Anna ihr eine Suppe, _______________[p] Lene schüttet sie ihr ins Gesicht, statt sie zu trinken.

Der Film endet damit, _______________[q] Lene sagt, dass sie nicht mehr leben will. Hans tut so, _______________[r] ihm das ganz egal wäre. Schließlich schließt Lene sich im Badezimmer ein, um sich umzubringen, _______________[s] am Ende des Films öffnet sie die Tür wieder, _______________[t] sie Anna nicht allein lassen will. Es dauert allerdings sehr lange, _______________[u] sie sich dazu entschließt.

14 ***als* oder *wenn*?** Verbinden Sie die beiden Sätze mit einer der Konjunktionen *als* oder *wenn*.

a. Lene wurde nach dem Krieg von Soldaten vergewaltigt. Anna sah dabei zu.

Als Lene nach dem Krieg von Soldaten vergewaltigt wurde, sah Anna dabei zu.

b. Lene versuchte auf dem Schwarzmarkt Zigaretten gegen ein paar Eier zu tauschen. Sie traf ihre Schwester.

____

____

c. Anna durfte den Trümmerfrauen helfen. Sie war glücklich.

____

____

d. Hans kam aus Griechenland zurück. Lene freute sich zunächst.

____

____

e. Hans sprach mit seiner Tochter. Er war immer sehr streng.

_____

_____

f. Lene wurde krank. Der Arzt zog ihr alle Zähne.

_____

_____

g. Lene sagte, dass sie sich umbringen will. Hans tat so, als wäre es ihm egal.

_____

_____

h. Anna denkt an diese Zeit zurück. Sie wird traurig.

_____

_____

_____

⑮ Umformen

Konjunktion	Präposition
trotzdem, obwohl weil, denn	trotz (+ *Genitiv*) wegen (+ *Genitiv*)

A. Ersetzen Sie die Präpositionen durch die Konjunktionen aus der Tabelle. Schreiben Sie jeweils zwei Sätze.

a. Trotz der Probleme zu Hause bleibt Lene bei Hans.

Lene und Hans haben zu Hause Probleme, trotzdem bleibt Lene bei Hans.

Obwohl ...

b. Trotz des Zahnarztbesuchs wird Lenes Gesichtslähmung nicht besser.

_____

_____

c. Wegen seiner strengen Erziehung hat Anna Angst vor ihrem Vater.

_____

_____

d. Wegen der Liebe zu ihrer Tochter begeht Lene schließlich keinen Selbstmord.

_____

_____

B. Ersetzen Sie die Konjunktionen durch die Präpositionen aus der Tabelle.

a. Obwohl Hans seine Frau liebt, versteht er nicht, warum es ihr schlecht geht. (die Liebe)

Trotz der Liebe zu seiner Frau versteht Hans nicht, warum es ihr schlecht geht.

b. Lene hat während des Krieges viel geleistet. Trotzdem will Hans sie nur als Ehefrau und Mutter. (Leistungen, _Pl._)

_____

_____

c. Weil Lene eine Gesichtslähmung hat, geht Hans mit ihr zum Zahnarzt.

_____

_____

d. Der Zahnarzt behandelt Lene, trotzdem bleibt die Gesichtslähmung. (die Behandlung)

_____

_____

e. Obwohl Ulrich Mitglied in der nationalsozialistischen Partei war, wird er schneller befördert als Hans. (die Mitgliedschaft)

_____

_____

f. Lene will Selbstmord begehen, denn ihr Leben scheint sinnlos zu sein. (die Sinnlosigkeit)

_____

_____

Üb. 16 zu Textbuch S. 264, Aufg. 7

16 Zusammenfassung des Films Verbinden Sie die Sätze mit den Wörtern am Rand. Manchmal ist es notwendig, die Sätze zu verändern.

a. Helma Sanders-Brahms will an die vergessene Geschichte der Frauen erinnern, die im Deutschland der Kriegsjahre jung waren. Sie hat einen Film darüber gedreht. **b.** Hitlers Kriegsvorbereitungen laufen. Eine Liebesgeschichte wird erzählt. **c.** Unmittelbar nach der Hochzeit muss der Mann an die Front. Die Frau bleibt allein zurück. **d.** Die Frau bekommt ihr Kind. Sie schlägt sich allein durch den Krieg. **e.** Die Frau entwickelt die Kraft zum Überleben. Sie sorgt für ihr Kind. **f.** Der Mann kommt aus dem Krieg zurück. Diese Kraft wird nicht mehr gebraucht. **g.** Die Frau soll in ihre alte Frauenrolle zurückfinden. Das schafft sie nicht. **h.** Sie soll wieder funktionieren, als wäre nichts passiert. Ihre Kleinfamilie wird ihr unerträglich. **i.** 1950 ist der Krieg draußen lange vorbei. Jetzt findet der Krieg drinnen statt. **j.** Die Frau ist krank und verhärtet. Ihr Leben scheint keinen Sinn mehr zu haben. **k.** Sie will Selbstmord begehen, entscheidet sich im letzten Moment aber anders. Sie will nicht, dass ihr Kind allein ist.

—in Anlehnung an www.cinema-muenster.de

a. aus diesem Grund

b. während
c. und
d. nach
e. indem
f. als

g. aber
h. da
i. stattdessen
j. denn

k. damit

Helma Sanders-Brahms will an die vergessene Geschichte

der Frauen erinnern, die im Deutschland der Kriegsjahre

jung waren, aus diesem Grund hat sie einen Film darüber

gedreht. Während _____

_____

_____

_____

_____

_____

_____

_____

_____

Filmemacherin Helma Sanders-Brahms

_____

_____

_____

_____

_____

_____

_____

Reflexionen zum Thema

Üb. 17 & 18 zu Textbuch S. 265, Aufg. 2

17 **Sätze mit *um ... zu*** Sie wissen, was der Begriff *Vergangenheitsbewältigung* bedeutet. Schreiben Sie fünf Sätze mit *um ... zu*, in denen Sie erklären, warum Vergangenheitsbewältigung wichtig ist.

1. *Vergangenheitsbewältigung ist wichtig, um ...* _____

2. _____

3. _____

4. _____

5. _____

18 **Sätze beenden** Schreiben Sie.

a. Vergangenheitsbewältigung ist wichtig, da _____

_____

b. Vergangenheitsbewältigung findet statt, wenn _____

_____

c. Deutschland hat eine problematische Vergangenheit, aus diesem Grund _____

_____

d. Die Vergangenheit wird verarbeitet, indem _____

_____

e. Solange man über die Vergangenheit nachdenkt, _____

_____

f. Man sollte sich immer an die Vergangenheit erinnern, damit _____

_____

g. Der Umgang mit der Vergangenheit ist nicht möglich ohne _____

_____

h. Ich finde das Konzept der Vergangenheitsbewältigung sinnvoll, denn _____

_____

i. Man sollte Formen der Vergangenheitsbewältigung finden anstatt _____

_____

EINHEIT 8

Kunst und Künstler

Anselm Kiefer

A Werke von Anselm Kiefer

Sprechanlass – Bildbetrachtung

📖 Üb. 1 zu Textbuch S. 272, Aufg. 2

① **Wortschatz: Bildbeschreibung** Beschreiben Sie das Bild so genau wie möglich. Versuchen Sie jedes der Wörter im Kasten auf Seite 198 zu benutzen.

Ernst Ludwig Kirchner,
Eisenbahnüberführung in Dresden-Löbtau (1907)

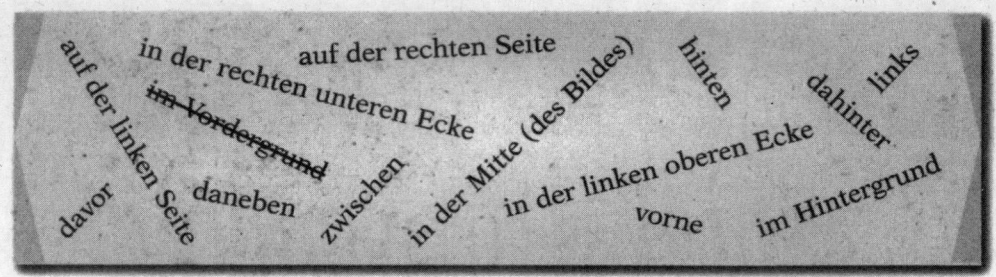

Verwenden Sie die folgenden Verben mehrfach: *sich befinden, sehen, sein, stehen*
Weitere hilfreiche Wörter: *die Menschengruppe, die Schubkarre*[1]

Beginnen Sie z.B. so:

Im Vordergrund sieht man eine Brücke, die _____

_____

_____

_____

_____

_____

_____

_____

_____

_____

_____

 Üb. 2–5 zu Textbuch S. 273, Aufg. 3

2 Wortschatz: Formen Setzen Sie die Wörter im Kasten in den Text ein. Der Text bezieht sich auf das Bild auf Seite 199.

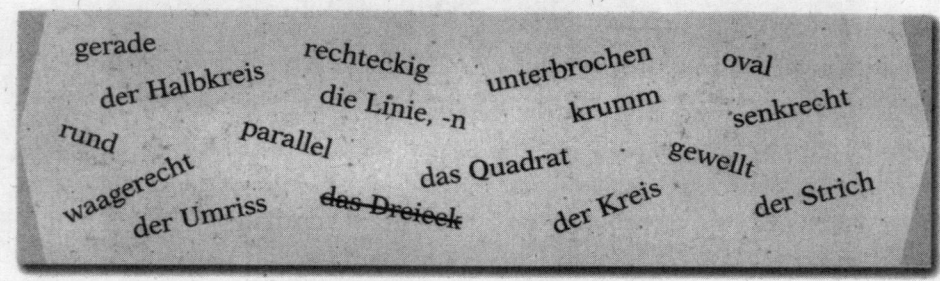

---

[1]**die Schubkarre** kleiner Wagen, den man schieben oder ziehen kann und in dem man Dinge transportieren kann

Das Bild zeigt in der Mitte ein ᵃ_____*Dreieck*_____ .

Von dem Dreieck führt ein kurzer senkrechter

ᵇ_____ nach unten. Am unteren

Ende des Striches ist ein ᶜ_____ und

daneben sind, auf jeder Seite, ᵈ_____ ᵉ

Formen, die die Arme der Person auf dem Bild

sein könnten. Von dem Halbkreis gehen zwei

ᵉ_____ ᵉ ᶠ_____ ᵉ ᵍ_____ nach unten und

darunter sind zwei ʰ_____ e Füße. Von dem rechten „Arm" geht ein

ⁱ_____ er Strich nach oben. Am Ende ist ein ʲ_____ . Darin ist eine

ᵏ_____ e Figur mit leicht ˡ_____ em ᵐ_____ .

Darunter ist ein ⁿ_____ mit zwei ᵒ_____ n

ᵖ_____ en Linien darunter. Die untere Linie ist ᑫ_____ . Was ist

Ihrer Meinung nach auf dem Bild zu sehen?

_____

③ Wortschatz: Adjektive Notieren Sie das Gegenteil aus dem Kasten.

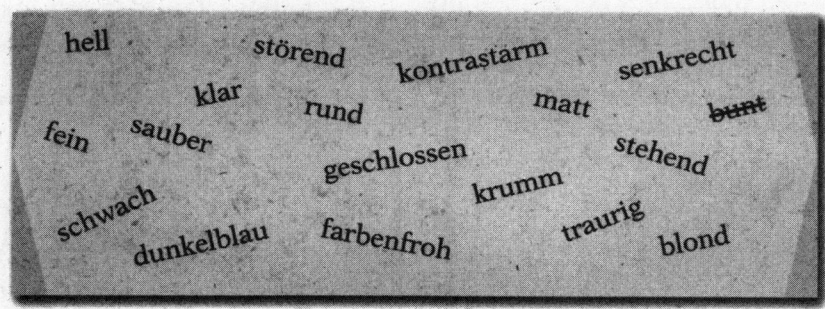

hell   störend   kontrastarm   senkrecht
klar   rund   matt   ~~bunt~~
fein   sauber   geschlossen   stehend
schwach   krumm   traurig   blond
dunkelblau   farbenfroh   blond

a. einfarbig	≠ _____*bunt*_____		f. dunkel	≠ _____
b. liegend	≠ _____		g. leuchtend	≠ _____
c. eckig	≠ _____		h. hellblau	≠ _____
d. waagerecht	≠ _____		i. fröhlich	≠ _____
e. gerade	≠ _____		j. kräftig	≠ _____

k.	schmutzig	≠ _____	o.	dunkelhaarig	≠ _____
l.	grob	≠ _____	p.	offen	≠ _____
m.	kontrastreich	≠ _____	q.	farblos	≠ _____
n.	angenehm	≠ _____	r.	verschwommen	≠ _____

④ Das Partizip I als Adjektiv

A. Notieren Sie die Partizip I-Formen.

a. malen → _____malend_____

b. stehen → _____

c. gehen → _____

d. lesen → _____

e. leben → _____

f. arbeiten → _____

g. rennen → _____

h. liegen → _____

i. studieren → _____

j. schlafen → _____

Ein malender Mann

B. Malen Sie und erklären Sie.

a. ein schlafendes Kind =

_____ein Kind, das schläft_____

b. eine lesende Studentin =

_____

c. ein rennender Mann = _____

d. stehende Leute = _____

5 **Das Partizip II als Adjektiv**

A. Notieren Sie die Partizip II-Formen.

a. malen   →   *gemalt*

b. waschen   →   _____

c. schneiden   →   _____

d. lesen   →   _____

e. sehen   →   _____

f. trinken   →   _____

g. essen   →   _____

h. machen   →   _____

i. feiern   →   _____

j. öffnen   →   _____

Ein gemalter Mann

B. Malen Sie und erklären Sie.

```
┌─────────────────────────┐    ┌─────────────────────────┐
│                         │    │                         │
│                         │    │                         │
│                         │    │                         │
│                         │    │                         │
│                         │    │                         │
│                         │    │                         │
└─────────────────────────┘    └─────────────────────────┘
```

a. gewaschene Wäsche =

_____*Wäsche, die gewaschen wurde*_____

b. geschnittenes Brot =

_____

```
┌─────────────────────────┐    ┌─────────────────────────┐
│                         │    │                         │
│                         │    │                         │
│                         │    │                         │
│                         │    │                         │
│                         │    │                         │
│                         │    │                         │
└─────────────────────────┘    └─────────────────────────┘
```

c. ein geöffnetes Fenster =

_____

d. ein gemachtes Bett =

_____

📖 Üb. 6 & 7 zu Textbuch S. 274, Strukturen

6 **Adjektivendungen nach *ein*-Wörtern: *Stausee*[1]** Setzen Sie die fehlenden Adjektiv-endungen ein. *Anmerkung:* Wenn nicht anders angegeben, sind die hier benutzten Nomen, die auf *-e* enden, feminin.

Ein sehr schön_es_____[a] Bild (*n.*) von Anselm Kiefer heißt *Stausee*. Kiefer machte eine

lang_____[b] Reise nach Norwegen, um sich inspirieren zu lassen. Auf dem Bild sieht man

einen blaugrün_____[c] See (*m.*), der von einer hoh_____[d] Tanne auf jeder Seite des Bildes

_____
[1]**der Stausee** das Reservoir

umgeben ist. Im Hintergrund steht ein groß_____ᵉ schneebedeckt_____ᶠ Berg. Darüber

schwebt eine grau_____ᵍ Wolke, die vielleicht einen kurz_____ʰ Regenschauer[1](*m.*)

ankündigt. Vor dem Berg sieht man ein einsam_____ⁱ[2] Haus, in dem Kiefer vielleicht mit

seiner damalig_____ʲ[3] Frau Julia gewohnt hat. Seine groß_____ᵏ Liebe zu seiner

früher_____ˡ Frau kann man auch an der Bildinschrift „für Julia" erkennen. Am Ufer des

Sees sieht der Betrachter eine hellbraun_____ᵐ Fläche, vielleicht einen ruhig_____ⁿ Strand

mit einer schön_____ᵒ Bucht (*f.*) oder den Fuß eines ander_____ᵖ Berges. Keine wan-

dernd_____�q oder angelnd_____ʳ[4] Menschen sind zu sehen, was man bei einer so

schön_____ˢ Landschaft (*f.*) wie dieser erwarten würde. Es stehen auch keine ander_____ᵗ

Häuser am See. So eine extrem_____ᵘ Einsamkeit (*f.*) ist ein typisch_____ᵛ Merkmal[5] (*n.*)

für Norwegen.

⑦ Adjektivendungen nach *ein*-Wörtern: *Essenz/Ek-sistenz*

A. Setzen Sie die Adjektive am Rand in den Text ein und deklinieren Sie sie, wo nötig. Setzen Sie auch die Endungen der *ein*-Wörter ein. *Anmerkung:* Wenn nicht anders angegeben, sind die hier benutzten Nomen, die auf *-e* enden, feminin.

Essenz/Ek-sistenz ist ein-_____ _____*anderes*_____ᵃ Bild (*n.*) von	ander-
Anselm Kiefer, das wahrscheinlich von sein_____ _____ᵇ	ausgedehnt[1]
Norwegenreise inspiriert wurde. Es zeigt ein_____ _____	weit
_____ᶜ Landschaft (*f.*), die etwas _____ᵈ wirkt.	graublau, einsam
Im Vordergrund ist mit ein_____ _____ᵉ Pinsel (*m.*) ein_____	grob
_____ᶠ See (*m.*) angedeutet und im Hintergrund sieht man	hell
ein_____ _____ _____ᵍ Berg, dessen Spitze	hoch, dunkel
_____ʰ ist. Dieser Teil des Berges scheint mit ein_____	schwarz
_____ⁱ Wald bewachsen zu sein, da Kiefer ihm ein_____	gesund
_____ʲ Farbe gegeben hat. Im linken Teil des Hintergrunds	grünlich

_____
[1]**ausgedehnt** *hier:* lang

_____
[1]**der Regenschauer** ein kurzer starker Regen   [2]**einsam** allein; ohne Menschen oder mit wenigen Menschen
[3]**damalig** früher   [4]**angelnd** fischend (angeln = fischen)   [5]**das Merkmal** das Charakteristikum, das Typische

ist ein____ weniger _____ᵏ Hügel[2] (*m.*), der auch ein____   dunkel

weniger _____ˡ Gipfel[3] (*m.*) hat. Darüber ist ein____   hoch

_____ᵐ Himmel zu sehen, in dessen Mitte, direkt über den   beige

Bergen, ein____ _____ⁿ Wolke ist. In den See ist ein____   weiß

_____ _____ᵒ Schriftzug (*m.*) „gemalt" worden,   groß, lila

der ein____ recht _____ᵖ Wort zeigt: „Essenz". Darüber ist   philosophisch

ein____ _____�q Farbschleier[4] (*m.*). Schriftzüge sind ein____   rosa

_____ʳ Merkmal (*n.*) für Kiefers Bilder. Dieses Bild hat   typisch

drei Schriftzüge. Es ist wieder sein____ _____ˢ Frau Julia   erst-

gewidmet[5], denn der zweite Schriftzug sagt „für Julia" und steht in der linken

unteren Bildecke. Der dritte Schriftzug steht auf dem Gipfel des

rechten Berges. Er sagt „Ek-sistenz". Sein____ _____ᵗ   getrennt

Schreibweise des Wortes hat Kiefer von ein____ _____ᵘ   deutsch

Philosophen übernommen: Martin Heidegger, dessen philosophischer

Ansatz[6] in Kiefers Bild ein____ _____ᵛ Rolle spielt.   wichtig

_____

[2]**der Hügel** ein Berg, der nicht sehr hoch und spitz ist   [3]**der Gipfel** der höchste Punkt eines Berges
[4]**ein Farbschleier** nur ein Hauch von Farbe, nur etwas Farbe   [5]**widmen** (+ *Dativ*): Es ist seiner Frau gewidmet.= Es ist für seine Frau gemacht (*hier*: gemalt) worden.   [6]**der Ansatz** die Idee

B. Malen Sie das Bild, das in Übung A beschrieben wurde, in den Kasten.

C. Gehen Sie auf die Website des Metropolitan Museum of Art in New York: http://www.metmuseum.org/explore/kiefer/im6.htm und vergleichen Sie Ihr Bild aus Übung B mit dem Bild *Essenz/Ek-sistenz* von Kiefer.

> 📖 Üb. 8 & 9 zu Textbuch S. 275, Strukturen

⑧ Adjektivendungen nach *der*-Wörtern: *Stausee* Setzen Sie die fehlenden Adjektivendungen ein.

Das schön*e*____ᵃ Bild *Stausee* von Anselm Kiefer haben Sie schon in Übung 6 kennen

gelernt. Sie wissen auch schon, dass Kiefer eine lange Reise nach Norwegen machte.

Auf dieser lang_____ᵇ Reise wurde er von der beeindruckend_____ᶜ Landschaft inspiriert.

Der grünblau_____ᵈ See, die hoh_____ᵉ Tannen, der schneebedeckt_____ᶠ Berg, die

grau_____ᵍ Wolken und das klein_____ʰ Haus lassen die norwegisch_____ⁱ Landschaft

auf diesem einzigartig_____ʲ Bild ruhig_____ᵏ und einsam_____ˡ erscheinen. Mögen Sie

solche einsam_____ᵐ Landschaften? Je weiter man in den norwegisch_____ⁿ Norden

kommt, desto einsamer wird die schön_____ᵒ Landschaft. In Wirklichkeit malte Kiefer

dieses symmetrisch_____ᵖ Bild aber von der gekauft_____q Postkarte ab, die er in dem

gemeinsam_____ʳ Urlaub mit Julia fand. Kiefer malte dieses stimmungsvoll_____ˢ Bild

in demselb_____ᵗ Jahr, in dem er Julia heiratete, der er dieses romantisch_____ᵘ Bild

gewidmet hat, was man an der wiederkehrend_____ᵛ Bildinschrift (*f.*) „für Julia" erkennt.

⑨ Adjektivendungen nach *der*-Wörtern: *Essenz/Ek-sistenz* Setzen Sie die Adjektive am Rand in den Text ein und deklinieren Sie sie, wo nötig. Setzen Sie auch die Endungen der bestimmten Artikel und der anderen *der*-Wörter ein. *Anmerkung:* Wenn nicht anders angegeben, sind die hier benutzten Nomen, die auf -*e* enden, feminin.

Dieses Bild, das von d*en*___ ____*interessanten*____ᵃ Theorien d_____	interessant
_____ᵇ Philosophen Martin Heidegger inspiriert wurde,	deutsch
kennen Sie schon aus Übung 7. Es zeigt d_____ _____	typisch
_____ᶜ Landschaft (*f.*), in die d_____ _____ᵈ	norwegisch, philosophisch
Wörter „Ek-sistenz" und „Essenz" geschrieben wurden. D_____	
_____ᵉ Buchstaben d_____ _____ᶠ Wortes,	lila, unter-

„Essenz", sind _____ g. D_____ _____ h   verlaufen[1], rosa

Farbschleier (*m.*) ist auch etwas _____ i, was bedeuten   verwischt[2]

könnte, dass d_____ _____ j Wort   oben genannt

nicht d_____ _____ k Position (*f.*) hat, die es zu haben   fest

scheint. Im Gegensatz dazu scheint d_____ _____ l Wort   ober-

„Ek-sistenz" eine bestimmte Position zu haben: d_____ _____   hoch

_____ _____ m Spitze des Berges. D_____   isoliert, dunkel

_____ n Schreibweise des Wortes bezieht sich auf (+ *Akk.*)   getrennt

d_____ _____ o Wort *Ecke*, also auf einen bestimmten   deutsch

Platz, um d_____ _____ p Position von jed_____   isoliert

_____ q Wesen[3] (*n.*) darzustellen, die bei Kiefer durch   menschlich

d_____ _____ r Berggipfel (*m.*) repräsentiert wird. D_____   spitz

_____ s Buchstaben *Ek* sind direkt auf d_____   schwarz

_____ t Spitze.   dunkel

Warum hat Kiefer wohl dies_____ _____ u Bild   provokativ

gemalt? Martin Heidegger ist umstritten[4], weil er ein Mitglied d_____

_____ v Partei (*f.*) war. Nach d_____   nationalsozialistisch

_____ w Weltkrieg durfte Heidegger aufgrund seiner   Zweit-

Nazivergangenheit lange nicht mehr an d_____ _____ x   philosophisch

Fakultät (*f.*) seiner Universität unterrichten. Auf der anderen Seite gelten[5]

d_____ _____ y Ideen Heideggers als genauso wichtig wie   philosophisch

d_____ _____ z Theorien von Kant und Hegel.   herausragend[6]

_____

[1]**verlaufen** nicht klar; die Farbe läuft in verschiedene Richtungen   [2]**verwischt** verlaufen   [3]**jedes menschliche Wesen** jeder Mensch   [4]**umstritten** problematisch   [5]**gelten** sein   [6]**herausragend** sehr sehr gut

📖 Üb. 10 zu Textbuch S. 278, Strukturen

⑩ **Endungen von Adjektiven ohne vorangehendes Artikelwort: Joseph Beuys** Setzen Sie die Endungen ein.

Anselm Kiefer war ein Schüler von Joseph Beuys, der 1921 in Krefeld geboren wurde. Während des Zweiten Weltkrieges stürzte Beuys mit seinem Flugzeug über der Krim ab. Er entging nur knapp dem Tod. Einheimisch*e* [a] Menschen retteten ihn, salbten[1] ihn mit fettig_____ [b] Talg[2] (*m.*) und hüllten ihn in weich_____ [c] Filz[3] (*m.*). Diese Erfahrung prägte seine Kunst: Filz und Fett sind zentral_____ [d] Materialien bei Beuys. Der Hut – Beuys' unverkennbar_____ [e][4] Markenzeichen (*n.*) – überdeckte die nach seiner schweren Verletzung in den Kopf eingepflanzte Silberplatte. Beuys

Joseph Beuys mit Andy Warhol 1980 in der Münchner Galerie Schellmann & Klüser

litt später an (+ *Dat.*) schwer_____ [f] Depressionen, die aus seinen Kriegserlebnissen resultierten.

Von 1947 bis 1952 studierte Beuys bildend_____ [g] Kunst (*f.*) an der Kunstakademie Düsseldorf, wo er von 1961 bis 1972 als unkonventionell_____ [h] Professor tätig war. 1967 gründete Beuys eine Partei, deren Ziel unter anderem ein demokratisches Aufnahmeverfahren[5] der Studenten ohne vorhergehend_____ [i] Prüfung (*f.*) der abgegebenen Mappen[6] mit eigen_____ [j] Arbeiten war. Sich bewerbend_____ [k] Studenten sollten ohne Ausnahme akzeptiert werden. 1980 kandidierte Beuys als nordrhein-westfälisch_____ [l] Vertreter (*m.*) der Grünen im Landtag. 1986 starb er in Düsseldorf an Herzversagen.

_____

[1]**salben** eincremen [2]**der Talg** festes, gelbes Fett [3]**der Filz** aus Schafwolle und anderen Tierhaaren produziertes dichtes Material [4]**unverkennbar** typisch [5]**das Aufnahmeverfahren** das Prozedere der Aufnahme, des Akzeptierens [6]**die Mappe** eine Tasche für Papier; Kunststudenten/Künstler haben eine Mappe, in der ihre besten Arbeiten sind

B Die deutsche Mythologie in den Bildern Anselm Kiefers

Der Ring des Nibelungen, Richard Wagner

> 📖 Üb. 1 & 2 zu Textbuch S. 282, Aufg. 7

1 **Adjektivendungen:** *Das Nibelungenlied* Setzen Sie die Adjektivendungen ein. *Anmerkung:* Wenn nicht anders angegeben, sind die hier benutzten Nomen, die auf -*e* enden, feminin.

Das Nibelungenlied ist ein bedeutend*er* [a] mittelhochdeutsch_____ [b] Heldengesang (*m.*).

Inhalt der uralt_____ [c] germanisch_____ [d] Sage: Der jung_____ [e] Siegfried besteht

viel_____ [f] mutig_____ [g] Abenteuer. Er besiegt auch einen groß_____ [h] Drachen und badet

sich in seinem besonder_____ [i] Blut (*n.*). Das Blut verleiht ihm eine speziell_____ [j]

Hornhaut[1] (*f.*), durch die er bis auf eine Stelle zwischen den Schulterblättern, auf die

während dieses wichtig_____ [k] Bades (*n.*) ein Blatt fällt, unverwundbar_____ [l] ist. Der

jung_____ [m] Siegfried versucht, die schön_____ [n] Kriemhild für sich zu gewinnen. Er kann

sie aber nur bekommen, wenn er die stark_____ [o] königlich_____ [p] Brünhild für den

feige_____ [q] Gunther bei Kampfspielen besiegt und der feige_____ [r] Gunther sie zur Frau

nehmen kann. Während eines heftig_____ [s] Streites (*m.*) zwischen Brünhild und Kriemhild

erzählt Kriemhild Brünhild die vertraulich_____ [t] Geschichte: nicht Gunther hat sie

besiegt, sondern Siegfried. Brünhild befiehlt nun den schnell_____ [u] Tod Siegfrieds, da sie

von seiner verwundbar_____ [v] Stelle weiß.

Das Problem uralt_____ [w] Sagen ist ihr oft unverständlich_____ [x] Inhalt (*m.*).

2 **Adjektivendungen:** *Der Ring des Nibelungen* von **Richard Wagner**

A. *Das Rheingold* Setzen Sie die Adjektivendungen ein.

Wagners Version des klassisch*en* [a] Nibelungenliedes besteht aus vier lang_____ [b] Opern

und ist für drei Tage und einen vorhergehend_____ [c] Abend konzipiert. Der erst_____ [d]

_____
[1]**die Hornhaut** besonders dicke Haut

Teil, *Das Rheingold*, erzählt eine Geschichte von einig_____ ^e Göttern: Alberich hat das

mächtig_____ ^f Rheingold von den friedlich_____ ^g Rheintöchtern gestohlen. Die Person,

die aus dem magisch_____ ^h Gold einen magisch_____ ^i Ring machen kann, bekommt die

begehrt_____ ^j1 Weltherrschaft, muss aber dafür für immer auf die Liebe verzichten.

Die verliebt_____ ^k Götter Fricka und Wotan haben sich von den stark_____ ^l

Riesen² eine wunderschön_____ ^m groß_____ ^n Götterburg bauen lassen. Sie haben den

stark_____ ^o Riesen als Preis für ihre teur_____ ^p Burg aber die wichtig_____ ^q Freia, die

Göttin der ewig_____ ^r Jugend (*f.*), versprochen. Sie möchten Freia aber eigentlich nicht

weggeben und so müssen sie sich eine ander_____ ^s Bezahlung überlegen. Als sie von dem

mächtig_____ ^t magisch_____ ^u Ring erfahren, beschließen sie, ihn zu holen und ihn den

Göttern als Preis für den Bau der schön_____ ^v Burg zu geben.

Alberich hat sich nicht nur seinen wertvoll_____ ^w Ring sondern auch einen

magisch_____ ^x Helm³ machen lassen. Dieser Helm hat eine überraschend_____ ^y

Kraft: Wer ihn aufsetzt, kann jede gewünscht_____ ^z Gestalt⁴ (*f.*) annehmen. Als der

listig_____ ^aa5 Wotan zu dem dumm_____ ^bb Alberich kommt, demonstriert der

dumm_____ ^cc Alberich auf Wotans Wunsch die groß_____ ^dd Macht seines golden_____ ^ee

Helmes und verwandelt sich in eine klein_____ ^ff Kröte⁶. Wotan nimmt die

hilflos_____ ^gg Kröte und den hilfreich_____ ^hh Helm und sagt dem krötenförmig_____ ^ii

Alberich, dass er ihm den mächtig_____ ^jj Ring geben muss, wenn er wieder ein

normal_____ ^kk Mensch (*m.*) werden will. Wotan hat nun den Helm und den Ring und gibt

beide magisch_____ ^ll Dinge den Riesen, die ihm seine wichtig_____ ^mm Freia dafür

zurückgeben. Wotan und Fricka ziehen glücklich_____ ^nn in ihre neu_____ ^oo Burg ein, zu

der ein bunt_____ ^pp Regenbogen (*m.*) als Brücke führt.

_____

¹**begehrt** beliebt (jeder will es haben)   ²**der Riese** ein sehr großer Mensch   ³**der Helm** ein sehr harter Hut
⁴**die Gestalt** die Form   ⁵**listig** schlau, clever   ⁶**die Kröte** der Frosch, ein kleines grünliches springendes Tier

B. *Die Walküre* und *Siegfried* Kombinieren Sie die Sätze. Integrieren Sie die unterstrichene Information aus dem zweiten Satz in den ersten.

a. Die Zwillinge Siegmund und Sieglinde verlieben sich ineinander und zeugen ein Kind. Sie waren <u>über viele Jahre getrennt</u>.

Die über viele Jahre getrennten Zwillinge Siegmund und Sieglinde verlieben sich ineinander

und zeugen ein Kind.

b. Fricka, die Göttin der Ehe, will die beiden Zwillinge bestrafen. Die Zwillinge sind <u>sündig</u>[1].

_____

_____

c. Siegmund wird von Wotan getötet. Wotan ist Siegmunds <u>leiblicher Vater</u>.

_____

_____

d. Sieglinde stirbt bei der Geburt von Siegfried. Sieglinde war <u>erschöpft</u>[2].

_____

_____

e. Siegfried kennt keine Angst. Angst ist <u>menschlich</u>.

_____

_____

f. Siegfried holt sich den Ring und den Helm von den Riesen. Der Ring ist <u>mächtig</u> und der Helm ist <u>manchmal sehr hilfreich</u>.

_____

_____

g. Brünhilde, die eigentlich Siegmund hatte töten sollen, hat den Befehl ihres Vaters Wotan verweigert. Brünhilde ist <u>stark und mutig</u>. Wotan ist <u>wütend</u>.

_____

_____

h. Deshalb muss sie zur Strafe auf einem Felsen schlafen. Der Felsen ist <u>von Feuer eingeschlossen</u>.

_____

_____

---

[1]**sündig** sie haben etwas Falsches getan   [2]**erschöpft** kraftlos, müde

   i. Siegfried rettet Brünhilde. Brünhilde <u>schläft</u>.

     _____

     _____

   j. Siegfried und Brünhilde verlieben sich ineinander. Siegfried ist <u>furchtlos</u>[1], Brünhilde ist <u>befreit</u>.

     _____

     _____

     _____

C. ***Die Götterdämmerung*** Fassen Sie die Oper *Götterdämmerung* zusammen. Integrieren Sie die Adjektive im Kasten. Wenn Sie sich nicht mehr erinnern können, lesen Sie im Textbuch auf Seite 282 nach.

Götterdämmerung: Brünhilde und Siegfried

~~Siegfried, furchtlos~~	Hagen, gierig[2]
~~Brünhilde, befreit~~	Siegfried, sterbend
der Ring, fluchbeladen	der Scheiterhaufen, brennend
das Pferd, geliebt	Siegfried, verstorben
Hagen, Unfrieden stiftend	die Rheintöchter, friedlich
Siegfried, durch einen Zaubertrank beeinflusst	Hagen, skrupellos
Brünhilde, wütend	

Der furchtlose Siegfried und die befreite Brünhilde versprechen sich ewige Liebe.

_____

_____

———————

[1]**furchtlos** ohne Angst   [2]**gierig** wenn man viele Dinge haben will

_____

_____

_____

_____

_____

_____

_____

_____

_____

_____

_____

_____

_____

_____

Üb. 3 zu Textbuch S. 284, Aufg. 9

❸ Wortbildung Formulieren Sie die linke Seite um, indem Sie statt des Relativsatzes ein Adjektiv benutzen, das von einem Partizip I oder II abgeleitet wurde. Verwenden Sie den Nominativ.

a. ein Weg, der mit Steinen bedeckt ist = _ein mit Steinen bedeckter Weg_ _____

b. eine Frau, die schläft = _____

c. eine Frau, die liegt = _____

d. eine Frau, die fotografiert wurde = _____

e. eine Frau, die gemalt wurde = _____

f. ein Foto, das bemalt wurde = _____

g. ein Bild, das in zwei Teile geteilt wurde = _____

h. ein Bild, das beschrieben wurde = _____

i. eine Frau, die stirbt = _____

📖 Üb. 4 zu Textbuch S. 286, Aufg. 12

④ Wortschatz: Gefühle

A. Ordnen Sie die Nomen aus dem Kasten in die Tabelle ein.

die Gerechtigkeit   das Glück   das Leiden
die Freundschaft   der Hass   die Angst
die Liebe   das Vertrauen   die Ehrlichkeit
die Freude   das Lachen
die Wut   der Frieden   der Schmerz   die Einsamkeit

positiv	negativ

B. Notieren Sie das Gegenteil aus dem Kasten.

die Traurigkeit   die Angst
die Einsamkeit   ~~der Hass~~   das Misstrauen   das Pech
die Ungerechtigkeit
der Krieg   das Weinen   die Verlogenheit

a. die Liebe   ≠ ____der Hass____   f. die Ehrlichkeit   ≠ _____

b. die Freundschaft ≠ _____ g. die Freude   ≠ _____

c. der Mut   ≠ _____ h. das Lachen   ≠ _____

d. der Frieden   ≠ _____ i. das Vertrauen   ≠ _____

e. das Glück   ≠ _____ j. die Gerechtigkeit ≠ _____

C. Bilden Sie Adjektive aus den Verben.

a. Leute, die sich anfreunden = _____ *sich anfreundende Leute* _____

b. eine Frau, die liebt = _____

c. eine Mutter, die sich sorgt = _____

d. ein Mädchen, das sich freut = _____

e. ein Junge, der lacht = _____

f. ein Bauch, der schmerzt = _____

g. ein Mann, der leidet = _____

D. Bilden Sie Adjektive mit den folgenden Endungen. Arbeiten Sie mit dem Wörterbuch.

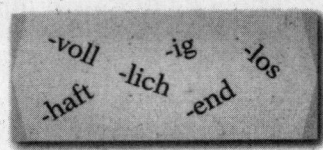

a. mit Hoffnung = _____ *hoffnungsvoll* _____   f. mit Schmerz = _____

b. mit Mut = _____   g. mit Gefühl = _____

c. mit Wut = _____   h. zum Lachen = _____

d. mit Angst = _____   i. mit Freundschaft = _____

e. mit Leidenschaft = _____   j. ohne Sorge = _____

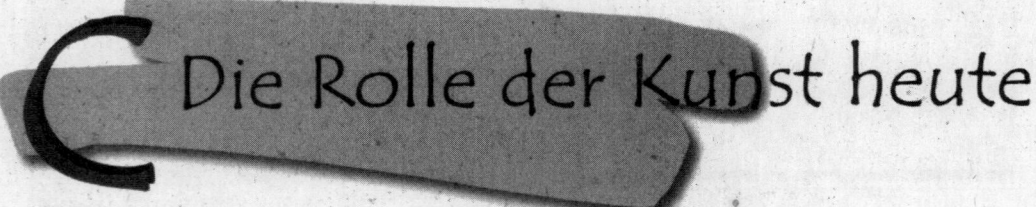

Die Rolle der Kunst heute

 Üb. 1 & 2 zu Textbuch S. 289, Aufg. 4

① Biografie von Georg Baselitz: Adjektive einfügen Lesen Sie die biografischen Daten über Georg Baselitz, einen der drei zurzeit international bekanntesten deutschen Künstler. Verwandeln Sie die Daten dann in einen Fließtext. Schreiben Sie im Präteritum und fügen Sie mindestens 15 Adjektive Ihrer Wahl in den Text ein.

Georg Baselitz, Künstler

1938
◇ Geburt als Hans-Georg Kern in Deutschbaselitz in Sachsen (Ostdeutschland); Kindheit
  und Jugend in der DDR

1956
◇ wegen Ablehnung[1] des Regimes der DDR Verweis[2] von der Hochschule in Ostberlin
  (verweisen, wurde … verwiesen)

1957/1958
◇ Fortsetzung des Studiums an der Hochschule für Bildende Künste in Westberlin
◇ Endgültige Übersiedlung in den Westen

1961
◇ Annahme des Künstlernamens Georg Baselitz in Anlehnung an seinen Geburtsort

seit den 70er Jahren
◇ Bekanntheitsgrad innerhalb von Deutschland wächst
◇ Ausstellungen in aller Welt

1995
◇ Retrospektive im Guggenheim Museum in New York

seit den 70er Jahren
◇ Sammlung von Kunst aus Afrika, Ausstellung 2003 in Düsseldorf (Nordrhein-Westfalen)

seit 1992
◇ Professur an der Hochschule der Künste in Berlin

Georg Baselitz wurde 1938 als Hans-
Georg Kern im ostdeutschen/sächsischen
Deutschbaselitz geboren. Seine Kindheit
und Jugend verbrachte er in der ehemali-
gen DDR.

Gerhard Schröder 2003 in seinem Büro
im Bundeskanzleramt vor dem Gemälde
Fingermalerei/Adlerpartitur von Georg Baselitz

_____

[1]**die Ablehnung** *von* **ablehnen:** nicht akzeptieren   [2]**der Verweis** der Rauswurf, der Ausschluss

_____

_____

_____

_____

_____

_____

_____

_____

_____

_____

② Gedanken zum Thema Beenden Sie die Sätze.

Kunst ist (nicht) notwendig, weil _____

_____

Es muss Künstler geben, damit _____

_____

Ohne Kunst _____

_____

Durch Kunst _____

_____

Indem man Kunst betrachtet[1], _____

_____

Kunst ist (un)wichtig, deshalb _____

_____

Kunst ist _____

_____

_____

[1]**betrachten** ansehen

EINHEIT 9

Vereinigtes Deutschland

Chancen und Herausforderungen

A Die Geschichte der beiden deutschen Staaten

Deutsch-deutsche Geschichte

 Üb. 1 zu Textbuch S. 301, Aufg. 4

1 **Wortschatz** Setzen Sie die Wörter aus dem Kasten in der richtigen Form in den Text ein: Deklinieren Sie die Adjektive, entscheiden Sie, ob Sie die Nomen im Singular oder Plural benutzen müssen und notieren Sie die Verben in der richtigen Zeitform.

der Teil, -e   der Aufschwung   versorgen   das Wirtschaftswunder
die Spannungen   die Zugverbindung, -en   die Planwirtschaft
der Staat   der Beitritt
die Montagsdemonstration   versorgen   wirtschaftlich   der Mauerbau   ehemalig
~~die Zone, -n~~   kapitalistisch   die Wahl, -en
der Marshallplan   die Alliierten   blockieren   Reisefreiheit   verhindern
kommunistisch   friedlich   die Währung   stimulieren   besuchen
der Sektor, -en   stationiert   der Wille, -n, -ns, -n (n-Nomen)   die Wirtschaft

Deutschland 1945

■ Westzonen und Westsektoren von Berlin
(ab 1949 Bundesrepublik Deutschland)

■ Sowjetische Zone und Ostsektor von Berlin
(ab 1949 Deutsche Demokratische Republik)

Nach dem Ende des Zweiten Weltkrieges wurde Deutschland in vier _____*Zonen*_____ [a] aufgeteilt: eine britische, eine amerikanische, eine französische und eine sowjetische. Als _____ [b] Hauptstadt wurde Berlin in vier _____ [c] aufgeteilt. Schon bald gab es _____ [d] zwischen der Sowjetunion und den westlichen _____ [e]. Die Westmächte wollten die deutsche Währung reformieren, um die _____ [f] zu _____ [g]. Die Sowjetunion war dagegen, weil die _____ [h] Tendenz dieser Reform ihrer _____ [i] Ideologie widersprach.

Die westlichen Alliierten führten aber 1948 gegen den _____ [j] der Sowjetunion die neue _____ [k], die Deutsche Mark, in ihren Zonen ein. Die Sowjetunion reagierte darauf, indem sie alle Straßen und _____ [l] nach Berlin _____ [m] und die Versorgung der Westsektoren mit Elektrizität und Wasser _____ [n]. Die Westberliner und auch die dort _____ [o] Soldaten konnten nicht mehr _____ [p] werden. General Lucius D. Clay entschied sich daher, Berlin aus der Luft zu _____ [q]. Er richtete zwischen dem Rhein-Main-Gebiet in Westdeutschland und Westberlin eine _____ [r] ein, über die die Menschen in Westberlin für fast ein Jahr versorgt wurden.

Nach dem Ende der Blockade 1949 wurde Deutschland in zwei _____ [s] geteilt. Die Bundesrepublik hatte als _____ [t] Modell die „Soziale Marktwirtschaft", die DDR hatte die _____ [u]. Durch die Währungsreform, die Marktwirtschaft und die Aufnahme Westdeutschlands in den _____ [v], erholte sich die Wirtschaft im Westen sehr schnell und es kam zum so genannten _____ [w], dem größten _____ [x] in der Geschichte des Landes.

Von 1949 bis 1961 zogen 2,5 Millionen Menschen aus dem Osten nach Westdeutschland. Dies war der Grund für den _____ [y] 1961. In den Jahren, in denen die Mauer stand, war es sehr schwer für die Menschen in Ost- und Westdeutschland sich zu _____ [z]. Zum 40. Geburtstag der DDR 1989 begannen die Menschen in Ostdeutschland mit _____ᵃᵃ Demonstrationen für Reformen und

_____ᵇᵇ. Da diese Demonstrationen immer montags stattfanden, werden sie

_____ᶜᶜ genannt.

Im November 1989 öffnete die DDR nach 28 Jahren die Mauer und das neue, durch

freie _____ᵈᵈ gebildete Parlament entschied sich 1990 für den

_____ᵉᵉ zur Bundesrepublik. Seitdem gibt es nur noch einen deutschen

_____ᶠᶠ.

📖 Üb. 2 zu Textbuch S. 302, Aufg. 5

② Relativsätze Setzen Sie die passenden Relativpronomen ein.

a. Als Zonen bezeichnet man die vier Teile, in _____*die*_____ Deutschland nach dem

Zweiten Weltkrieg aufgeteilt wurde.

b. Als Sektoren bezeichnet man die vier Teile, in _____ Berlin nach dem Zweiten

Weltkrieg aufgeteilt wurde.

c. Die „Deutsche Mark" war die Währung, _____ von den drei westlichen Alliierten

1948 in ihren Zonen und Sektoren eingeführt wurde.

d. Rosinenbomber nennt man die Flugzeuge, mit _____ die Westberliner und die

dort stationierten Soldaten während der Blockade Westberlins versorgt wurden.

e. Als „Soziale Marktwirtschaft" bezeichnet man das wirtschaftliche System, _____

1949 in der Bundesrepublik eingeführt wurde.

f. Die Sowjetunion bestimmte die Wirtschaftspolitik in der DDR, in _____ die

Planwirtschaft eingeführt wurde.

g. Als Marshallplan bezeichnet man den Plan von G. C. Marshall, durch _____ die

Wirtschaft in Westeuropa stimuliert werden sollte.

h. Unter einer Nacht-und-Nebel-Aktion versteht man eine Aktion, bei _____ inner-

halb sehr kurzer Zeit etwas gemacht wird.

i. Eine Mauer ist eine Wand, durch _____ etwas in zwei Teile geteilt wird.

j. Mit „Kaltem Krieg" sind die Spannungen gemeint, _____ zwischen Ost und

West herrschten.

k. Willy Brandt ist der Bundeskanzler, durch _____ Initiative die Beziehungen

zwischen West- und Ostdeutschland verbessert wurden.

l. Als Montagsdemonstrationen bezeichnet man die friedlichen Demonstrationen in

Leipzig, zu _____ jede Woche mehr Menschen gingen und durch _____

es zum Fall der Mauer kam.

Üb. 3 zu Textbuch S. 303, Aufg. 7

3 Passiv Verwandeln Sie die Aktiv-Sätze ins Passiv.

a. Die Alliierten teilten Deutschland nach dem Zweiten Weltkrieg in vier Zonen auf.

Deutschland wurde (von den Alliierten) nach dem Zweiten Weltkrieg in vier Zonen aufgeteilt.

b. Die Alliierten teilten Berlin nach dem Zweiten Weltkrieg in vier Sektoren auf.

_____

_____

c. Die drei westlichen Alliierten führten 1948 in ihren Zonen die Deutsche Mark als
Währung ein.

_____

_____

d. Die drei westlichen Alliierten versorgten Westberlin während der Zeit der Blockade über
die Luftbrücke.

_____

_____

e. Die Bundesrepublik führte 1949 in Westdeutschland die Soziale Marktwirtschaft ein.

_____

_____

f. Die Sowjetunion führte in der DDR die Planwirtschaft ein.

_____

g. Der Marshallplan sollte die Wirtschaft in Westeuropa stimulieren.

_____

h. Eine Mauer teilt ein Gebiet[1] oder ein Grundstück[2] in zwei Teile.

_____

i. Willy Brandt verbesserte die Beziehungen zwischen Ost und West sehr.

_____

j. Die Montagsdemonstrationen in Leipzig öffneten die Mauer.

_____

 Üb. 4 zu Textbuch S. 304, Aufg. 8

④ **Wortschatz** Beschreiben Sie, was Sie auf den Bildern sehen. Benutzen Sie den Wortschatz im Kasten unter jedem Bild.

Bild 1

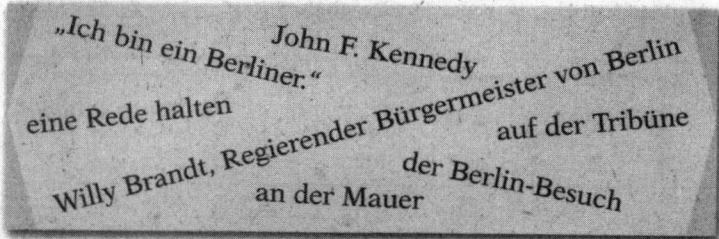

John F. Kennedy
„Ich bin ein Berliner."
eine Rede halten
Willy Brandt, Regierender Bürgermeister von Berlin
auf der Tribüne
der Berlin-Besuch
an der Mauer

_Dieses Bild zeigt John F. Kennedy während ..._____

_____

_____

[1]**ein Gebiet** eine Region [2]**ein Grundstück** ein Stück Boden/Land, das jemandem gehört

_____

_____

Bild 2

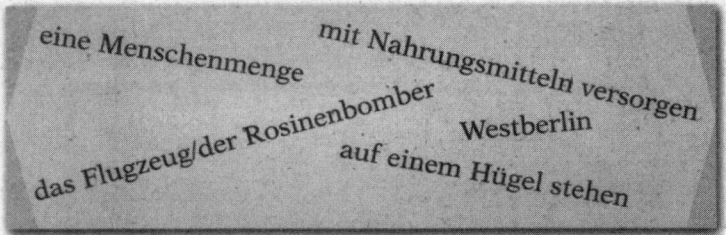

eine Menschenmenge   mit Nahrungsmitteln versorgen

das Flugzeug/der Rosinenbomber   Westberlin

auf einem Hügel stehen

_____

_____

_____

_____

_____

Bild 3

vor dem Brandenburger Tor

auf der Mauer stehen

der Fall der Mauer

_____
_____
_____
_____
_____

Bild 4

die Wirtschaftspolitik der DDR

gegen die kommunistische Regierung demonstrieren

Ostberlin

der Volksaufstand

_____
_____
_____
_____
_____

Bild 5

einen Aufstand[2] blutig niederschlagen[3]

sowjetische Panzer[1] und Soldaten

_____

_____

_____

_____

_____

Bild 6

[1]**der Panzer** ein Armeefahrzeug   [2]**der Aufstand** die Rebellion   [3]**niederschlagen** beenden

Name _____ Kurs _____ Datum _____

der französische Sektor   Hans Conrad Schumann
der DDR-Grenzsoldat
über den Stacheldraht springen   die Grenze bewachen
der sowjetische Sektor   das Gewehr wegwerfen

_____

_____

_____

_____

BRD und DDR: zwei unterschiedliche politische und wirtschaftliche Systeme

Üb. 5 zu Textbuch S. 305, Aufg. 2

⑤ **Wortschatz** Schreiben Sie die Wörter aus dem Kasten in der richtigen Form in die Sätze.

der garantierte Arbeitsplatz   der volkseigene Betrieb
die Reisefreiheit
die SED (Sozialistische Einheitspartei Deutschlands)
die Planwirtschaft   das Ostblockland

a. In sozialistischen Staaten gibt es keine privaten Firmen. Alle Betriebe[1] gehören dem

Staat bzw. den Staatsbürgern. Man nennt diese Unternehmen[2] _____.

b. Es gibt in sozialistischen Staaten nur eine einzige Partei. In der DDR hieß diese Partei

_____.

c. In sozialistischen Staaten wird nicht so viel produziert, wie gebraucht wird, sondern so

viel, wie der Arbeitsplan vorgibt. Die Arbeitspläne werden einmal im Jahr überarbeitet.

Dieses wirtschaftliche Modell nennt man _____.

_____
[1]**der Betrieb** die Firma   [2]**das Unternehmen** die Firma

d. In sozialistischen Staaten sind alle Menschen gleich und allen wird ein Arbeitsplatz

gegeben: Alle Männer und auch alle Frauen haben einen _____.

e. Die DDR-Bürger durften nicht frei reisen. Urlaub durften sie nur in anderen

_____ machen. Reisen in den Westen waren nur sehr begrenzt erlaubt.

Es gab in der DDR keine _____.

B Rotkäppchen: ein Märchen?

Die Website der Firma Rotkäppchen

📖 Üb. 1 & 2 zu Textbuch S. 308, Aufg. 3

1. **Wortschatz: Wirtschaftsdeutsch** Notieren Sie Ausdrücke, die
die gleiche Bedeutung haben.

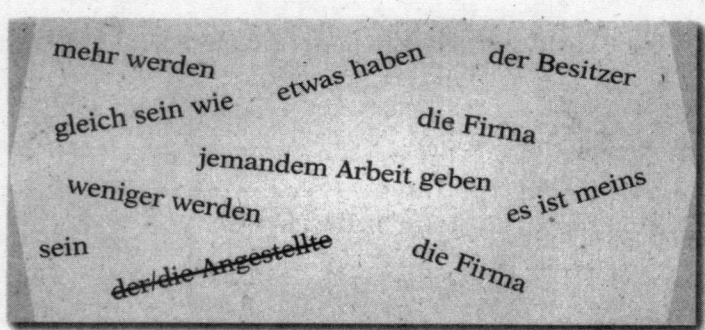

mehr werden   etwas haben   der Besitzer

gleich sein wie   die Firma

jemandem Arbeit geben

weniger werden   es ist meins

sein   ~~der/die Angestellte~~   die Firma

Rotkäppchen Sekt

a. der/die Beschäftigte = ____der/die Angestellte____

b. jemanden beschäftigen = _____

c. sich belaufen auf = _____

d. entsprechen = _____

e. das Unternehmen = _____

f. ansteigen = _____

g. etwas besitzen = _____

    h. zurückgehen = _____

    i. der Betrieb = _____

    j. der Eigentümer = _____

    k. etwas gehört mir (gehören + *Dat.*) = _____

2 **Wortschatz** Setzen Sie die Wörter aus dem Kasten in der richtigen Form und Zeit in den Text ein.

gehören (zu)   zurückgehen   der Umsatz   der/die Beschäftigte, -n
beschäftigen   arbeiten   sich belaufen (auf)   sich belaufen (auf)
der/die Beschäftigte, -n   gehören   beschäftigen   besitzen
der Umsatz   verkaufen   der/die Beschäftigte, -n   der Umsatz
entsprechen   (an)steigen   gehören   zurückgehen   der Absatz
(an)steigen

Vor der Wende 1989 _____*gehörte*_____ [a] die Firma Rotkäppchen zu dem zentral

geleiteten VEB Kombinat Spirituosen, Wein und Sekt in Berlin. Das Unternehmen

_____ [b] ungefähr 360 Leute, der Absatz _____ [c] auf 14,3 Millionen

Flaschen und der _____ [d] auf 248,1 Millionen Mark[1]. Im Jahr 1989, im Jahr

der Wende, veränderte sich die Situation: Zunächst _____ [e] der Absatz dem

Absatz des Vorjahres, gegen Ende des Jahres _____ [f] Rotkäppchen aber sehr

viel weniger Flaschen und der Umsatz _____ [g]. 1990 wurde die Treuhand

gegründet, die die staatlichen Unternehmen der DDR privatisieren und sanieren sollte. Das

bedeutete einen Rückgang der _____ [h], da wirtschaftlich gesehen zu viele

Menschen in der Firma _____ [i] worden waren. Da die Ostdeutschen nach der

Wiedervereinigung lieber Sekt aus dem Westen kaufen wollten, _____ auch

Absatz und Umsatz stark _____ [j]. 1991 _____ [k] der Absatz nur

noch auf 5,7 Millionen Flaschen und es arbeiteten nur noch 66 _____ [l] und

vier Azubis bei Rotkäppchen. Die Firma _____ [m] immer noch der Treuhand.

_____
[1]**Mark** *hier:* Ostmark (die Währung der DDR)

Seit 1993 _____n die Geschäftsleitung, deren Geschäftsführer Gunter Heise

ist, 60% des Unternehmens und 40% _____o der Familie Eckes-Chantré.

1993 _____p der Absatz des jetzt privaten Unternehmens auf 10 Millionen

Flaschen und der _____q auf 58 Millionen Mark an. 2003

_____r der _____s sogar auf 103,1 Millionen Flaschen und

der _____t auf 340,5 Millionen Euro an. 2003 _____u 383

_____v bei Rotkäppchen.

Die Rache des Ostens

📖 Üb. 3 & 4 zu Textbuch S. 310, Aufg. 2

③ Aktiv oder Passiv? Schreiben Sie Sätze. Entscheiden Sie, ob das Aktiv oder das Passiv jeweils sinnvoller ist.

a. Rotkäppchen-Mumm / sein / heute / mit einem Marktanteil von rund 25% / der Marktführer unter den Schaumweinproduzenten

   Rotkäppchen-Mumm ist heute mit einem Marktanteil von 25% der Marktführer unter den

   Schaumweinproduzenten.

b. Rotkäppchen / gründen / vor rund 150 Jahren / in Ostdeutschland

   _____

   _____

c. zu DDR-Zeiten / sein / Rotkäppchen / ein mittelgroßer Betrieb mit weit über 300 Beschäftigten

   _____

   _____

d. 1989 / beginnen / schlechte Zeiten für Rotkäppchen

   _____

   _____

e. nach der Wende / verwalten / Rotkäppchen / zunächst / die Treuhand

   _____

   _____

f. Heise / ernennen / 1991 / zum Geschäftsführer von Rotkäppchen

_____

_____

g. 1993 / kaufen / Heise / zusammen mit drei Kollegen / 60% des Unternehmens Rotkäppchen

_____

_____

h. investieren / und / sanieren

_____

i. Gunter Heise / übernehmen / 2002 / die westdeutschen Sektmarken Mumm und MM

_____

_____

j. Heise / verleihen / das Bundesverdienstkreuz / für seine Leistung

_____

_____

k. Heise / feiern / auch im Ausland / als ostdeutscher Vorzeigesanierer

_____

_____

4 **Relativsätze** Beenden Sie die Sätze mit dem passenden Relativsatz. Setzen Sie auch das Relativpronomen ein.

Satzanfänge:

a. Rotkäppchen ist ein rund 150 Jahre altes Unternehmen, _____4_____.

b. Nach der Wende hatte die Firma Schwierigkeiten gegen die Westmarken, _____,

zu konkurrieren.

c. Viele ostdeutsche Betriebe wurden nach der Wende, _____, geschlossen.

d. Während der Zeit, _____, sank der Absatz dramatisch.

e. Die Treuhand ist eine öffentliche Institution, _____.

f. Gunter Heise wurde von der Treuhand, _____, zum Geschäftsführer der Kellerei Rotkäppchen ernannt.

g. Gunter Heise, _____, machte aus Rotkäppchen ein erfolgreiches Unternehmen.

h. 1993 kaufte Heise zusammen mit drei Kollegen 60% der Firma, _____.

i. Gunter Heise ist der Geschäftsführer der Kellerei Rotkäppchen, _____.

j. Heise, _____, ist ein sozial denkender Geschäftsmann.

k. Sein Ziel ist es, Rotkäppchen-Sekt, _____, zu einer gesamtdeutschen Marke zu machen.

Relativsätze:

1. ... _____ die Treuhand zum Geschäftsführer ernannte

2. ... _____ bisher hauptsächlich im Osten getrunken wird

3. ... zu _____ die DDR-Bürger lieber griffen[1]

4. ... ___*dessen*___ Gründer Matheus Müller ist

5. ... in _____ Rotkäppchen von der Treuhand verwaltet wurde

6. ... von _____ die ehemaligen volkseigenen Betriebe privatisiert und saniert werden sollten

7. ... für _____ er sein Haus als Sicherheit gab

8. ... _____ die Wirtschaft in Ostdeutschland sehr veränderte

9. ... von _____ 2002 die westdeutschen Marken Mumm und MM überraschend übernommen wurden

10. ... _____ das Bundesverdienstkreuz verliehen wurde

11. ... _____ von 1990–1994 bestand

---

[1]**greifen zu** *hier:* kaufen

📖 Üb. 5 zu Textbuch S. 315, Aufg. 4

⑤ Schreiben Fassen Sie den Artikel „Die Rache des Ostens" (S. 311 ff im Textbuch) zusammen, indem Sie die Ausdrücke aus dem Kasten benutzen.

> Geld zusammenkratzen (kratzte ... zusammen, zusammengekratzt)
>
> den Kaufpreis aufbringen (brachte ... auf, aufgebracht)
>
> (raus)fliegen (aus einer Firma) (flog ... raus, ist ... rausgeflogen)
>
> ~~eine Firma/Marke übernehmen (übernahm, übernommen)~~
>
> niemanden entlassen (entließ, entlassen)
>
> ein Produkt/eine Marke abstoßen (stieß ... ab, abgestoßen)
>
> scheitern (ein Geschäft) (scheiterte, ist ... gescheitert)
>
> etwas hinnehmen müssen (nahm ... hin, hingenommen)

Gunter Heise, der Geschäftsführer von Rotkäppchen, hat 2002 die beiden Sektmarken Mumm

und MM übernommen. _____

_____

_____

_____

_____

_____

_____

_____

_____

_____

_____

_____

_____

_____

6 Indirekte Rede: Verb-Reihen Bilden Sie die Verb-Reihen für die indirekte Rede.

	sollen	haben	verkaufen	fahren
ich	solle		würde ... verkaufen	
du				
er/sie/es/man				fahre
wir		hätten		
ihr				
sie/Sie				

7 Direkte Rede Formen Sie die Sätze in die direkte Rede um. Was hat Gunter Heise wörtlich gesagt?

a. Indirekte Rede: Heise sagte, er wolle niemanden entlassen.

Direkte Rede: „Ich will niemanden entlassen."

b. Indirekte Rede: Es gebe wenige Ausnahmen.

Direkte Rede: _____

_____

c. Indirekte Rede: Zwei gute Leute seien zu viel für eine Stelle.

Direkte Rede: _____

_____

d. Indirekte Rede: Herr Diesler habe selber versucht Mumm und MM zu kaufen.

Direkte Rede: _____

_____

e. Indirekte Rede: Das Geschäft sei aber gescheitert.

Direkte Rede: _____

Gunter Heise (*links*) erhält einen Medienpreis für sein Engagement in Sachsen-Anhalt.

f. Indirekte Rede: Herr Diesler habe den Kaufpreis nicht aufbringen können.

Direkte Rede: _____

g. Indirekte Rede: Er werde sich nun nach einer neuen Stelle umsehen.

Direkte Rede: _____

h. Indirekte Rede: Es könne mit seiner Erfahrung nicht schwer sein, eine neue Stelle zu finden.

Direkte Rede: _____

⑧ Konjunktiv I: Präsens Formen Sie die Sätze in die indirekte Rede um. Was wird über Gunter Heise berichtet?

a. Direkte Rede: „Ich versuche sozial zu handeln."

Indirekte Rede: *Gunter Heise sagte, er versuche sozial zu handeln.* _____

b. Direkte Rede: „Niemand wird entlassen."

Indirekte Rede: _____

c. Direkte Rede: „Der Absatz steigt weiter."

Indirekte Rede: _____

d. Direkte Rede: „Rotkäppchen-Mumm ist der Marktführer der Branche."

Indirekte Rede: _____

e. Direkte Rede: „Rotkäppchen schreibt schwarze Zahlen."

Indirekte Rede: _____

f. Direkte Rede: „Ich will, dass Rotkäppchen sich auch im Westen verkaufen lässt."

Indirekte Rede: _____

g. Direkte Rede: „Rotkäppchen soll eine gesamtdeutsche Sektmarke werden."

Indirekte Rede: _____

h. Direkte Rede: „Ich habe auch schon eine Idee: Integrationsmanagement."

Indirekte Rede: _____

⑨ Konjunktiv I: Vergangenheit Formen Sie die Sätze in die indirekte Rede um. Was wird über Gunter Heise berichtet?

a. Direkte Rede: „Die Treuhand hat mich 1991 zum Geschäftsführer gemacht."

Indirekte Rede: *Gunter Heise sagte, die Treuhand habe ihn 1991 zum Geschäftsführer*

gemacht.

b. Direkte Rede: „1993 habe ich die Firma zusammen mit drei Kollegen gekauft."

Indirekte Rede: _____

_____

c. Direkte Rede: „Ich habe mein Haus als Sicherheit eingebracht."

Indirekte Rede: _____

_____

d. Direkte Rede: „Nach der Wende sah es zunächst sehr schlecht aus."

Indirekte Rede: _____

_____

e. Direkte Rede: „Wir sind damals mit den Flaschen auf den Markt nach Weimar gefahren, um wenigstens ein paar zu verkaufen."

Indirekte Rede: _____

_____

f. Direkte Rede: „Als ich ins Rheingau gefahren bin und die großen Kellereien im Westen gesehen habe, habe ich mich gefragt, was das hier alles noch soll."

Indirekte Rede: _____

_____

g. Direkte Rede: „Aber die Ostalgie machte mir Mut."

Indirekte Rede: _____

h. Direkte Rede: „Vor ein paar Jahren sind wir die Marktführer geworden."

Indirekte Rede: _____

_____

⓿ Konjunktiv I: Futur Formen Sie die Sätze in die indirekte Rede um. Was wird über Gunter Heise berichtet?

a. Direkte Rede: „Ich werde niemanden entlassen."

   Indirekte Rede: *Gunter Heise sagte, er werde niemanden entlassen.* _____

b. Direkte Rede: „Es wird nur ein paar Ausnahmen geben."

   Indirekte Rede: _____

c. Direkte Rede: „Ich werde Rotkäppchen zu einer gesamtdeutschen Marke machen."

   Indirekte Rede: _____

d. Direkte Rede: „Rotkäppchen-Mumm wird der Marktführer bleiben."

   Indirekte Rede: _____

e. Direkte Rede: „Ich werde Integrationsmanagement betreiben."

   Indirekte Rede: _____

⓫ Indirekte Rede Setzen Sie die Pressemitteilung „Rotkäppchen und Berlin–eine stets besondere Beziehung" in die indirekte Rede. Achten Sie auf die Zeit. Entscheiden Sie, ob Sie den Konjunktiv I oder II oder die *würde* + Infinitiv-Konstruktion benutzen müssen.

Rotkäppchen und Berlin–Eine stets besondere Beziehung

Fr., 24.1.2004

Rotkäppchen Sekt und die Hauptstadt Berlin bilden eine Verbindung der besonderen Art. Zu einer stilvollen Feier in Berlin gehört Rotkäppchen einfach dazu. Fragt man, wo die raren Flaschengär-Cuveés der Rotkäppchen Sektkellerei zu haben sind[1], weiß das in Berlin jeder: Inzwischen nicht nur im KaDeWe[2], sondern zugleich in vielen anderen Geschäften–und auch die gehobene[3] Gastronomie serviert ihren Gästen gerne den Weißburgunder Flaschengärung.

Rotkäppchen und Berlin–das hat Historie, auch wenn diese so manches Mal kompliziert war. Damals war es für den Ostberliner schwierig, den Sekt zu kaufen–und für den Westberliner unmöglich. Das änderte sich schon in jener Nacht, als auf der nunmehr[4] durchlässigen[5] Mauer gefeiert wurde: viele tranken Sekt, und viele tranken Rotkäppchen.

Nicht nur für die Rotkäppchen Sektkellerei und den Sekt, mittlerweile einer der führenden in Deutschland, ist seitdem so manches anders geworden. Natürlich gibt es das Rotkäppchen Sortiment heute überall in Berlin und die Berliner haben vielfältige Möglichkeiten, „ihrem" Rotkäppchen zu begegnen.

—In Anlehnung an http://www.rotkaeppchen.de

---

[1]**wo ... zu haben sind** wo man ... kaufen kann [2]**KaDeWe** Kaufhaus des Westens: großes Kaufhaus mit einem sehr guten Lebensmittelgeschäft [3]**gehoben** besser, teurer [4]**nunmehr** jetzt [5]**durchlässig** offen

Umformung in die indirekte Rede:

Die Presseabteilung der Firma Rotkäppchen beschreibt die Beziehung zwischen Rotkäppchen und Berlin so: Sie meinen, Rotkäppchen Sekt und die Hauptstadt Berlin würden eine Verbindung der besonderen Art bilden. Zu einer _____

_____

_____

_____

_____

_____

_____

_____

_____

_____

_____

_____

_____

_____

_____

_____

_____

_____

_____

_____

⑫ Indirekte Rede Setzen Sie die Pressemitteilung „‚Kleine rote Mütze' in China ganz groß" in die indirekte Rede. Achten Sie auf die Zeit. Entscheiden Sie, ob Sie den Konjunktiv I oder II oder die *würde* + Infinitiv-Konstruktion benutzen müssen.

„Kleine rote Mütze" in China ganz groß

Fr., 24.1.2004

Seit gut drei Jahren trinkt man auch in China Rotkäppchen Sekt. Unter dem Markennamen „Xiao Hong Mao", wörtlich „kleine rote Mütze", werden zwei Geschmacksrichtungen[1] exportiert: Zum einen wird Rotkäppchen mild und zum anderen Rotkäppchen Rubin in milder Variante exportiert. Dieser Rubin Sekt wurde eigens[2] für den chinesischen Markt komponiert, denn die Chinesen lieben's süß. Sekt ist im Land des Lächelns[3] noch nicht sehr bekannt. Rotkäppchen hängt deshalb jeder Flasche eine Gebrauchsanleitung[4] um – für den schmerzfreien Genuss.

—Mitteldeutscher Rundfunk

[1]**die Geschmacksrichtung** die Art, wie etwas schmeckt, z.B. süß, sauer, ...
[2]**eigens** extra [3]**das Land des Lächelns** China [4]**die Gebrauchsanleitung** die Erklärung, wie man etwas benutzen soll

Der MDR[1] berichtet, dass _____

_____

_____

_____

_____

_____

_____

_____

_____

[1]**MDR** **M**ittel**d**eutscher **R**undfunk: Fernseh- und Radiosender in Ostdeutschland

Probleme der Wiedervereinigung

Zitate: Probleme der Wiedervereinigung

 Üb. 1 zu Textbuch S. 323, Aufg. 2

① **Indirekte Rede** Setzen Sie die Antworten aus dem Interview „Jetzt müssen wir lernen, die Schrumpfung zu leiten" in die indirekte Rede. Achten Sie auf die Zeit. Entscheiden Sie, ob Sie den Konjunktiv I oder II oder die *würde* + Infinitiv-Konstruktion benutzen müssen.

Mädlerpassage in Leipzig

INTERVIEW: „JETZT MÜSSEN WIR LERNEN, DIE SCHRUMPFUNG[1] ZU LEITEN[2]"

Ostdeutschland steuert auf eine Entvölkerung[3] vor allem ländlicher Gegenden zu. Das belegt eine Studie des Leipziger Leibniz-Instituts für Länderkunde. MDR.DE sprach mit dem Leiter der Studie, Dr. Günter Herfert, über die Abwanderung und die Zukunft der Provinz.

M: Herr Herfert, Ihrer Studie nach entwickeln sich nur vier Regionen im Osten gut. Alle anderen werden massiv Einwohner verlieren. Warum zum Beispiel hat Halle schlechte Karten[4], während Leipzig gute Prognosen bescheinigt werden?

H: Leipzig hat sich ein unglaubliches Image geschaffen. Dabei hat die Stadt auch fast 100.000 Einwohner verloren. Aber sie hat auf alle Probleme positiv reagiert. Das fing an mit der Messe, ging über Porsche und BMW bis zur Olympia-Bewerbung. Außerdem strahlt Leipzig als Universitätsstadt aus. Die Stadt wird sehr positiv gesehen. ... [V]iele Wissenschaftler gehen davon aus, dass die Abwanderung insgesamt geringer bleibt als die Zuwanderung.

M: Sind solche weichen Faktoren wie „Image" so wichtig für eine Stadt? Leipzig hat immerhin über 18 Prozent Arbeitslosigkeit.

H: Was Leipzig auszeichnet, ist etwa die Attraktivität der Arbeitsplätze. Es sind zwar viele Jobs weggebrochen[5], aber eben auch neue attraktive gekommen. Da bewegt sich etwas. Die Menschen glauben an die Stadt. Das ist wichtig. Das muss auch anderswo erreicht werden. Die Städte müssen wieder mehr ins Zentrum der Aufmerksamkeit. Dort muss gebaut werden, nicht im Umland[6]. —Mitteldeutscher Rundfunk

---

[1]**die Schrumpfung** *von* **schrumpfen:** kleiner werden, weniger werden   [2]**leiten** *hier:* organisieren   [3]**die Entvölkerung** die Tendenz der Menschen, aus einer Stadt / einer Gegend wegzuziehen   [4]**schlechte Karten haben** schlechte Chancen haben   [5]**wegbrechen** verloren gehen   [6]**im Umland** auf dem Land, aber in der Nähe der Stadt

Dr. Günter Herfert betont, dass Leipzig sich _____

_____

_____

_____

_____

_____

_____

_____

_____

_____

_____

_____

_____

_____

_____

_____

_____

_____

_____

Üb. 2–5 zu Textbuch S. 323, Strukturen

② **Alternativen zum Konjunktiv I** Formulieren Sie die Aussagen von Herrn Dr. Herfert aus Übung 1 indirekt. Benutzen Sie aber Alternativen zum Konjunktiv I bzw. II oder der *würde* + Infinitiv-Konstruktion. Die Alternativen sind zunächst für Sie angegeben, wählen Sie danach selbst.

a. „Leipzig hat sich ein unglaubliches Image geschaffen."

   Laut Dr. Günter Herfert hat sich Leipzig ein unglaubliches Image geschaffen. _____

b. „Die Stadt Leipzig hat auch fast 100.000 Einwohner verloren."

   Ihm zufolge _____

c. „Aber die Stadt hat auf alle Probleme positiv reagiert."

   Nach Aussage von Dr. Herfert _____

d. „Die Stadt wird sehr positiv gesehen."

   Nach Angaben von Herrn Herfert _____

e. „Viele Wissenschaftler gehen davon aus, dass die Abwanderung insgesamt geringer bleibt als die Zuwanderung."

Gemäß seinen Angaben

_____

_____

f. „Was Leipzig auszeichnet, ist die Attraktivität der Arbeitsplätze."

_____

_____

g. „Da bewegt sich etwas und die Menschen glauben an die Stadt."

_____

_____

h. „Das muss auch anderswo erreicht werden."

_____

_____

i. „Die Städte müssen wieder mehr ins Zentrum der Aufmerksamkeit."

_____

_____

j. „Dort muss gebaut werden, nicht im Umland."

_____

_____

❸ Alternativen zum Konjunktiv I

A. Lesen Sie den Text „Diagnose Ärztemangel–Heilung ungewiss". Markieren Sie Konjunktiv I-Formen und Alternativformen zum Konjunktiv I. Bei dieser Aufgabe geht es nicht darum, dass Sie den Text genau verstehen, sondern darum, dass Sie erkennen, wann der Konjunktiv I bzw. wann eine Alternative benutzt wird.

Gesundheitswesen: Diagnose Ärztemangel[1] – Heilung ungewiss
von Andreas Lutz

Anfang April hatte Sachsen-Anhalts Gesundheitsminister Kley behauptet, es gebe in seinem Land keinen Ärztemangel. Mehr noch, es gebe genug Ärztinnen und Ärzte. Mit dieser
5 Einschätzung steht der Minister ziemlich allein da. Denn die Probleme bei der Neubesetzung von Stellen sind groß. Schon heute fehlen vor allem in den ländlichen Regionen Hausärzte. Mit jedem Jahr spitzt sich die Lage
10 zu. Denn es steht ein Generationenwechsel an. Jeder dritte Arzt ist heute älter als 60. In den nächsten fünf Jahren werden sie sich zur Ruhe setzen. Die jungen Ärzte machen aber einen Bogen[2] um die Altmark und den Harz.

15 **Junge Ärzte meiden[3] den Osten**
Nach Auskunft der Kassenärztlichen Vereinigung Sachsen-Anhalt müssen die Ärzte im

[1]**der Mangel** wenn es von etwas zu wenig gibt   [2]**einen Bogen machen um** nicht dorthin wollen   [3]**meiden** nicht dorthin gehen

Osten 20 bis 30 Prozent mehr Patienten betreuen als ihre Kollegen im Westen. Das
20 bedeutet mehr Arbeit. Das wird aber nicht honoriert. Im Vergleich zu Fachärzten im Westen verdienen die Ostärzte rund ein Fünftel weniger. Das führt dazu, dass eine Praxisgründung im Westen wesentlich lukrativer ist:
25 weniger Arbeit, mehr Geld. Deswegen gilt für junge Ärzte wie für einfache Jobsuchende: Wer kann, geht in den Westen.

Die Ursachen dafür liegen nach Ansicht des Referatsleiters der Kassenärztlichen Vereini-
30 gung Brandenburg, Herre, in der Berechnung des hausärztlichen Bedarfs zu Beginn der 90er Jahre. Als Grundlage seien damals die Ausgaben der ersten Jahreshälfte 1992 herangezogen worden. Damals aber war das Hausarzt-
35 system im Osten gerade im Aufbau. Vieles, was heute in der ambulanten Behandlung zum Standard gehört, wurde in Krankenhäusern durchgeführt. Aus diesem Grund wurde für Ostärzte ein deutlich geringeres Budget errechnet.

40 Die Folgen sind bereits heute in den ländlichen Regionen Ostdeutschlands zu spüren. Nach Berechnungen der Kassenärztlichen Bundesvereinigung (KBV) fehlen[4] dort 631 Fachärzte. Nach Angaben des
45 zuständigen Referatsleiters, Kopetsch, müssten sich allein in Sachsen-Anhalt 212 Ärzte niederlassen[5], um eine hundertprozentige Versorgung zu erreichen. Davon sind einige Landstriche weit entfernt. Fällt der Ver-
50 sorgungsgrad unter 75 Prozent, sind die Kassenärztlichen Vereinigungen laut Gesetz verpflichtet, tätig zu werden.

Ernstfall im Saalkreis
Im Saalkreis ist der Ernstfall bereits einge-
55 treten. Daraufhin schrieb die KV Sachsen-

Anhalt zwei Hausarztstellen aus und gab eine auf ein Jahr befristete Verdienstgarantie ab. Nach Angaben des stellvertretenden Hauptgeschäftsführers Wenger handelte es
60 sich dabei um eine Art Anschubfinanzierung. Die KV hatte Erfolg. Auf die Anzeige meldeten sich Interessenten. Inzwischen arbeitet einer der Ärzte bereits. Mit einem anderen werde noch verhandelt. Der Ver-
65 sorgungsgrad liegt allerdings immer noch bei 74,2 Prozent.

Das Beispiel Saalkreis zeigt, dass finanzielle Anreize[6] durchaus eine Rolle spielen bei der Entscheidung, eine Praxis[7] zu eröffnen. Feh-
70 len sie, wandern viele Absolventen ab in die Pharmaindustrie, zu den Krankenkassen oder ins Ausland.

„Wir ändern nichts"
Bei der Gesundheitsreform sind Regierung
75 und Opposition dieser Forderung ein wenig nachgekommen. Angesichts der Schere von knapp 20 Prozent spricht Herre von einem Tropfen auf den heißen Stein. Sollte das Tempo nicht bald erhöht werden, werde es im
80 Osten schon bald dazu kommen, dass große Teile der Bevölkerung nicht mehr medizinisch versorgt würden.

Eine rasche Angleichung an das West-Niveau erscheint bei der gegenwärtigen Interessen-
85 lage von Kassen und Politik unrealistisch. Erst kürzlich erklärte Gesundheitsministerin Schmidt lapidar: „Wir ändern nichts." Darum dürfte die Eingabe des Bundesausschusses kaum Chancen auf Erfolg haben. Nach Aus-
90 kunft des Ministeriums wird die Eingabe von einer Arbeitsgruppe geprüft. Es gebe keine Terminfristen.

—Mitteldeutscher Rundfunk

---

[4]**fehlen** nicht da sein; es gibt sie dort nicht [5]**sich niederlassen** dorthin ziehen, dort arbeiten, eine Praxis gründen [6]**der Anreiz** die Motivation [7]**die Praxis** die „Firma" von einem Arzt

B. Schreiben Sie die Formen in die Tabelle.

Konjunktiv I-Formen (bzw. Konjunktiv II oder *würde* + Infinitiv)	Alternativformen
Zeile 2: es gebe	

C. Beantworten Sie dann die Fragen.

a. Wann benutzt man den Konjunktiv I (bzw. Konjunktiv II, *würde* + Infinitiv)?

_____

b. Welche einleitenden Verben kann man benutzen?

behaupten, _____

c. Wann benutzt man Alternativformen zum Konjunktiv I? Welche Zeit folgt diesen Formen im Satz?

_____

_____

4 **Schreiben** Sie sind Journalist/Journalistin. Schreiben Sie einen kurzen Artikel über die allgemeine Situation in Ostdeutschland. Benutzen Sie die Informationen, die Sie in dieser Einheit bekommen haben. Geben Sie auch Zitate in der indirekten Rede wieder. Die Ausdrücke im Kasten können Ihnen helfen.

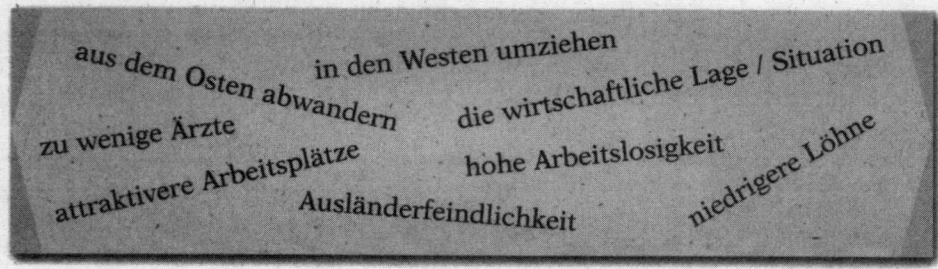

aus dem Osten abwandern   in den Westen umziehen   die wirtschaftliche Lage / Situation   zu wenige Ärzte   attraktivere Arbeitsplätze   hohe Arbeitslosigkeit   niedrigere Löhne   Ausländerfeindlichkeit

_____

_____

_____

_____

_____

_____

_____

_____

_____

_____

_____

5 **Relativsätze:** *Good bye Lenin!* Setzen Sie die Relativpronomen ein.

Good bye Lenin! ist ein deutscher Film aus dem Jahr 2003, _____*der*_____ [a] von der Zeit kurz

vor und kurz nach der Wiedervereinigung handelt. Viele der Themen, _____ [b] in

dieser Einheit besprochen wurden, kommen auch im Film vor. Lesen Sie die

Zusammenfassung:

Christiane, _____ [c] Mann vor einigen Jahren in den Westen geflüchtet ist, hat

kurz vor dem Mauerfall einen Herzinfarkt, nach _____ [d] sie ins Koma fällt. Während

sie im Koma liegt, fällt die Mauer, _____ [e] 40-jähriger Geburtstag gerade gefeiert

wurde. Alex, Christianes Sohn, _____ [f] sich im Krankenhaus in die

Krankenschwester Lara verliebt, wartet jeden Tag an Christianes Bett, bis sie aufwacht. An

dem Tag, an _____ [g] Alex und Lara sich zum ersten Mal küssen, wacht Christiane

auf. Sie darf nichts vom Ende der DDR erfahren, in _____ [h] sie 40 Jahre lang gelebt

hat. Das würde ihrem Herzen, _____ [i] immer noch schwach ist, schaden. Sie will

aber nicht im Krankenhaus bleiben, in _____ [j] sie sich nicht wohl fühlt, sondern

lieber nach Hause fahren. Die Wohnung, _____ [k] Einrichtung sich aber in den

letzten Monaten stark verändert hat, muss nun umdekoriert werden. Christianes Zimmer

ist das Zimmer, in _____ [l] nun eine Sonnenbank steht. Christianes Möbel, _____ᵐ schon auf dem Sperrmüll stehen, müssen wieder zurückgeholt werden. Der

Blick, _____ⁿ sie aus ihrem Bett hat, muss auch kontrolliert werden. Außerdem

möchte sie Nachrichten sehen, _____ᵒ sie nicht sehen soll. Nun erfindet Alex eine

DDR, _____ᵖ er vielleicht gerne gehabt hätte.

   Es ist ein lustiger und gleichzeitig dramatischer Film entstanden, _____ᑫ viele

Preise gewonnen hat und _____ʳ auch viele Menschen im Ausland gesehen haben,

_____ˢ sonst nur wenige deutsche Filme sehen können, da viele deutsche Filme,

_____ᵗ produziert werden, nicht gut genug sind, um ins Ausland, _____ᵘ ja

selbst genug Filme hat, zu kommen.

EINHEIT 10

Lola rennt

Ein Film der 90er Jahre

A Arbeit mit dem Film

Erste Sequenz: Das Telefongespräch

 Üb. 1 zu Textbuch S. 331, Aufg. 2

1 **Wortschatz: Umgangssprachliche Aussprüche** Lesen Sie die Aussprüche und vervollständigen Sie die Aussagen logisch.

„Haben sie dich erwischt?"

„Ich hab's verbockt."

Aussprüche:

Halt die Klappe!   Mir fällt was ein, ich schwör's!
Ich hab's verbockt.   Du spinnst!
Haben sie dich erwischt?   Lass uns abhauen!
~~Hast du 'nen Knall?~~   Ich krieg' Schiss!
Der bringt mich um!   Is' doch egal!

Aussagen:

a. „Du willst eine Bank überfallen? _____ *Hast du 'nen Knall?* _____ "

b. „Sag nicht so was Schreckliches! _____ "

c. „_____ Ich will jetzt wirklich nicht

darüber reden. Es ist im Moment auch nicht wichtig."

d. „Ich habe sein Geld verloren. _____ "

e. „Du bist mit so viel Bargeld U-Bahn gefahren? _____ "

f. „Ich wollte es wirklich gut machen, aber _____ "

g. „Wir sollten nicht hier bleiben. _____ "

h. „Was du sagst, nervt mich! _____ "

i. „Lass mich einen kleinen Moment überlegen. _____ "

j. „Was ist denn passiert? _____ "

> 📖 Üb. 2 zu Textbuch S. 332, Aufg. 3

② Wortschatz: Filmsequenz 1 Setzen Sie die Wörter im Kasten in der richtigen Form in den Text ein.

> ~~zu Hause~~   aussteigen   kriegen   unpünktlich   nehmen
> der Taxifahrer   überfallen   tätigen   der Obdachlose   verzweifelt
> versprechen   Kontrolleur, -e   verbocken   die Plastiktüte   spannend   abhauen
> stehlen (hat ... gestohlen)   die Telefonzelle   der Auftraggeber   werden   abholen
> der Penner   die Fahrkarte   hinfallen   warten auf   sein

Die Situation: Manni und Lola telefonieren aufgeregt miteinander. Lola ist

_____ *zu Hause* _____ ᵃ, Manni ist in einer _____ ᵇ. Manni ist

_____ ᶜ, weil er einen Auftrag von seinem Chef, dem Kriminellen Ronni,

_____ _____ d. Das alles sei nur passiert, meint Manni, weil Lola

_____ e gewesen sei. Lola ist zu spät gekommen, weil jemand ihr Moped

_____ _____ f, so dass sie ein Taxi nehmen musste. Der

_____ g ist dann in den falschen Stadtbezirk gefahren, weil es zwei

Grunewaldstraßen in Berlin gibt. Lola sollte Manni _____ h, nachdem dieser

seine kriminellen Geschäfte _____ _____ i. Aber Lola war zu spät und

Manni wollte nicht länger _____ Lola _____ j und hat die U-Bahn

_____ k. Dort war ein _____ l, der _____

_____ m. Als Manni ihm helfen wollte, sind _____ n gekommen und

Manni _____ _____ o, weil er, wie immer, keine _____ p

hatte. Als er auf dem Bahnsteig war, ist ihm die _____ q wieder eingefallen,

in der das Geld für seinen _____ r war. Er hatte sie auf die Sitzbank gestellt,

um dem _____ s helfen zu können. Nun hat dieser die 100.000 Mark, die

Manni in 20 Minuten Ronni geben muss. Lola schlägt vor _____ t, aber

Manni meint, Ronni würde sie auf jeden Fall _____ u. Daraufhin

_____ v Lola eine Lösung für dieses Problem zu finden, aber Manni sagt,

er _____ w den Supermarkt _____ x, wenn Lola um Punkt

zwölf Uhr nicht bei ihm _____ y. Nun beginnt ein _____ z

Wettlauf (m.) gegen die Zeit.

📖 Üb. 3 & 4 zu Textbuch S. 334, Strukturen

3 **Negation** Schreiben Sie das Wort *nicht* an die richtige Stelle im Satz.

         nicht
a. Manni ist heute | glücklich.

b. Er hat das Geld, das er in 20 Minuten Ronni geben muss.

c. Lola war heute pünktlich.

d. Manni hat auf Lola gewartet.

e. Lola konnte ihr Moped benutzen.

f. Manni wusste, was er tun soll.

g. Manni hat für die U-Bahn bezahlt.

h. Manni war konzentriert.

i. Der Obdachlose hat sich festgehalten.

j. Manni hat an das Geld gedacht, als er ausgestiegen ist.

k. Der Obdachlose kann sein Glück fassen.

l. Ronni wird den Verlust des Geldes tolerieren.

m. Er will das Geld später als verabredet haben.

n. Lola sagt, Manni soll den Supermarkt überfallen.

o. Lola gibt auf[1].

p. Manni sagt, dass er länger als bis 12 Uhr auf Lola warten wird.

q. Manni glaubt, dass Lola ihm helfen kann.

r. Auf Mannis Telefonkarte ist viel Geld.

4 **Negation** Schreiben Sie die Negationswörter *nicht, nichts, kein-, niemand-, nie/niemals, nirgendwo/nirgends* und *kaum* in die Lücken.

a. Manni war noch _____ *nie* _____ so verzweifelt.

b. Manni kennt _____, der ihm helfen kann.

c. _____ ist der Obdachlose, der das Geld hat, zu finden.

d. Außer Lola hilft ihm _____.

e. Er scheint _____ Chance zu haben, seinen Fehler wieder gutzumachen.

f. Es gibt _____, was er tun kann, außer auf Lola zu warten oder den

Supermarkt zu überfallen.

_____
[1]**aufgeben** resignieren

g. Lola hat _____ Ahnung, wie sie Manni helfen kann, aber sie schwört,

dass ihr etwas einfallen wird.

h. Lola will _____, dass Manni den Supermarkt überfällt.

i. Lola hat _____ Zeit, das Geld zu besorgen, nur genau 20 Minuten.

j. Der Obdachlose hat _____ Ahnung, warum er heute so viel Glück hat.

k. _____ auf der Welt kann ihm diesen Tag verderben[1].

l. Nun muss er _____ mehr auf der Straße leben.

Üb. 5 zu Textbuch S. 335, Aufg. 7

5 **Negation, Konjunktiv II** Beantworten Sie die Fragen. Benutzen Sie Negationswörter, wo nötig.

a. Wollten Sie einen Kriminellen als Freund haben?

Nein, ich wollte keinen Kriminellen als Freund haben. _____

b. Würden Sie für einen Kriminellen arbeiten?

_____

_____

c. Würden Sie illegale Dinge machen?

_____

_____

d. Haben Sie schon einmal etwas Illegales gemacht?

_____

_____

e. Würden Sie schwarzfahren?

_____

_____

f. Würden Sie einem Kriminellen helfen?

_____

_____

_____
[1]**verderben** ruinieren

g. Würden Sie mit 100.000 Mark Bargeld in der Tasche mit der Bahn fahren?

_____

_____

h. Könnten Sie Mannis Problem lösen?

_____

_____

Zweite Sequenz: Handlungsvariante 1

Üb. 6 & 7 zu Textbuch S. 337, Aufg. 3

6 **Orts- und Richtungsangaben** Ergänzen Sie die Präpositionen und Adverbien *nach, bis, über, entlang, durch, hinauf, hinunter, an ... vorbei, unter ... (hin)durch* und *um*. Einige Präpositionen müssen Sie mehrfach benutzen.

a. _____*über*_____ einen Platz laufen

b. _____ den Hof rennen

c. die Treppe _____ laufen, _____ laufen

d. _____ eine Brücke laufen

e. die Straße _____ laufen

f. _____ die Ecke rennen

g. _____ der Kirche _____ laufen

h. an einer Mauer _____ laufen

i. _____ zur Bank laufen

j. _____ links/rechts rennen

k. _____ einem Friedhof _____ laufen

l. _____ der Hochbahn _____ rennen

7 **Orts- und Richtungsangaben** Stellen Sie sich vor, Sie wären Lola. Beschreiben Sie Ihren Weg anhand der Bilder. Nehmen Sie den Wortschatz im Kasten zu Hilfe.

Präpositionen	Nomen	Verben
an	die Bank	entlanglaufen/-rennen
(bis) zu	die Brücke	(hin)durchlaufen/-rennen
durch	die Ecke	hinunterlaufen/-rennen
über	die Einfahrt	laufen
um	die Hochbahn	rennen
unter	der Hof	überqueren
	die Mauer	vorbeilaufen/-rennen
	die Straße	
	die Treppe	

a.

b.

c.

d.

e.

f.

g.

h.

i.

j.

a. *Ich laufe die Treppe des Hauses hinunter.* _____

b. _____

c. _____

d. _____

e. _____

f. _____

g. _____

h. _____

i. _____

j. _____

Üb. 8 zu Textbuch S. 338, Aufg. 5

8 **Wortschatz: Filmsequenz 2 zusammenfassen** Nehmen Sie die Ausdrücke zu Hilfe und fassen Sie die zweite Filmsequenz zusammen.

~~jemanden um Hilfe/Geld bitten~~

die Geliebte

schwanger

kein Verständnis haben für

rauswerfen

nach der Uhrzeit fragen

um Punkt zwölf Uhr

sich verspäten

warten auf

den Supermarkt überfallen

aufpassen

die Kassen ausräumen

wegrennen

von der Polizei verfolgt werden

erschossen werden

Lola beschließt, ihren Vater um Hilfe zu bitten. _____

_____

_____

_____

_____

_____

_____

_____

_____

_____

_____

_____

_____

_____

📖 Üb. 9–11 zu Textbuch S. 338, Strukturen

---

⑨ Modalpartikeln Lesen Sie die Sätze und kreuzen Sie jeweils an, zu welchem Zweck die Modalpartikeln benutzt werden.

a. Die Geliebte von Lolas Vater sagt: „Wenn ich nachts nicht schlafen kann, dann frag' ich mich ‚Was mach' ich hier <u>eigentlich</u>?' Soll ich schlaflose Nächte haben, wegen einem Mann, der nicht zu mir stehen will?"

   ☐ 1. Sie möchte ihre Aussage freundlicher machen.

   ☐ 2. Sie drückt aus, dass sie mit etwas nicht zufrieden ist.

b. Auf die Frage, warum Manni stirbt, wenn Lola das Geld nicht bekommt, antwortet Lola ihrem Vater: „Ist <u>doch</u> egal!"

   ☐ 1. Die Modalpartikel signalisiert Ungeduld.

   ☐ 2. Lola will ihre Überraschung über die Frage ausdrücken.

c. „Könntest du mir etwas Geld leihen?" „<u>Eigentlich</u> verleihe ich mein Geld nicht gern."

   ☐ 1. Man möchte die negative Antwort freundlicher machen.

   ☐ 2. Man signalisiert Ungläubigkeit.

d. Als Lola endlich am Supermarkt ankommt, sagt Manni: „Wo warst du <u>denn</u>? Du kommst zu spät!"

   ☐ 1. Er drückt seine Überraschung aus.

   ☐ 2. Er signalisiert Ungeduld.

e. „Entschuldigung, ich glaub', ich muss <u>mal</u> kurz stören, is' ganz dringend."

    ❏ 1. Man will ausdrücken, dass etwas nicht lange dauern wird.

    ❏ 2. Man signalisiert Unzufriedenheit.

f. Lola sieht ihren Vater mit seiner Geliebten und fragt: „Was macht ihr <u>denn</u> hier?" Der Vater antwortet: „Nichts."

    ❏ 1. Lola erkundigt sich freundlich und interessiert danach, was die beiden gerade machen.

    ❏ 2. Lola ist erstaunt[1] darüber, ihren Vater mit einer anderen Frau zu sehen.

g. Lola fragt Manni im Supermarkt: „Können wir nicht schnell abhauen?" und Manni antwortet: „Jetzt nicht mehr, du siehst <u>ja</u> die Scheiße hier!"

    ❏ 1. Manni unterstreicht die Offensichtlichkeit der Situation.

    ❏ 2. Er bejaht[2] Lolas Frage.

h. Lolas Vater sagt: „Deine Lebensversicherung ist <u>doch</u> keine 100.000 wert!"

    ❏ 1. Der Vater möchte seine negative Antwort freundlicher machen.

    ❏ 2. Der Vater unterstreicht die Offensichtlichkeit dieser Tatsache.

⑩ Modalpartikeln: *denn, doch, eigentlich, ja, mal* Lesen Sie die Sätze und setzen Sie eine passende Modalpartikel ein.

a. Sag _____*mal*_____, warum rennt Lola _____?

b. Ihr Moped ist _____ gestohlen worden.

c. Warum nimmt sie _____ nicht den Bus?

d. Das dauert _____ viel zu lange.

e. Warum nimmt sie _____ kein Taxi?

f. Ein Taxi findet man _____ nicht so schnell.

⑪ Modalpartikeln: *denn, doch, eigentlich, ja, mal* Lesen Sie, was Lolas Vater zu ihr sagt oder was er denken könnte und schreiben Sie die Modalpartikeln *denn*, *doch*, *eigentlich*, *ja* und *mal* in die Lücken.

a. Warum _____*denn*_____ich?

b. Wie siehst du _____ aus?!

c. Die spinnt _____.

---

[1]**erstaunt** überrascht [2]**bejahen** mit „ja" antworten

d. Das darf _____ wohl nicht wahr sein!

e. Was will sie _____ bloß mit dem Geld?

f. Du bist _____ nicht ganz bei Trost[1]!

g. Hat die _____ nichts Besseres zu tun?

h. Ich glaube, ich muss _____ ernsthaft mit ihr sprechen.

i. Das ist _____ wohl ein Witz, oder?

j. Die hat _____ den Verstand[2] verloren!

Vierte Sequenz: Handlungsvariante 2

📖 Üb. 12–14 zu Textbuch S. 343, Strukturen

⑫ **Konjunktiv II der Vergangenheit** Schreiben Sie die Konjunktiv II-Formen in die Lücken. Benutzen Sie die angegebenen Verben.

a. Wenn Manni den Auftrag für Ronni erst gar nicht ___*angenommen*___ ___*hätte*___

(annehmen), ___*wäre*___ er nicht in Schwierigkeiten ___*geraten*___ (geraten).

b. Wenn Lola Manni _____ _____ (abholen), _____ er nicht die

U-Bahn _____ (nehmen).

c. Wenn Manni nicht _____ _____ (schwarzfahren), _____ er nicht

überraschend _____ (aussteigen).

d. Wenn der Penner nicht _____ _____ (hinfallen), _____ Manni

die Tasche nicht auf die Bank _____ (legen).

e. Wenn die Kontrolleure nicht _____ _____ (kommen), _____

Manni die Tasche nicht _____ (vergessen).

f. Wenn die Kontrolleure Manni nicht _____ _____ (festhalten),

_____ er wieder _____ (einsteigen).

g. Wenn der Obdachlose die Tasche nicht _____ _____ (sehen),

_____ sie vielleicht noch in der Bahn _____ (sein), als Manni bei der

Bahn angerufen hat.

_____

[1]**nicht ganz bei Trost sein** verrückt sein   [2]**der Verstand** die Intelligenz

13 **Konjunktiv II der Vergangenheit, doppelter Infinitiv** Schreiben Sie die Konjunktiv II-Formen in die Lücken. Benutzen Sie die angegebenen Verben.

a. Wenn Lola Manni _____*abgeholt*_____ _____*hätte*_____ (abholen), ___*hätte*___ Manni nicht

  die U-Bahn _____*nehmen*_____ _____*müssen*_____ (nehmen, müssen).

b. Wenn Manni eine Fahrkarte _____ _____ (kaufen), _____ er

  nicht _____ _____ (aussteigen, müssen).

c. Wenn der Obdachlose nicht _____ _____ (hinfallen), _____

  Manni ihm nicht _____ _____ (helfen, müssen).

d. Wenn die Kontrolleure nicht _____ _____ (kommen), _____

  Manni nicht _____ _____ (aussteigen, müssen).

e. Wenn die Kontrolleure Manni nicht _____ _____ (festhalten),

  _____ er wieder _____ _____ (einsteigen, können).

f. Wenn der Obdachlose die Tasche nicht _____ _____ (sehen),

  _____ sie noch in der Bahn _____ _____ (sein,

  können), als Manni bei der Bahn angerufen hat.

14 **Konjunktiv II der Vergangenheit** Ergänzen Sie die Sätze.

a. Wenn Lola ihr Moped gehabt hätte, _____

  _____

b. _____

  _____ , hätte Herr Meyer keinen Unfall verursacht.

c. Wenn Lola ihren Vater nicht mit seiner Geliebten erwischt hätte, _____

_____

d. Wenn Lola von ihrem Vater das Geld bekommen hätte, _____

_____

e. Wenn Lola pünktlich gewesen wäre, _____

_____

f. _____

_____, hätte die Polizei sie vielleicht nicht erwischt.

g. _____

_____, wäre Lola vielleicht nicht erschossen worden.

> 📖 Üb. 15 zu Textbuch S. 345, Aufg. 7

⑮ Wortschatz: Handlungsvariante Fassen Sie die Handlungsvariante zusammen. Der Wortschatz hilft Ihnen.

jemandem ein Bein stellen	der Bankschalter
die Treppe hinunterfallen	Geld abzählen
sich verletzen	den Rest des Geldes holen
humpeln, hinken[1]	von der Polizei umstellt sein
jemanden mit etwas bewerfen	halten für[2]
der Wachmann	der Bankräuber
jemandem die Pistole wegnehmen	die Kundin
jemanden als Geisel nehmen	pünktlich
etwas verlangen	überfahren werden

Als Lola die Treppe ihres Hauses hinunterläuft, stellt _____

_____

_____

_____

_____

_____

_____

---

[1]**humpeln, hinken** nicht normal gehen, sondern ein Bein weniger benutzen als das andere, weil es verletzt ist
[2]**halten für** verwechseln mit

_____

_____

_____

Üb. 16–18 zu Textbuch S. 346, Strukturen

⑯ Komparativ Notieren Sie die Komparativ-Formen.

a. schnell: _____*schneller*_____　　　　k. stark: _____

b. weit: _____　　　　　　l. groß: _____

c. lang: _____　　　　　　m. gern: _____

d. teuer: _____　　　　　　n. viel: _____

e. hoch: _____　　　　　　o. klein: _____

f. heiß: _____　　　　　　p. gut: _____

g. simpel: _____　　　　　q. nah: _____

h. gesund: _____　　　　　r. intelligent: _____

i. klug: _____　　　　　　s. langsam: _____

j. oft: _____

⑰ Komparativ: Vergleich des ersten und zweiten Szenarios Bilden Sie die Komparativ-Formen der Adjektive in Klammern. Einige Male wird die Komparativ-Form als attributives Adjektiv benutzt, also vor einem Nomen. Fügen Sie, wo nötig, eine Adjektivendung hinzu.

Im ersten Szenario läuft Lola ein bisschen _____*schneller*_____ ᵃ (schnell) als im

zweiten. Der Grund dafür ist der Junge im Treppenhaus, der im zweiten Szenario

_____ ᵇ (gemein) ist. Er stellt Lola ein Bein und sie fällt die Treppe

hinunter und verletzt sich den Fuß. Deshalb muss sie _____ ᶜ (langsam)

laufen. Aus diesem Grund kommt sie auch etwas _____ ᵈ (spät) zu der

Einfahrt, aus der Herr Meyer herauskommt. Für Herrn Meyer ist das Ergebnis

allerdings dasselbe.

　　Weil sie auch ein wenig _____ ᵉ (spät) zu ihrem Vater kommt, ist die

Unterhaltung ihres Vaters mit seiner Geliebten ein bisschen _____ ᶠ (weit) fortgeschritten und auch _____ ^g (laut). Es haben sich auch

_____ ^h (viel) Leute vor der Tür versammelt um zuzuhören. Da Lolas Vater auf-

grund des Streites _____ ⁱ (wenig) Lust und Zeit hat, sich mit Lola zu beschäfti-

gen, versucht er sie loszuwerden, indem er ihr etwas Geld geben will. Sie braucht aber viel

_____ ^j (viel) Geld!

    Da ihr Vater im zweiten Szenario keine Zeit hat, sich ihr Problem anzuhören, wird Lola

dieses Mal _____ ^k (wütend) und auch _____ ^l (entschlossen) als im

ersten Szenario. Sie geht zurück zu dem Wachmann und nimmt ihm die Pistole weg.

Danach geht sie zurück zu ihrem mittlerweile noch _____ ^m (gestresst) Vater

und nimmt ihn als Geisel. Sie gehen zum Schalter um das Geld zu holen, aber dort ist

_____ ⁿ (wenig) Geld als Lola braucht. Der Rest muss erst noch aus dem

_____ ^o (weit) entfernten Keller geholt werden. Schließlich hat sie, was sie

braucht und kommt auch _____ ^p (früh) bei Manni an, als beim ersten Mal.

Leider hat Manni diesmal _____ ^q (groß) Pech (*n.*) als im ersten Szenario, denn

er wird von einem Krankenwagen überfahren.

⑱ Komparativ: Handlungsvarianten 1 und 2 Bilden Sie, wo nötig, die Komparativ-Formen der Adjektive in Klammern und schreiben Sie sie in die Lücken. Einige Male wird die Komparativ-Form als attributives Adjektiv benutzt, also vor einem Nomen. Fügen Sie, wo nötig, eine Adjektivendung hinzu. Schreiben Sie auch *als* oder *wie* in die Lücken.

Das erste Szenario hat mir _____ *besser* _____ ^a (gut) gefallen _____ *als* _____ ^b das

zweite, weil Lola in dieser Version nicht kriminell geworden ist. Aber natürlich ist die

erste Version genauso _____ ^c (traurig) _____ ^d die zweite.

Ich finde das erste Szenario auch _____ ^e (realistisch), denn es ist

_____ ^f (wahrscheinlich), dass der kriminelle Manni den Supermarkt

überfällt, _____ ^g dass Lola, die eigentlich nicht kriminell ist, ihren Vater

als Geisel nimmt.

    Das _____ ^h (lustig) Szenario ist meiner Meinung nach das zweite,

weil die Polizei nicht versteht, dass Lola die Bankräuberin ist und sie wegschickt. Die _____i (spannend) Version ist vielleicht auch Nr. 2, weil lange unklar ist, ob

Lola das Geld bekommen wird oder nicht. Version 2 finde ich auch _____j

(interessant), denn man kann deutlich sehen, welche großen Folgen ein kleiner Unterschied

haben kann. Wenn Lola ein bisschen _____k (langsam) gelaufen wäre, wäre

sie _____l (spät) zu ihrem Vater gekommen und die Geliebte hätte

_____m (viel) Zeit gehabt _____n vorher. Dann wäre Lola

_____o (wütend) geworden und sie hätte _____p (groß)

Mengen Möbel zerstört. Aber letztendlich ist das erste Szenario so _____q

(deprimierend) _____r das zweite, weil immer einer der Hauptdarsteller

stirbt.

Wen von beiden finden Sie eigentlich _____s (sympathisch)? Oder finden

Sie Manni genauso _____t (nett) _____u Lola? Wie schafft

Tom Tykwer es eigentlich, dass wir Manni und Lola _____v (gern) mögen

_____w alle anderen Figuren im Film, obwohl sie kriminell sind?

Sechste Sequenz: Handlungsvariante 3

📖 Üb. 19 zu Textbuch S. 348, Aufg. 3

19 **Wortschatz: dritte Handlungsvariante** Lesen Sie die Zusammenfassung der dritten
Handlungsvariante. Setzen Sie die Wörter im Kasten in der richtigen Form in den Text ein.

> währenddessen   abnehmen   schwer   verfolgen (+ Akk.)   bremsen   bitten
>
> das Kasino   abgeben   verursachen
>
> folgen (+ Dat.)   die Hilfe   ~~die Hilfe~~
>
> die Einfahrt   übergeben   setzen   das Glück   abholen   bringen   der Unfall

Lola rennt zum Büro ihres Vaters, um ihn um _____Hilfe_____a zu _____b.

Als sie an einer _____c vorbeiläuft, stößt sie mit einem Auto zusammen.

Darin sitzt Herr Meyer, der gerade auf dem Weg zu ihrem Vater ist. Um Lola nicht zu verletzen, _____^d Herr Meyer und Lola kann weiterlaufen. Als sie an der

Bank ankommt, ist ihr Vater gerade von Herrn Meyer _____

_____^e und sie sieht nur noch das Auto davonfahren. Auf dem Weg zu

Manni sieht sie ein _____^f und geht hinein. Sie kauft für ihr ganzes Geld

Chips und _____^g beim Roulette alles auf eine Zahl. Sie schreit furchtbar

laut und das _____^h ihr tatsächlich _____ⁱ. Sie gewinnt!

_____^j hat Manni den Obdachlosen gefunden, der sein Geld hat. Er

_____^k ihn. Da der Obdachlose aber ein Fahrrad hat, muss Manni ihm quer

durch die Stadt _____^l. Die beiden _____^m auf dem Weg einen

_____ⁿ, bei dem Lolas Vater und Herr Meyer _____^o verletzt

werden. Schließlich kann Manni dem Obdachlosen das Geld _____^p und es

Ronni, seinem Auftraggeber _____^q. Als Lola bei Manni ankommt, hat er das

Geld schon _____^r und nun haben die beiden 100.000 Mark für sich!

B Reflexionen zum Film

Inhalt des Films

📖 Üb. 1–3 zu Textbuch S. 350, Strukturen

① **Komparativ- und Superlativ-Formen** Notieren Sie die Komparativ- und die Superlativ-Formen.

a. _____schnell_____ _____schneller_____ _____am schnellsten_____

b. groß _____ _____

c. lustig _____ _____

d. sympathisch _____ _____

e. jung _____ _____

f. kalt _____ _____

g. teuer _____ _____

h. gesund _____ _____

i. kurz _____ _____

j. typisch _____ _____

k. dunkel _____ _____

l. langsam _____ _____

m. viel _____ _____

n. nett _____ _____

o. hoch _____ _____

p. heiß _____ _____

q. dumm _____ _____

r. nah _____ _____

s. beliebt _____ _____

t. gut _____ _____

u. gern _____ _____

v. hübsch _____ _____

w. realistisch _____ _____

② Superlativ Setzen Sie Superlativ-Formen ein.

Das dritte Szenario ist natürlich das ___*beste*___ a (gut). Lola und Manni leben beide noch,

sie haben 100.000 Mark übrig und Ronni ist auch zufrieden. ___*Am realistischsten*___ b

(realistisch) ist es vielleicht nicht, denn die Chance, dass jemand innerhalb von ein paar

Minuten 100.000 Mark im Kasino gewinnt, ist eher gering. Für Lolas Vater und Herrn

Meyer ist der dritte Teil der _____[c] (tragisch): Sie haben einen schwe-

ren Autounfall. Auch für den Obdachlosen ist Nummer drei _____[d]

(unvorteilhaft): Manni findet ihn und nimmt ihm das Geld wieder weg. Für Jutta Hansen

ist der dritte Teil sicher auch nicht der _____[e] (wünschenswert): Sie

kann ihrem Geliebten nicht mehr sagen, dass das Kind, das sie erwartet, gar nicht von ihm

ist. Für Doris ist Nummer 2 sicherlich die _____[f] (positiv) Version, da

sie hier das _____[g] (gut) Schicksal hat: Sie gewinnt im Lotto. Für sie ist

die erste Version _____[h] (schlimm): Ihr Kind wird ihr weggenommen.

Für das Kind wäre es aber möglicherweise das _____[i] (gut).

3 **Superlativ** Bilden Sie die Superlativ-Formen und beantworten Sie die Fragen.

a. Welche Version (*f.*) ist Ihrer Meinung nach ___*die*___ ___*lustigste*___ (lustig)? Warum?

   Die lustigste Version ist meiner Meinung nach die erste/zweite/dritte, weil _____

   _____

b. Welches Szenario (*n.*) ist Ihrer Meinung nach d_____ _____
   (realistisch)? Warum?

   Ich halte das erste/zweite/dritte Szenario für _____

   _____

c. Welcher Teil (*m.*) ist Ihrer Meinung nach d_____ _____
   (interessant)? Warum?

   Ich finde _____

   _____

d. Welche Version ist Ihrer Meinung nach d_____ _____ (gut)?
   Warum?

   _____

   _____

e. Welcher Teil ist Ihrer Meinung nach d_____ _____
   (unwahrscheinlich)? Warum?

   _____

   _____

f. Welche Figur (*f.*) ist Ihrer Meinung nach d_____ _____ (sympathisch)? Warum?

_____

_____

📖 **Üb. 4 & 5 zu Textbuch S. 350, Aufg. 1**

④ Satzstellung: *tekamolo* Vervollständigen Sie die Sätze. Benutzen Sie die Wörter in Klammern in der richtigen Reihenfolge.

a. Lola läuft _____*um 20 vor zwölf schnell aus dem Zimmer*_____ (schnell / aus dem Zimmer / um 20 vor zwölf).

b. Sie läuft _____ (eilig / eine Minute später / an dem Jungen vorbei) die Treppe hinunter.

c. Sie sieht Herrn Meyer _____ (ungefähr um Viertel vor zwölf / zufällig / in seinem Auto).

d. Sie rennt _____ (an dem Obdachlosen vorbei / kurze Zeit später / ohne es zu wissen).

e. Sie läuft _____ (aus Verzweiflung / um kurz vor zwölf / in die Bank), in der ihr Vater arbeitet.

f. Im ersten Szenario muss Lola _____ (zu Manni / ohne Geld / in fünf Minuten) rennen.

g. Im zweiten Szenario raubt sie _____ (entschlossen / um zehn vor zwölf / aus Wut auf ihren Vater) die Bank aus und bringt Manni das Geld.

h. Im dritten Szenario verpasst Lola ihren Vater knapp, weil dieser _____ (überraschend / um kurz vor zwölf / wegen eines Meetings) sein Büro verlässt.

i. Was will uns Tom Tykwer mit dieser Geschichte sagen? Das Schicksal ist _____ (immer / überall / aus Prinzip / spontan).

5 **Satzstellung: Schüttelkasten**

A. Sortieren Sie die Wörter im Kasten in die Tabelle ein.

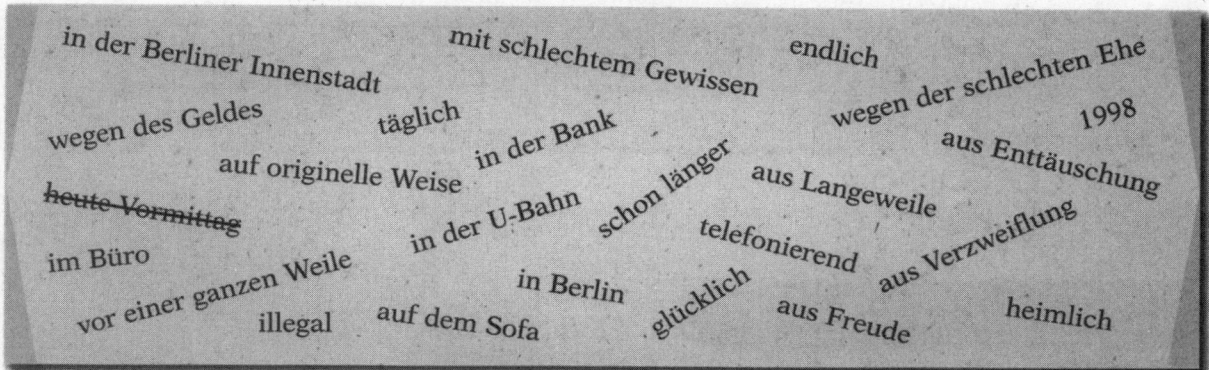

in der Berliner Innenstadt
mit schlechtem Gewissen
endlich
wegen des Geldes
täglich
in der Bank
wegen der schlechten Ehe
1998
auf originelle Weise
aus Enttäuschung
~~heute Vormittag~~
in der U-Bahn
schon länger
aus Langeweile
im Büro
telefonierend
aus Verzweiflung
vor einer ganzen Weile
in Berlin
glücklich
aus Freude
heimlich
illegal
auf dem Sofa

Wann? temporal (te)	Warum? kausal (ka)	Wie? modal (mo)	Wo? lokal (lo)
heute Vormittag			

B. Schreiben Sie mit den Wörtern aus Übung A oder mit anderen Wörtern möglichst lange Sätze über die unten genannten Personen.

te   ka   mo   lo

BEISPIEL: *Lola läuft 20 Minuten lang aus Liebe fast ohne Pause quer durch Berlin.*

a. Manni _____

_____

b. Lolas Vater _____

_____

c. Jutta Hansen _____

_____

d. Lolas Mutter _____

_____

e. Der Obdachlose _____

_____

f. Tom Tykwer _____

_____

Hintergrund zum Film

 Üb. 6 zu Textbuch S. 352, Aufg. 2

6 **Wortschatz: Film**

A. Schreiben Sie die passenden Begriffe auf die Zeilen.

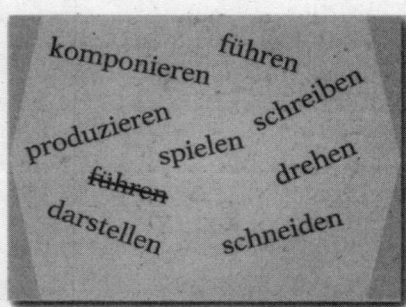

komponieren   führen
produzieren   spielen   schreiben
führen   drehen
darstellen   schneiden

der (Haupt)Darsteller, -/die (Haupt)Darstellerin, -nen
der Produzent, -en/die Produzentin, -nen
der Kameramann, die Kameramänner, die Kameraleute
der Schauspieler, -/die Schauspielerin, -nen
~~der Regisseur, -e/die Regisseurin, -nen~~
der Drehbuchautor, -en/die Drehbuchautorin, -nen

a. Regie _____*führen*_____ ; _____*der Regisseur, -e/die Regisseurin, -nen*_____

b. einen Film _____

c. ein Drehbuch _____ ; _____

d. einen Film _____

e. die Filmmusik _____

f. einen Film _____ ; _____

g. eine Hauptrolle/Nebenrolle _____ ; _____

h. die Kamera _____ ; _____

i. eine Person _____ ; _____

Regisseur und Drehbuchautor Tom Tykwer
(mit Exfreundin Franka Potente)

B. Nehmen Sie die Informationen über den Film und die Begriffe aus Übung A zu Hilfe, um den Text unten zu vervollständigen. Nicht alle Informationen und Ausdrücke kommen vor.

Informationen über den Film:

Titel: *Lola rennt*
Regie: Tom Tykwer
Entstehungsjahr: 1998
Hauptrollen: Franka Potente, Moritz Bleibtreu
Nebenrollen: Herbert Knaup, Joachim Król, Nina Petri, Monica Bleibtreu
Drehbuch: Tom Tykwer
Kamera: Frank Griebe
Schnitt: Mathilde Bonnefoy
Musik: Tom Tykwer u.a.[1]
Produktion: Stefan Arndt

Lola rennt wurde von dem _____Regisseur_____ [a] Tom Tykwer _____ [b].

Tykwer hat auch das _____ [c] geschrieben und zusammen mit anderen die

Filmmusik _____ [d]. Die _____ [e] spielen Franka Potente und

Moritz Bleibtreu. Eine kleine _____ [f] wird von Moritz Bleibtreus Mutter,

Monica Bleibtreu, _____ [g]. Von ihr wird die blinde Frau an der Telefonzelle

_____ [h]. Der Film wurde von Mathilde Bonnefoy _____ [i],

von Stefan Arndt _____ [j] und als _____ [k] hat Frank Griebe

gearbeitet.

_____
[1] **u.a.** und andere

Hörübungen

EINHEIT 1

Das Reisen

Die Erlebnisgesellschaft – Trends und Gegentrends

„Schöner Flug" von Jost Nickel

1 **Persönliche Fragen** Beantworten Sie die Fragen schriftlich.

a. Sind Sie schon oft geflogen? Wohin?

_____

b. Mit welcher Fluggesellschaft fliegen Sie am liebsten? Warum?

_____

c. Fliegen Sie gern oder haben Sie Angst vor dem Fliegen?

_____

d. Was gefällt Ihnen am Fliegen?

_____

e. Was gefällt Ihnen nicht?

_____

f. Hören Sie zu, wenn die Sicherheitsanweisungen[1] erklärt werden? Warum (nicht)?

_____

g. Wird Ihnen leicht schlecht oder haben Sie einen Kuhmagen[2]?

_____

_____

[1]**die Sicherheitsanweisungen** die Erklärungen des Bordpersonals vor dem Start, z.B. dass man während des Fluges nicht telefonieren darf, oder dass man in den Toiletten nicht rauchen darf   [2]**einen Kuhmagen haben** nicht krank werden, wenn man fliegt, Auto oder Boot fährt

2 **Wortschatz** Schreiben Sie die Wörter aus dem Kasten passend zur Nummerierung in der Zeichnung auf die Linien.

die Stewardess/Flugbegleiterin²   der Notausgang   der Sitz   der Fluggast/Passagier   der Hangar

die Schwimmweste   die Toilette   die Sauerstoffmaske

das Triebwerk   die Tüte   die Rutsche

die Startbahn/Landebahn   das Rollfeld   die Tragfläche

der Steward/Flugbegleiter¹   der Sitzgurt   der Pilot   die Lehne   das Heck

1. _____

2. _____

3. _____

4. _____

5. _____

6. _____

---

¹**der Flugbegleiter** *besser für:* der Steward   ²**die Flugbegleiterin** *besser für:* die Stewardess

7. _____

8. _____

9. _____

10. _____

11. _____

12. _____

13. _____

14. _____

15. _____

16. _____

17. _____

18. _____

19. _____

3 **Wortschatz** Setzen Sie ein.

> anschnallen Kraftstoff hebt ... ab (abheben)
> Beinfreiheit überprüfen Liege

a. Beim Start fährt die Maschine[1] zuerst über die Startbahn, sie wird schneller und

 schneller und dann _____ sie _____.

b. Beim Start und bei der Landung muss man sich _____.

c. Das Personal einer Fluglinie muss die Schwimmwesten, Sitzgurte und

 Sauerstoffmasken regelmäßig _____.

d. Eine zweistrahlige Maschine[2] verbraucht weniger _____ als ein

 dreistrahliges Flugzeug.

e. Wenn im Flugzeug einer Person schlecht wird, kann sie die Tüte benutzen oder sich auf

 die _____ legen.

f. In der Touristenklasse haben die Plätze zu wenig _____.

_____
[1]**die Maschine** *hier:* das Flugzeug [2]**eine zweistrahlige Maschine** ein Flugzeug mit zwei Motoren

④ Wortschatz Ordnen Sie die Wörter im Kasten den zwei Kategorien zu. Nehmen Sie das Wörterbuch zu Hilfe.

keiner ist rausgekommen (aus dem Flugzeug)   Schaulustige[12]   Clipper-Class[6] hochgehen[7]   Schwimmwesten kaputt

detonieren   das Inferno

in die Luft fliegen   gefährlich   ein Triebwerk spuckt[13]   das Entwicklungsland[14]

eine sichere Sache

Löschzüge[11] und Notarztwagen alarmieren   notlanden   Feuer fangen   Galgenhumor[1]

runtergehen[8]   die Turbulenzen

explodieren   die Notlandung   Bruchlandung[5]   hopsgehen[10]   eng

beten   der Aufprall   abgesoffen (Partizip Perfekt von absaufen[2])

rasen[3] über die Rollbahn raus und zerbersten[4]   schaffen

die Luftfahrt-Statistik   packen[9]   schräg   blass

Katastrophen-Wortschatz	neutraler Wortschatz

---

[1]**Galgenhumor** schwarzer Humor; wenn man in einer gefährlichen Situation ist und Witze macht, hat man Galgenhumor   [2]**absaufen** (im Wasser) untergehen   [3]**rasen** sehr sehr schnell fahren   [4]**zerbersten** kaputt gehen   [5]**die Bruchlandung** eine ungeplante Landung, bei der das Flugzeug kaputt geht   [6]**Clipper-Class** *veraltet für* Business-First-Class   [7]**hochgehen** *hier:* explodieren   [8]**runtergehen** abstürzen, ungeplant landen und dabei kaputt gehen   [9]**packen** schaffen   [10]**hopsgehen** sterben   [11]**der Löschzug** Feuerwehrwagen   [12]**Schaulustige** Leute, die stehen bleiben, weil sie ein Unglück sehen wollen, und dadurch die Straße blockieren   [13]**spucken** *hier:* nicht funktionieren   [14]**Entwicklungsland** ein im Vergleich zu den Industrienationen wirtschaftlich unterentwickeltes Land

5 ⌢ **Globales Hören** Die Situation: *Im Flugzeug. Vor dem Start auf der Rollbahn. Eben sind die Sicherheitsanweisungen erklärt worden. … Etwas später: Das Flugzeug startet. …*

Lesen Sie die Fragen, bevor Sie mit dem Hören beginnen. Hören Sie dann das Hörspiel komplett an. Beantworten Sie anschließend die Fragen.

a. Das Hörspiel heißt „Schöner Flug". Wer hat einen schönen Flug? Warum?

_____

_____

_____

_____

_____

b. Wer hat keinen schönen Flug? Warum nicht?

_____

_____

_____

_____

_____

6 ⌢ **Selektives Hören** Hören Sie nun genauer. Lesen Sie vorher wieder die Fragen.

Was erzählt der Mann über …

a. den Flug von Singapur nach Bangkok?

_____

_____

_____

b. die Notlandung in Mexiko?

_____

_____

_____

c. den Unfall in Washington, D.C.?

_____

_____

d. den Flugzeugabsturz bei Hamburg?

_____

_____

_____

7 **Zusammenfassung** Der Mann scheint den Dialog von Anfang an geplant zu haben. Warum erzählt er das alles?

_____

_____

_____

_____

_____

EINHEIT 2

Das Fernweh zur Zeit Goethes

Märchen, Gedichte und Malerei im 18. und 19. Jahrhundert

„Erlkönig"–Ein Gedicht von Johann Wolfgang von Goethe

Hip-Hop-Version, vorgetragen von Hypnotic Grooves feat. Jo van Nelsen

1 **Persönliche Erfahrungen** Beantworten Sie die beiden Fragen. Schreiben Sie.

a. Wann hatten Sie das letzte Mal Fieber?

_____

b. Manchmal hat man Träume, wenn man Fieber hat. Haben Sie solche Fieberträume? Wenn ja, was träumen Sie?

_____

_____

_____

② **Hypothesen aufstellen** Das Gedicht heißt „Erlkönig". Eine „Erle" ist ein Baum und ein König ist ein Herrscher. Einige europäische Länder haben noch einen König oder eine Königin, zum Beispiel England und Spanien. Könige repräsentieren ihr Land. Vermuten Sie:

Wen/Was repräsentiert der Erlkönig? _____

Ist ein Erlkönig Ihrer Meinung nach eine reale Figur? _____

③ **Globales Hören** In Goethes Gedicht „Erlkönig" treten vier Personen auf: ein Erzähler, der Vater, der Sohn und der Erlkönig. Lesen Sie die Sätze unten, bevor Sie das Gedicht in der Vertonung und Interpretation von Jo van Nelsen hören. Kreuzen Sie nach dem Hören die Aussagen an, die Ihrer Meinung nach richtig sind.

a. Das Gedicht handelt …

❏ davon, wie zwei Reiter die Natur erleben.

❏ davon, dass ein Vater versucht seinen kranken Sohn zu retten[1].

b. Der Vater …

❏ reitet nachts mit seinem kranken Sohn im Arm durch eine neblige Landschaft.

❏ und der Sohn sprechen über die schöne und erfolgreiche Zukunft des Sohnes.

c. Der Sohn …

❏ freut sich auf seine Zukunft und den Erlkönig, zu dem er gerade auf dem Weg ist.

❏ ist krank und hat Fieberfantasien.

d. Der Erlkönig …

❏ ist der Onkel des Jungen und möchte ihm zum Geburtstag etwas schenken.

❏ ist eine irreale Figur, die der Junge in seinen Fieberfantasien sieht und sprechen hört.

e. Der Erzähler …

❏ beschreibt die Schönheit der Natur.

❏ berichtet am Ende des Gedichtes, dass der Sohn gestorben ist.

④ **Wortschatz: Begriffe zuordnen** Ordnen Sie den Wörtern auf der linken Seite eine Erklärung von der rechten Seite zu.

a. die Krone ___7___   1. mit den Händen berühren

b. der Schweif _____   2. dunkel

c. versprechen _____   3. mit letzter Kraft; gerade noch

d. düster _____   4. die Brutalität

_____
[1]**retten** vor dem Tod retten: gesund machen

e. der Ort _____   5. die Stelle, der Platz

f. die Gewalt _____   6. ankommen

g. anfassen _____   7. das, was ein(e) König(in) auf dem Kopf trägt

h. erreichen _____   8. sein Wort geben, zusagen

i. der Hof _____   9. Schwanz; *hier:* ein langer Mantel, Umhang

j. mit Mühe und Not _____ 10. ein großes Grundstück mit einem Haus darauf

⑤ Wortschatz: Goethes Worte von moderner Sprache unterscheiden Sortieren Sie die folgenden Wortpaare in die Tabelle ein. Die Wörter haben dieselbe Bedeutung. Eins von beiden ist ältere Sprache, wie sie zur Zeit Goethes gesprochen wurde. Das andere Wort ist modernes Deutsch.

der Junge = der Knabe

festhalten = fassen

was = warum

verstecken = bergen

ängstlich = bang

gülden = golden

das Gewand = die Kleidung

der Tanz = der Reihn

reizen = attraktiv finden

die Gestalt = die Figur

kooperativ = willig

ein Leids tun = wehtun[1]

Angst bekommen = grausen

schnell = geschwind

ächzend = stöhnend[2]

Goethes Sprache	moderne Sprache
der Knabe	der Junge

[1]**wehtun** Schmerzen zufügen   [2]**stöhnend** vor Schmerzen laut atmend

6 ⌒ **Detailverständnis** Hören Sie das Gedicht noch einmal. Lesen Sie vor dem Hören die Fragen.

a. Welche Fantasien hat der kranke Junge?

_____

_____

_____

b. Was verspricht der Erlkönig dem Sohn?

_____

_____

_____

7 ⌒ **Selektives Hören** Lesen Sie unten, was der Sohn in seiner Fantasie sieht, hört und fühlt. Lesen Sie auch die Erklärungen des Vaters. Hören Sie dann das Gedicht noch einmal und ordnen Sie die Erklärungen des Vaters zu.

Der Sohn …   Der Vater erklärt: Das ist/sind …

a. sieht den Erlkönig mit Krone und Schweif.   a. _____.

b. hört den Erlkönig sprechen.   b. _____.

c. sieht die Töchter des Erlkönigs.   c. _____.

d. fühlt, wie der Erlkönig ihn anfasst.   d. _____.

Erklärungen des Vaters:

◇   der Wind

◇   die Weiden[1]

◇   —

◇   der Nebel

---

[1]**die Weide** ein Baum mit langen Ästen, die bis zum Boden hängen

8 **Bild malen** Malen Sie ein Bild, das zum Inhalt des Gedichtes passt.

9 **Bild beschreiben** Sehen Sie sich das Bild von Ernst Barlach an. Beschreiben Sie, was Sie auf dem Bild sehen.

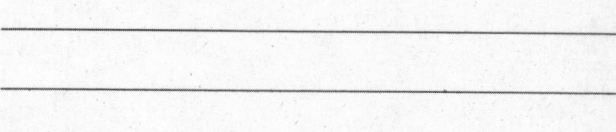

Ernst Barlach, *Erlkönig I*, 1923/24

10 **Hypothesen verifizieren** In Aufgabe 2 haben Sie Hypothesen aufgestellt. Waren sie richtig? Wenn Sie jetzt anders denken, schreiben Sie:

Der Erlkönig _____

_____

_____

11 **Interpretation** Dieses Gedicht ist auf viele verschiedene Arten interpretiert worden. Wie interpretieren Sie es?

Das Gedicht handelt meiner Meinung nach von/davon _____

_____

_____

EINHEIT 3

Die Grünen und ihre Politik

Umweltbewusstsein und grüne Technologie

Ein Radiospot der Grünen in Thüringen

① **Begriffe erklären** Lesen Sie die Begriffe und die Erklärungen a–e. Ordnen Sie jeder Erklärung einen Begriff zu.

Begriffe:

Frauenpolitik   Leben mit Kindern

grüne Arbeitsplätze   Ostdeutschland

Bildungspolitik

Erklärungen:

a. _____

Die Politiker müssen entscheiden, wie viele neue Lehrer gebraucht werden und bezahlt werden können, wie viele Stunden Unterricht die Schüler pro Woche haben sollen, wie viel Geld die Schulen vom Staat bekommen können, welches Wissen die Schüler haben sollen, …

b. _____

Das Ziel ist es, die Gleichstellung der Frauen zu erreichen. Frauen sollen die gleichen Rechte und beruflichen Chancen haben wie Männer.

Wahlplakat der Grünen: Kinder auf dem Goethe-Schiller-Denkmal in Weimar

c. _____

In Deutschland ist es für Frauen relativ schwer zu arbeiten, wenn sie Kinder haben, da es wenige Möglichkeiten gibt, sehr kleine Kinder betreuen zu lassen. Ziel ist es, es den Frauen leichter zu machen, Arbeit und Familie zu vereinbaren. Zum Beispiel sollen mehr Kindergärten für sehr kleine Kinder geöffnet werden. Außerdem soll Familien mit Kindern vom Staat finanziell besser geholfen werden.

d. _____

Ziel ist es, die ostdeutsche Wirtschaft zu stärken, die Arbeitslosigkeit im Osten zu reduzieren und den Menschen im Osten genauso viel Geld für ihre Arbeit zu bezahlen wie den Menschen im Westen.

e. _____

Es ist geplant, in Deutschland die Atomkraftwerke abzuschalten und Energie aus erneuerbaren Energiequellen wie Wind, Wasser und Sonne zu bekommen. Diese neuen Technologien sind umweltfreundlich und schaffen Arbeitsplätze.

2 🎧 **Globales Hören** Hören Sie den Radiospot der Grünen zur Landtagswahl im Juni 2004 in Thüringen. Hören Sie zunächst global und kreuzen Sie das Thema an, das die Grünen mit diesem Spot primär thematisieren.

❑ Frauenpolitik
❑ grüne Arbeitsplätze
❑ Bildungspolitik
❑ Leben mit Kindern
❑ Ostdeutschland

3 🎧 **Detailverständnis** Hören Sie den Radiospot noch einmal und notieren Sie alle Fragen, die Sie verstehen können.

1. _____
2. _____
3. _____
4. _____
5. _____
6. _____
7. _____
8. _____
9. _____

Name _____ Kurs _____ Datum _____

10. _____

11. _____

12. _____

13. _____

14. _____

15. _____

16. _____

17. _____

18. _____

19. _____

20. _____

21. _____

④ **Wortschatz** Ordnen Sie den Wörtern auf der linken Seite eine Erklärung von der rechten Seite zu.

a. die Feuerwehrfrau __*6*__

b. Es gehört mir. _____

c. der Schnee _____

d. brennen (das Licht) _____

e. eine Glatze haben _____

f. das Gen, -e _____

g. erwachsen (*Adj.*) _____

h. Finnland _____

i. der Elektrozaun _____

j. pinkeln _____

k. ausfallen _____

1. keine Haare auf dem Kopf haben

2. Land in Nordeuropa

3. *hier:* an sein, eingeschaltet sein

4. 18 Jahre alt oder älter

5. nicht stattfinden

6. ein Beruf; weibliche Form von Feuerwehrmann

7. urinieren

8. Abschnitt der DNA

9. Es ist meins.

10. weißes Pulver, das im Winter vom Himmel fällt

11. ein elektrischer Draht um eine Wiese, damit z.B. Kühe nicht weglaufen

⑤ 🎧 Detailverständnis Hören Sie den Radiospot noch einmal und vervollständigen Sie die Fragenliste in Aufgabe 3.

⑥ Eine Vermutung aufstellen Beantworten Sie die folgende Frage: Warum, glauben Sie, benutzen die Grünen die vielen Kinderfragen für ihr Thema „Bildungspolitik"?

_____

_____

_____

_____

_____

⑦ Selektives Verstehen Was ist die Kritik der Grünen an der derzeitigen Bildungspolitik? Zwei Aspekte werden angesprochen.

a. _____

b. _____

EINHEIT 4

Planet Germany

Deutschland, ein Einwanderungsland?

Ein Interview mit Yasemin aus der Türkei

Yasemin

Yasemin ist 16 Jahre alt. Ihre Eltern sind vor 23 Jahren als Gastarbeiter aus der Türkei nach Deutschland gekommen.

1 **Hypothesen aufstellen** Notieren Sie Ihre Vermutungen zu
folgender Frage:

Yasemin ist 16 Jahre alt. Bald wird sie 18 sein und selbst
Entscheidungen treffen können. Vermuten Sie: Möchten junge
Migrantenkinder wie Yasemin, die in Deutschland geboren und aufgewachsen sind, nach
der Schule in Deutschland bleiben oder möchten sie lieber in die Türkei ziehen und dort
leben? Notieren Sie auch mögliche Gründe.

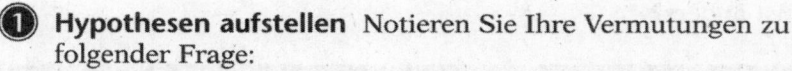

_____

_____

_____

_____

_____

_____

2 🎧 **Selektives Hören** Lesen Sie vor dem Hören die Fragen. Hören Sie dann das Interview mit Yasemin. Beantworten Sie nach dem Hören die Fragen schriftlich.

a. Möchte Yasemin nach der Schule in Deutschland bleiben oder in die Türkei ziehen? Warum?

_____

_____

_____

_____

b. Wie denken Yasemins Freundinnen und Freunde, die auch türkischer Abstammung sind: Möchten sie in Deutschland bleiben oder in die Türkei ziehen? Was sind ihre Gründe?

_____

_____

_____

_____

3 **Hypothesen überprüfen** Vergleichen Sie Ihre Vermutungen aus Aufgabe 1 mit dem Hörtext. Was ist gleich, was ist anders?

Übereinstimmungen	Unterschiede

4 🎧 **Detailverständnis** Lesen Sie zunächst die Wörter und Ausdrücke und deren Bedeutungen. Hören Sie dann das Interview noch einmal und notieren Sie den Kontext, in dem diese Wörter/Ausdrücke benutzt werden.

a. sich wohl fühlen = sich gut fühlen, glücklich sein

Yasemin fühlt sich in Deutschland zwar wohl und hat Freunde, möchte aber trotzdem lieber

in der Türkei leben.

b. temperamentvoll = mit viel Energie und Lebensfreude

_____

_____

c. Anatolien = asiatischer Teil der Türkei

_____

_____

d. in- und auswendig = sehr gut, ganz genau

_____

_____

e. gleiche Rechte haben = gleich behandelt werden, gleich wichtig sein

_____

_____

f. jemand hat etwas zu sagen = die Meinung dieser Person ist wichtig, relevant

_____

_____

g. im Vordergrund stehen = wichtiger sein

_____

_____

h. (von den Eltern) verheiratet werden = einem Mann als Frau gegeben werden: Die Eltern
    entscheiden für ihre Tochter, wen sie heiraten soll; die Tochter hat keine Wahl.

_____

_____

⑤ Wortschatz In Deutschland gibt es fünf verschiedene Schultypen:

⋄ die Grundschule
⋄ die Hauptschule
⋄ die Realschule
⋄ das Gymnasium
⋄ die Gesamtschule

Auf welche Schule geht Yasemin? _____

6 Türkei-Quiz Was wissen Sie über die Türkei? Einen Teil der Antworten haben Sie im Hörtext gehört. Die anderen Antworten wissen Sie vielleicht auch.

a. Großstädte: _____

b. Küsten: _____

c. Kontinent, auf dem Anatolien liegt (*nicht im Hörtext*): _____

d. Kontinent, auf dem der Rest der Türkei liegt (*nicht im Hörtext*): _____

e. Hauptstadt (*nicht im Hörtext*): _____

f. Religion (*nicht im Hörtext*): _____

EINHEIT 5

Die Comedian Harmonists

Ein Musikensemble der 20er und 30er Jahre

„Marie, Marie"

1 🎧 **Globales Hören** Hören Sie das Lied und notieren Sie nach dem ersten Hören alles, was Sie über die Titelperson „Marie" erfahren haben.

_____

_____

_____

_____

_____

2 Wortschatz

A. Ordnen Sie den Wörtern auf der linken Seite Erklärungen von der rechten Seite zu.

a. vis-à-vis ___2___

b. hinüber/rüber _____

c. Du hast mir's angetan. _____

d. trunken _____

e. der Blick _____

f. funkeln _____

1. scheinen, strahlen, blitzen

2. gegenüber

3. nicht dunkel

4. die Art, wie man jemanden ansieht

5. auf die andere Seite

6. mit vertikalen und horizontalen Streifen

g. kariert _____

h. die Baumwolle _____

i. hell _____

j. beinah(e) _____

k. die Zacke _____

l. strahlend _____

m. entzückend _____

n. allerliebst, zuckersüß, wunderfein _____

7. Du faszinierst mich, ich denke oft an dich.

8. Form mit spitzen Ecken

9. wundervoll, reizend (sehr positiver Ausdruck)

10. Ausdrücke für „sehr attraktiv"

11. fast

12. hell leuchtend

13. Stoff, Material (T-Shirts sind oft daraus)

14. Wenn man zu viel Alkohol getrunken hat, fühlt man sich so, aber auch, wenn man glücklich ist.

B. Schreiben Sie die Ausdrücke im Kasten in die Zeichnung.

das karierte Baumwollkleidchen   das blonde Haar   das Röckchen

der helle Schurz[1]   das strahlend blaue Augenpaar   der große Zackenkragen

das breite Band[2]

③ **Detailverständnis** Lesen Sie zunächst die beiden Fragen a. und b. Hören Sie dann das Lied noch einmal und beantworten Sie nach dem Hören die Fragen schriftlich.

a. Beschreiben Sie die Beziehung zwischen Marie und dem Ich-Erzähler.

_____

_____

_____
[1]**der Schurz** *veraltet für* die Schürze   [2]**das Band** *veraltet für* der Gürtel

b. Beschreiben Sie die Beziehung, die der Ich-Erzähler gern zu Marie hätte.

_____

_____

④ Grammatik

A. Schreiben Sie mit den folgenden reflexiven Verben Sätze, die sich auf den Inhalt des Liedes beziehen.

a. sich verlieben in (+ *Akk.*)

_____

b. sich freuen (über + *Akk.*)

_____

c. sich interessieren für

_____

d. sich unterhalten (mit)

_____

e. sich treffen (mit)

_____

B. Beenden Sie die Sätze mit einem Relativsatz, der sich auf den Inhalt des Liedes bezieht.

a. Marie ist die Frau, die _____

b. Marie ist die Frau, mit der _____

c. Marie ist die Frau, deren _____

d. Marie ist die Frau, der _____

e. Marie ist die Frau, in die _____

f. Marie ist die Frau, _____

⑤ Ein Bild malen Malen Sie die Szene zwischen Marie und dem Ich-Erzähler.

EINHEIT 6

Stationen der Geschichte

Deutschland – Österreich – Schweiz

Das Reichstagsgebäude

Das Reichstagsgebäude
mit seiner neuen gläsernen Kuppel

❶ Vorwissen notieren Beantworten Sie die Fragen.

a. In welcher Stadt hat die deutsche Regierung ihren Sitz? _____

b. War der Sitz der Regierung immer in dieser Stadt? _____

2 🎧 **Globales Hören** Hören Sie den Text über den Deutschen Bundestag. Lesen Sie vorher die folgenden Fragen und beantworten Sie sie nach dem Hören.

a. In welcher Stadt hat die deutsche Regierung ihren Sitz? _____

b. Seit wann? _____

c. Wo hatte die deutsche Regierung ihren Sitz vorher? _____

3 **Wortschatz** Ordnen Sie jedem Ausdruck auf der linken Seite eine Erklärung zu.

a. der Bundestag ___3___

b. gesamtdeutsch _____

c. die Enthaltung (sich enthalten) _____

d. die Abgeordneten _____

e. die Sitzung _____

f. die Hauptstadt _____

g. der Sitz _____

h. der Umzug _____

i. der Plenarsaal _____

j. die Volkskammer _____

1. das Meeting

2. Ort, an dem etwas zu Hause ist

3. das Parlament der Bundesrepublik

4. das Parlament der DDR

5. die Parlamentarier

6. Raum, in dem die Abgeordneten debat-tieren

7. die Verlegung[1] des Wohnortes

8. ost- und westdeutsch

9. die Stadt, in der die Regierung ihren Sitz hat

10. wenn man bei einer Entscheidung keine Stimme abgibt

4 🎧 **Detailverständnis** Hören Sie die Aufnahme noch einmal. Lesen Sie wieder vor dem Hören die Fragen. Beantworten Sie sie nach dem Hören schriftlich.

a. Wie viele Mitglieder hatte der Bundestag Ende 1990? _____

b. Wann wurde die Hauptstadtfrage beantwortet? _____

c. Wie viele Abgeordnete haben für Berlin als Hauptstadt gestimmt? _____

d. Wie viele Abgeordnete haben gegen Berlin als Hauptstadt gestimmt? _____

e. Wie viele Abgeordnete haben sich enthalten? _____

f. Was war das wichtigste neue Charakteristikum des Reichstagsgebäudes in seiner

   Außenansicht? _____

g. Wann hat der Umzug stattgefunden? _____

---

[1]**die Verlegung** *von* **verlegen:** an einen anderen Ort legen

h. Wann hat die Regierung mit ihrer Arbeit in Berlin begonnen? _____

i. Welcher Jahrestag war das? _____

j. Wer wurde 1999 zum Bundespräsidenten gewählt? _____

⑤ Vermutungen aufstellen Notieren Sie Ihre Gedanken.

a. Die Entscheidung von Bonn nach Berlin umzuziehen, war für die Abgeordneten nicht einfach. Welche Gründe haben wohl dafür gesprochen[1], in Bonn zu bleiben?

_____

_____

b. Welche Gründe haben vielleicht für Berlin als Hauptstadt gesprochen?

_____

_____

---

[1]**dafür gesprochen** *von* **sprechen für:** ein Argument für etwas sein

EINHEIT **7**

Umgang mit der Vergangenheit

Formen der Vergangenheitsbewältigung

Alexander über junge Juden in Deutschland

① 🎧 **Globales Hören** Hören Sie das Interview mit Alexander und beantworten Sie anschließend die Fragen. Lesen Sie die Fragen vor dem Hören.

Alexander

a. Welche Religion hat Alexander? _____

_____

b. Wo lebt Alexander? _____

_____

c. Über welche Themen spricht Alexander in dem Interview?

_____

_____

_____

_____

_____

2 Wortschatz Ordnen Sie den Wörtern auf der linken Seite eine Erklärung von der rechten Seite zu.

a. die Bemerkung ___9___

b. Verständnis haben für _____

c. etwas durchmachen _____

d. das Opfer _____

e. umkommen _____

f. Auschwitz _____

g. vergast werden _____

h. der Holocaust _____

i. (all)gegenwärtig _____

j. flüchten _____

k. der Antisemitismus _____

l. Advent _____

m. Ausnahmefälle _____

n. Es kommt drauf an, … _____

o. das Judentum _____

p. die Ausschreitung _____

1. etwas ertragen, etwas Schlimmes erleben

2. (immer) präsent

3. Es hängt davon ab, …

4. Gewalttätigkeit, aggressive Handlung

5. Situationen, die nicht der Norm oder der Regel entsprechen

6. Person, der etwas Böses getan wurde

7. die jüdische Religion

8. Konzentrationslager in Polen

9. die Äußerung, der Kommentar

10. sterben

11. durch Gas getötet werden

12. entkommen, fliehen

13. die nationalsozialistische Vernichtungspolitik

14. (etwas) verstehen können

15. Aversion, Hostilität gegenüber Juden

16. 4-wöchige Zeit vor dem Weihnachtsfest

3 Detailverständnis Lesen Sie vor dem Hören die Fragen. Hören Sie das Interview noch einmal und beantworten Sie nach dem Hören die Fragen schriftlich.

a. Was bedeutet Religion für Alexander?

_____

_____

_____

b. Alexanders Großvater ist nach dem Zweiten Weltkrieg nach Deutschland zurückgekommen. Was sagt Alexander über diese Entscheidung?

_____

_____

_____

c. Was erzählt Alexander über seine Familie und den Holocaust?

_____

_____

_____

d. Welche Bedeutung hat Israel für Alexander?

_____

_____

_____

e. Welche Erfahrungen hat Alexander mit Antisemitismus gemacht?

_____

_____

_____

f. Was sagt er über die Häufigkeit[1] von antisemitischen Äußerungen?

_____

_____

_____

g. Was erzählt Alexander über sein Leben in Deutschland?

_____

_____

_____

_____
[1]**Häufigkeit** Frequenz

EINHEIT 8

Kunst und Künstler

Anselm Kiefer

Ein Interview mit max benz

1 🎧 **Globales Hören** Sie hören ein Interview mit dem Kölner Künstler max benz zur Frage: „Ist Kunst notwendig?" max benz stellt bei dieser Frage den Künstler und die Gesellschaft einander gegenüber. Notieren Sie beim ersten Hören Adjektive, die er den beiden Seiten zuordnet. Notieren Sie auch, was Kunst für max benz bedeutet.

a. Der Künstler ist <u>innovativ,</u> _____
_____
_____
_____

b. Die Gesellschaft ist <u>konservativ,</u> _____
_____
_____
_____

Der Kölner Künstler
max benz vor einem seiner Werke

c. Kunst ist <u>Bewegung,</u> _____
_____
_____
_____

2 **Wortschatz** Lesen Sie die Ausdrücke im Kasten. Welche Ausdrücke passen in die Spalte „der Künstler" und welche in die Spalte „die Gesellschaft"?

die Radikalität Kunst zu machen ist eine Form zu denken

Bereicherung[4] durch Wahrnehmung[5] der Kunst außerhalb der Gesellschaft sein

Veränderung sicherstellen[3]

über die Planke laufen[2] ein stabiles System bilden

die Notwendigkeit sich künstlerisch ausdrücken zu wollen

das Überleben der Menschen sichern

~~das Bedürfnis haben Kunst zu machen~~ es gibt keine Alternative die innovative Kraft die Kompromisslosigkeit risikovoll leben

in einer konservativen, sich möglichst wenig verändernden Welt stecken bleiben

das revolutionäre Element

der Künstler	die Gesellschaft
• das Bedürfnis haben Kunst zu machen	

---

[1]**das Bedürfnis** das Muss, die Notwendigkeit [2]**über die Planke laufen** risikoreich leben [3]**Veränderung sicherstellen** dafür sorgen, dass sich etwas verändert [4]**die Bereicherung** eine positive Erfahrung [5]**die Wahrnehmung** die Perzeption, das Aufnehmen

③ 🎧 **Detailverständnis** max benz teilt die Frage „Ist Kunst notwendig?" in zwei Teile:

a. Ist Kunst notwendig für das Individuum?

b. Ist Kunst notwendig für die Menschheit?

Hören Sie das Interview noch einmal und notieren Sie die Antworten, die der Künstler auf die beiden Fragen gibt.

a. Kunst ist für das Individuum/den Künstler notwendig, weil/um ...

_____

_____

_____

_____

_____

b. Kunst ist für die Menschheit/Gesellschaft notwendig, weil/um ...

_____

_____

_____

_____

_____

④ **Persönliche Meinung** Stimmen Sie max benz zu oder sind Sie anderer Meinung? Beantworten Sie die Fragen für sich selbst. Begründen Sie Ihre Antworten.

a. Ist Kunst für das Individuum notwendig? Warum (nicht)?

_____

_____

_____

b. Ist Kunst für die Gesellschaft notwendig? Warum (nicht)?

_____

_____

_____

_____

EINHEIT 9

Vereinigtes Deutschland

Chancen und Herausforderungen

Rotkäppchen

1 🎧 **Globales Hören** Lesen
Sie die Wörter unten. Hören Sie dann
das Märchen *Rotkäppchen**. Erzählen
Sie es nach, indem Sie alle Wörter
benutzen. Schreiben Sie im Präteritum.

~~eine Kappe aus rotem Samt~~

nennen (wurde … genannt)

ein Stück Kuchen und eine Flasche Wein

draußen im Wald

verschlingen[4] (verschlang)

verschlucken[2]

verstecken[2]

verstecken[2]

Blumen pflücken

an die Tür klopfen

verschlucken[2]

die Kleidung anziehen (zog … an)

der Blumenstrauß

ängstlich zumute sein[3]

verschlingen[4] (verschlang)

schnarchen[5]

der Jäger[6]

die Schere[7]

der schlafende Wolf

den Bauch aufschneiden (schnitt …: auf)

herausspringen (sprang … heraus)

große Steine holen

den Bauch füllen

tot umfallen[8] (fiel … um)

---

*Wörter mit dem Suffix *-chen* sind neutrum, z.B. *das Rotkäppchen, das Brötchen*
[1]**versprechen** sein Wort geben; sagen, dass man etwas tun wird   [2]**verschlucken** Essen und Getränke platziert man
zuerst im Mund, kaut sie und verschluckt sie dann   [3]**ängstlich zumute sein** Angst haben   [4]**verschlingen** schnell
aufessen   [5]**schnarchen** laute Geräusche beim Schlafen machen   [6]**der Jäger** Person, die im Wald Tiere tötet   [7]**die
Schere** das, was man zum Schneiden braucht   [8]**umfallen** auf den Boden fallen

Die Großmutter hatte ihrer Enkelin eine Kappe aus rotem Samt geschenkt. Weil das Mädchen

die Kappe so schön fand, dass es sie gar nicht mehr ausziehen wollte,

_____

_____

_____

_____

_____

_____

_____

_____

_____

_____

_____

_____

② 🎧 **Detailverständnis** Hören Sie das Märchen noch einmal. Lesen Sie vor dem Hören die Fragen und beantworten Sie sie nach dem Lesen schriftlich.

a. Warum sollte Rotkäppchen seiner Großmutter Kuchen und Wein bringen?

_____

_____

b. Was versprach Rotkäppchen seiner Mutter, bevor es sich auf den Weg machte?

_____

_____

c. Warum pflückte Rotkäppchen so viele Blumen?

_____

_____

d. Was antwortete der Wolf auf Rotkäppchens Frage: „Großmutter, was hast du für große Ohren?"?

_____

_____

e. Was antwortete der Wolf auf Rotkäppchens Frage: „Großmutter, was hast du für große Augen?"?

_____

_____

f. Was antwortete der Wolf auf Rotkäppchens Frage: „Großmutter, was hast du für große Hände?"?

_____

_____

g. Was antwortete der Wolf auf Rotkäppchens Frage: „Großmutter, was hast du für ein entsetzlich großes Maul[1]?"?

_____

_____

h. Warum ging der Jäger in das Haus der Großmutter?

_____

_____

i. Woran starb der Wolf?

_____

_____

j. Was hat Rotkäppchen aus dieser Geschichte gelernt?

_____

_____

3 **Hauptaussage notieren** Notieren Sie, welche Hauptaussage das Märchen *Rotkäppchen* für Sie hat.

_____

_____

_____
[1]**das Maul** der Mund von Tieren

EINHEIT 10

Lola rennt

Ein Film der 90er Jahre

Anruf bei Marianne H., Lottogewinnerin

Lotteriekugeln

1 **Persönliche Fragen** Beantworten Sie die Fragen.

a. Die Frau, mit der das Interview, das Sie gleich hören werden, geführt wurde, Marianne H., hatte einen Sechser im Lotto, das heißt sie hat mehr als eine Million Mark (eine halbe Million Euro) gewonnen. Wenn Sie so viel Geld gewinnen würden, was würden Sie damit machen?

_____

_____

_____

b. Was, denken Sie, hat Marianne H. mit dem Geld gemacht?

_____

_____

_____

② 🎧 **Globales Hören** Hören Sie das Interview. Lesen Sie vorher die beiden Fragen und beantworten Sie sie im Anschluss.

a. Wie viel Geld hat Marianne H. genau gewonnen? _____

b. Notieren Sie Stichworte: Was hat sie mit dem Geld gemacht bzw. was macht sie mit dem Geld?

_____

_____

_____

③ **Wortschatz** Ordnen Sie den Wörtern und Ausdrücken auf der linken Seite eine Erklärung zu.

a. Tippse ___4___

b. ankreuzen _____

c. etwas erfahren _____

d. etwas nicht fassen können _____

e. im Überschwang _____

f. wildfremde Leute _____

g. verschenken _____

h. einrichten _____

i. der Löwe _____

j. klappen (etwas klappt) _____

k. neidisch sein _____

l. entsetzlich _____

m. halbtags _____

n. das Konto _____

1. Ort in der Bank, wo man sein Geld hat

2. weggeben

3. *hier:* sehr

4. Sekretärin

5. großes gefährliches wildes Tier in Afrika, ein Fleischfresser

6. den halben Tag lang

7. über etwas informiert werden

8. alles zusammen, im Ganzen

9. die Freizeitaktivität

10. markieren

11. verbrauchen (danach ist es weg)

12. sicher investiert

13. etwas nicht glauben können

14. voller Euphorie, voller Enthusiasmus

o. fest angelegt _____

p. insgesamt _____

q. die Miete _____

r. der Zeitvertreib _____

s. aufbrauchen _____

15. etwas gerne haben wollen, was ein anderer hat

16. Menschen, die man nicht kennt

17. möglich sein

18. Möbel kaufen und in die Wohnung stellen

19. das Geld, das man für die Wohnung bezahlt, wenn man sie nicht besitzt

④ 🎧 **Detailverständnis** Lesen Sie die folgenden Ausdrücke. Hören Sie dann das Interview noch einmal und schreiben Sie mit jedem Ausdruck einen Satz, der zum Hörtext passt.

a. im Lotto gewinnen

Marianne H. hat 1,3 Millionen im Lotto gewonnen. _____

b. den Job kündigen

_____

c. Lotto spielen

_____

d. Geld verschenken

_____

e. Urlaub machen

_____

f. mit einer Reisegruppe reisen

_____

g. sich etwas (finanziell) leisten können

_____

h. Kontakt haben zu

_____

i. sich langweilen

_____

j. eine Stelle finden

_____

k. sich auskennen mit[1]

_____

l. auf dem Konto haben

_____

m. Miete bezahlen

_____

n. die Nachmittage/Zeit verbringen

_____

o. Geld aufbrauchen

_____

5 **Meinung äußern** Beantworten Sie die Fragen.

a. Finden Sie die Frau sympathisch? Warum (nicht)?

_____

_____

_____

b. Würden Sie gerne mit Marianne H. tauschen, das heißt hätten Sie gerne ihr Leben?
Warum (nicht)?

_____

_____

_____

---

[1]**sich auskennen mit** (etwas) können, wissen

Grammar
Explanations

Das Reisen

1.1 Present Tense Conjugations (*Konjugationen im Präsens*)

A note about verb classes:

German verbs can be classified into categories according to how they are conjugated. Some grammar textbooks use terms such as "weak," "strong," or "mixed" as names for verb classes; this book will not use those terms, but will instead use the following terminology for easier reference.

1. REGULAR (instead of "weak") An example of a regular verb is **machen: er macht, er machte, er hat ... gemacht.** Other examples include **fragen, lachen, reservieren,** and **wandern.** With regular verbs, there is *no vowel change* in the simple past. It is formed with the suffix **-te: Er mach<u>te</u> sich auf den Weg an den Strand.**

2. IRREGULAR With irregular verbs, there is a *vowel change* in some conjugations.

   a. IRREGULAR <u>WITHOUT</u> *-TE* IN THE SIMPLE PAST (instead of "strong")   An example is the verb **kommen: er kommt, er kam, er ist ... gekommen.** The simple past is formed *without* **-te: Er <u>kam</u> zum Strand.** Other examples include **fahren, gehen,** and **schlafen.**

   b. IRREGULAR <u>WITH</u> *-TE* IN THE SIMPLE PAST (instead of "mixed") An example is the verb **kennen: er kennt, er kannte, er hat ... gekannt.** The simple past tense is formed *with* **-te: Er kann<u>te</u> den Strand sehr gut.** Other examples include **brennen, nennen, rennen, senden, bringen, denken, mögen, wissen,** and the modal verbs.

Forms

1. Most German verbs form the present tense by dropping the **-en** from the infinitive and adding the personal endings:

INFINITIVE: **mach ǀ en**					
ich	-e	(mache)	wir	-en	(machen)
du	-st	(machst)	ihr	-t	(macht)
er/sie/es/man	-t	(macht)	sie/Sie	-en	(machen)

2. Some irregular verbs change a stem vowel in the second- and third-person singular.

   e → i

   geben: ich gebe → du gibst, er/sie/es/man gibt

   (also **essen, helfen, nehmen, sprechen, sterben, treffen, vergessen**)

   e → ie

   sehen: ich sehe → du siehst, er/sie/es/man sieht

   (also **lesen, stehlen**)

   a → ä

   fahren: ich fahre → du fährst, er/sie/es/man fährt

   (also **anfangen, einladen, gefallen, halten, lassen, schlafen, schlagen, tragen, waschen**)

   au → äu

   laufen: ich laufe → du läufst, er/sie/es/man läuft

3. If the verb stem ends in **-d** or **-t**, an **e** is inserted before the **-st** and **-t** endings for easier pronunciation.[1]

INFINITIVE: **arbeit ǀ en**					
ich arbeit	-e	(arbeite)	wir arbeit	-en	(arbeiten)
du arbeit	-est	(arbeitest)	ihr arbeit	-et	(arbeitet)
er/sie/es/man arbeit	-et	(arbeitet)	sie/Sie arbeit	-en	(arbeiten)

---

[1]Irregular verbs which have a stem vowel change in the **du** and **er/sie/es/man** forms do not insert an **e**; for example, **halten → du hältst, er/sie/es/man hält; raten → du rätst, er/sie/es/man rät.**

4. The verbs **haben**, **sein**, **werden**, and **wissen** conjugate irregularly in the present tense.

	haben	sein	werden	wissen
ich	habe	**bin**	werde	**weiß**
du	hast	**bist**	wirst	**weißt**
er/sie/es/man	hat	**ist**	wird	**weiß**
wir	haben	**sind**	werden	wissen
ihr	habt	**seid**	werdet	wisst
sie/Sie	haben	**sind**	werden	wissen

Examples

1. Im Urlaub **mache** ich am liebsten gar nichts!

   When I am on vacation I prefer to do nothing!

2. Er **arbeitet** im Juni vier Wochen, damit er im Juli nach Kroatien fliegen kann.

   He's working four weeks in June so that he can go to Croatia in July.

3. Wohin **fährst** du diesen Sommer?

   Where are you going this summer?

4. **Hast** du schon ein Urlaubsziel?

   Do you know yet where you will be traveling?

Explanation

In a <u>main clause</u> the conjugated verb is always the element in second position. The most common element in first position is the subject, but it is also possible to put other elements of the sentence in first position.

1	2	3
Ich	mache	im Urlaub am liebsten gar nichts.
Im Urlaub	mache	**ich** am liebsten gar nichts.
Am liebsten	mache	**ich** im Urlaub gar nichts.

The element in first position does not necessarily have only one word, it can have several components; it forms a contextual unit. When the subject is not in first position, it moves to third position.

In a <u>question</u> that starts with a question word, the conjugated verb is also in second position.

> Wohin **fährst** du diesen Sommer?

A <u>question</u> can also start with the verb. Questions of this sort have 'yes' or 'no' for an answer.

> —**Hast** du Lust mit mir zu verreisen?
> —Ja.

For the present perfect tense and the future tense, please see **Einheit 3**. For modal verbs please see **Einheit 4**.

1.2 Prefixed Verbs (*Verben mit Präfix*)

Many verbs add prefixes to form other verbs with different meanings. Many of these prefixes look like prepositions, but they function much differently from prepositions.

Forms

1. Inseparable prefixes: **be-, emp-, ent-, er-, ge-, miss-, ver-, zer-**
2. Separable prefixes: **ab-, an-, auf-, aus-, bei-, ein-, fest-, her-, hin-, mit-, nach-, vor-, weg-, zu-, zurück-, zusammen-**

Examples

1. **verreisen:**	Sie **verreist** geschäftlich.	*She is going away on a business trip.*
erzählen:	Sie **erzählten** ihren Freunden von der Reise.	*They told their friends about the trip.*
besichtigen:	Sie hat die Chinesische Mauer **besichtigt**.	*She visited the Great Wall of China.*
2. **ausgeben:**	Ich **gebe** zu viel Geld **aus**!	*I spend too much money!*
mitbringen:	Ich **brachte** dir eine Kalligraphie aus China **mit**.	*I brought you a calligraphy print from China.*
ansehen:	Ich habe mir die Chinesische Mauer **angesehen**.	*I visited the Great Wall of China.*

Explanation

1. Inseparable prefixes never separate from the base verb. They always form a unit.

2. Separable prefixes separate from the base verb when conjugated in a main clause. In the present and simple past tense the prefix moves to the end of the main clause. In forming the past participle, a **ge** is inserted between the prefix and the base verb:

   Ich habe viel Geld aus**ge**geben.   *I spent a lot of money.*

   A separable prefix does not separate from the base verb in a subordinate clause:

   Wenn ich weiter so viel Geld **ausgebe**, kann ich nicht in Urlaub fahren.   *If I keep spending so much money, I will not be able to afford to go on vacation.*

   Weil ich ihr Tee aus China **mitbrachte**, freute meine Mutter sich sehr.   *Because I brought her tea from China, my mother was pleased.*

3. Some prefixes can be used separably or inseparably: **durch-, hinter-, über-, um-, unter-, wider-**, and **wieder.** There is, however, a difference in meaning.

   Ein Freund **übersetzt** für mich die Hotelreservierung auf Italienisch.   *A friend is translating the Italian hotel reservation for me.*

   Wir fahren diesen Sommer nach Sardinien; vom Festland **setzen** wir mit einer Fähre **über**.   *We're going to go to Sardinia this summer; we'll transfer from the mainland by ferry.*

1.3 Gender (Geschlecht)

German uses three genders: masculine, feminine, and neuter. The article used before the noun indicates its gender, and it is always best to learn the noun together with the article as a unit, because it is usually hard to determine the article by hard-and-fast rules. There are, however, some general rules for determining the article. Forms and examples are shown below.

Forms and Examples

Masculine Suffixes	Examples
-ig	der Käfig
-ling	der Frühling
-us	der Rhythmus

Feminine Suffixes	Examples
-ie	die Biologie
-ion	die Expedition
-heit	die Gesundheit
-keit	die Langsamkeit
-schaft	die Gesellschaft
-tät	die Universität
-ung	die Bedingung
-ur	die Kultur

Neuter Suffixes	Examples
-chen	das Mädchen
-ment	das Argument
-(i)um	das Studium

Explanation

In general, grammatical gender matches the biological gender of a person, e.g. *der* **Mann,** *die* **Frau,** but this is not always the case: *das* **Mädchen,** *das* **Kind.**

1.4 Compound Nouns (*Komposita*)

Typical for German is the ability of the language to combine words to make longer words.

der **Flug,** die Flüge	(der Flug)
die **Flugbegleiterin,** -nen	(die Begleiterin)
das **Flugbegleiterinnenteam,** -s	(das Team)

Explanation

In compound words, both gender and number are determined by the last word in the compound.

1.5 The Function of Case, Part 1: Nominative, Accusative, and Dative (*Kasusfunktion Teil 1: Nominativ, Akkusativ und Dativ*)

German uses four cases: nominative, accusative, dative, and genitive. This section provides an overview of all four cases, but a detailed discusson of the genitive is reserved for **Einheit 3.**

Examples

Nominative

<u>Der Flug</u> in die Karibik war völlig ausgebucht.
SUBJECT

The flight to the Caribbean was completely booked.

<u>Dieser Flug</u> ist <u>mein erster Flug</u> nach Amerika.
SUBJECT   PREDICATE NOMINATIVE

This flight is my first flight to America.

Accusative

Dieser Flug kostet <u>einen Haufen</u> Geld!
DIRECT OBJECT

This flight costs a fortune!

Dative

Ich bringe <u>meiner Schwester</u> ein Andenken mit.
INDIRECT OBJECT

I'll bring my sister a souvenir.

Genitive

Das ist das Buch <u>der Frau</u> an der Tür.
POSSESSOR

The book belongs to the woman at the door.

- ◇ The nominative case is for the subject, as well as for predicate nominatives (used with the verbs **sein, heißen, werden,** and **bleiben**).

- ◇ The accusative case is for direct objects, as well as for nouns following accusative prepositions (Section 1.10) and two-way prepositions (Section 1.12).

- ◇ The dative case is for indirect objects, for nouns following dative prepositions (Section 1.11) and two-way prepositions (Section 1.12), and for the objects of certain dative verbs (Section 1.9).

- ◇ The genitive case is primarily for possession (to be elaborated in **Einheit 3**).

1.6 Declension of *der*-Words (*Deklination von der-Wörtern*)

der-words are:

1. the definite articles: **der, die, das, den, dem, des**

2. **dies-, jed-, jen-, manch-, solch-, welch-**

3. in the plural: **alle-, beide-**

Forms and Examples

	Masculine	Feminine	Neuter	Plural
Nominative	der/dieser Flug	die/diese Reise	das/dieses Ziel	die/diese/alle Flüge
Accusative	den/diesen Flug	die/diese Reise	das/dieses Ziel	die/diese/alle Flüge
Dative	dem/diesem Flug	der/dieser Reise	dem/diesem Ziel	den/diesen/allen Flügen
Genitive	des/dieses Fluges[1]	der/dieser Reise	des/dieses Zieles[1]	der/dieser/aller Flüge

Explanation

- ◇ All **der**-words have the same endings (see chart above).

- ◇ The definite articles **der, die, das,** ... are equivalent to English *the*.

- ◇ Most nouns decline as shown above (see Section 1.8 for exceptions).

- ◇ <u>Note</u>: In the dative plural an **-n** must be added if the noun plural does not already end in **-n**:

  der Freund, die Freunde

  Ich fahre mit meinen Freunde**n** in Urlaub.   *I go/I'm going on vacation with my friends.*

  <u>Exception</u>: Noun plurals ending in **-s** (mit den Auto**s**).

---

[1]**des Fluges, des Zieles** The **es** is added because the nouns **Flug** and **Ziel** are monosyllabic; otherwise the genitive ending is **s**. See **Einheit 3**.

1.7 Declension of *ein*-Words (*Deklination von ein-Wörtern*)

ein-words are:

1. the indefinite articles: **ein, eine, einen, einem, eines**

2. the negative article **kein-**

3. the possessive articles: **mein-, dein-, sein-, ihr-/Ihr-, unser-,** and **eu(e)r-**

Forms

	Masculine	Feminine	Neuter	Plural
Nominative	(k)ein Flug	(k)eine Reise	(k)ein Ziel	keine Flüge
Accusative	(k)einen Flug	(k)eine Reise	(k)ein Ziel	keine Flüge
Dative	(k)einem Flug	(k)einer Reise	(k)einem Ziel	keinen Flügen
Genitive	(k)eines Fluges[1]	(k)einer Reise	(k)eines Zieles[1]	keiner Flüge

Examples

1. Wir haben in **einem** wunderbaren Hotel übernachtet. — *We stayed in a wonderful hotel.*

2. Leider hatten die Zimmer **keinen** Balkon. — *Unfortunately the rooms didn't have a balcony.*

3. —**Mein** letzter Urlaub war toll! Wie war **eurer**? — *—My last vacation was wonderful! How was yours?*
   —**Uns(e)re** Ferien waren super! — *—Our vacation was great!*

Explanation

The **ein**-words include **ein-, kein-,** and the possessive articles. All **ein**-words share the same endings (see chart above). The **ein**-words **ein, eine, einen,** ... are equivalent to English *a*. <u>Note</u>: There are no indefinite articles in the plural!

◊ Every pronoun (e.g. **ich**) has a corresponding possessive article (e.g. **mein**).

ich	→	mein	wir	→	unser
du	→	dein	ihr	→	euer
sie	→	ihr	sie	→	ihr
er	→	sein	Sie	→	Ihr
es	→	sein			
man	→	sein			

---

[1](k)eines Fluges, (k)eines Zieles the **-es** is added because the nouns **Flug** and **Ziel** are monosyllabic; otherwise the genitive ending is **-s.** See **Einheit 3.**

◇ When **unser** takes an ending, the **e** just before the **r** is sometimes dropped when speaking.

◇ When **euer** takes an ending, the **e** just before the **r** is always dropped.

1.8 Weak Nouns (N-*Deklination*)

Section 1.6 shows the regular noun declension. There are some—mostly masculine—nouns that decline differently.

Forms

1. der Junge, -n

	Singular	Plural
Nominative	der Junge	die Jungen
Accusative	den Jungen	die Jungen
Dative	dem Jungen	den Jungen
Genitive	des Jungen	der Jungen

2. der Mensch, -en

	Singular	Plural
Nominative	der Mensch	die Menschen
Accusative	den Menschen	die Menschen
Dative	dem Menschen	den Menschen
Genitive	des Menschen	der Menschen

3. der Herr, -en

	Singular	Plural
Nominative	der Herr	die Herren
Accusative	den Herrn	die Herren
Dative	dem Herrn	den Herren
Genitive	des Herrn	der Herren

4. der Name, -n

	Singular	Plural
Nominative	der Name	die Namen
Accusative	den Nam**en**	die Namen
Dative	dem Nam**en**	den Namen
Genitive	des Nam**en**s	der Namen

Explanation and Examples

Some masculine nouns add **-(e)n** to all cases except to the nominative singular.

a. Male beings ending in **-e**:
   ◇ **der Experte, der Junge, der Kunde, der Neffe …** (Form 1, p. 325)

b. Some masculine nouns not ending in **-e**:
   ◇ **der Bauer, der Herr, der Mensch, der Nachbar** (Form 2, p. 325)
   ◇ **Herr** takes **-n** in the singular, but **-en** in the plural (Form 3, p. 325).

c. A number of nouns indicating nationality or religion:
   ◇ **der Deutsche, der Franzose, der Türke, …**
   ◇ **der Katholik, der Protestant, der Jude, …**

d. Male beings ending in the foreign suffixes **-ant, -arch, -ast, -ege, -ent, -ist, -oge, -om, -oph, -ot**:
   ◇ **der Kollege, der Student, der Tourist, der Philosoph, der Pilot, …**

e. Some nouns add an additional **-s** in the genitive case:
   ◇ **der Buchstabe, der Gedanke, der Name** (Form 4, above)
   ◇ note also the forms of the neuter noun **das Herz: das Herz, dem Herzen, des Herzens,** (*Pl.*) **Herzen**

1.9 Dative Verbs (*Dativverben*)

Dative verbs require an object in the dative case.

Examples

1. Ich besichtige <u>die chinesische Mauer</u>.
   ACCUSATIVE
   I'm visiting the Great Wall of China.

2. Ich schreibe <u>meinen Eltern</u> aus dem
   DATIVE
   Urlaub immer <u>eine Postkarte</u>.
   ACCUSATIVE
   I always write my parents from my vacation trips.

3. Ich helfe <u>meiner Freundin</u> (ihren Koffer) packen.
   DATIVE
   I'm helping my friend pack (her suitcase).

Explanation

1. Most verbs that have objects require the accusative case.

2. Some verbs can take both an accusative and a dative object.

3. A few verbs always need a dative object. They are called dative verbs. Some of them can have an accusative object as well, but not necessarily. Some of these verbs are:

antworten	*to answer*
danken	*to thank*
gehorchen	*to obey*
gehören	*to belong to*
geschehen	*to happen*
gratulieren	*to congratulate*
helfen	*to help*
passen	*to suit, fit*
passieren	*to happen*
raten	*to advise*
schaden	*to harm*
schmecken	*to taste, taste good*
wehtun	*to hurt, to pain*
widersprechen	*to contradict*

1.10 Accusative Prepositions (Präpositionen mit dem Akkusativ)

Articles, adjectives, and nouns that follow prepositions require a certain case. The case depends on the preposition. For some prepositions the accusative case is used. These are called "accusative prepositions."

Meaning

bis	*until, to; as far as; by*
durch	*through*
für	*for*
gegen	*against; toward*
ohne	*without*
um	*around* (spatial); *at* (temporal)
wider	*against*

Contractions in oral conversation:

durchs (durch das)   fürs (für das)   ums (um das)

1.11 Dative Prepositions (*Präpositionen mit dem Dativ*)

Some prepositions cause the articles, adjectives, and nouns that follow them to be in the dative case. Here are the most commonly used dative prepositions.

Meaning

aus	*out of; away from; from; made of*
außer	*except for, besides*
bei	*by, near; at; with, during*
gegenüber	*across from, opposite*
gemäß	*according to*
mit	*with; by*
nach	*after; to; according to*
samt	*along with, together with; including*
seit	*since*
von	*of; from; by; about*
zu	*to; at*
zufolge	*according to*

Common contractions:

beim (bei dem)   vom (von dem)   zum (zu dem)   zur (zu der)

The form **zufolge** is usually placed after the noun:

seiner Aussage **zufolge**   *according to his statement*

1.12 Two-Way Prepositions (*Wechselpräpositionen*)

A certain group of prepositions causes the following noun to be either in the accusative case or the dative case, depending on the meaning of the sentence. These include the following prepositions.

Meaning

an	*at; on; to*
auf	*on, upon; at*
entlang	*along*
hinter	*behind*
in	*in; into*
neben	*beside, next to*
über	*over; across; above; about*
unter	*under; below; among*
vor	*in front of; ago*
zwischen	*between*

Common contractions:

am (an dem)   ans (an das)   ins (in das)   im (in dem)

Contractions in oral conversation:

aufs (auf das)   überm (über dem)   unters (unter das)
hinterm (hinter dem)   übers (über das)   vorm (vor dem)
hinters (hinter das)   unterm (unter dem)   vors (vor das)

Examples

Ich möchte mit dir **um die Welt** reisen!	*I'd like to travel with you around the world.*
Ich möchte **mit dir** im weißen Sand liegen.	*I'd like to lie in the white sand with you.*
—Wo ist sie?	—*Where is she?*
—**Am** Strand.	—*At the beach.*
—Wohin geht sie?	—*Where is she going?*
—**An den** Strand.	—*To the beach.*
Location: **Entlang dem Fluss** stehen Bäume.	*Trees stand along the river.*
Movement: Ich gehe **den Fluss entlang**.	*I'm walking along the river.*

Explanation

◇ Accusative prepositions always take the accusative case.

◇ Dative prepositions always take the dative case.

◇ Two-way prepositions take the dative case when they indicate location. They take the accusative case when they indicate direction or movement towards an object or place.

◇ Note: The two-way preposition **entlang** follows the noun in the accusative case when indicating movement along an object.

Location versus Movement

There are four pairs of verbs that are often used with two-way prepositions. One verb in each pair is regular and the other is irregular. When describing the location of an object or a person, the irregular form is used. When talking about movement towards the object or person, the regular form is used. This is the case with the following verbs:

hängen (hing, hat ... gehangen) vs. **hängen** (hängte, hat ... gehängt)

Location: Als ich ins Hotel gekommen bin, **hat** ein Zettel an der Zimmertür **gehangen**.

Movement: Meine Freundin hat ihn dorthin gehängt: ‚Bin am Strand.'

sitzen (saß, hat ... gesessen) vs. (sich) **setzen** (setzte, hat ... gesetzt)

Location: Meine Freundin **sitzt** am Strand und liest ein Buch.

Movement: Ich **setze** mich neben sie.

stehen (stand, hat ... gestanden) vs. (sich) **stellen** (stellte, hat ... gestellt)

Location: Ihre Tasche **steht** im Sand.

Movement: Ich **stelle** meine Schuhe daneben.

liegen (lag, hat ... gelegen) vs. (sich) **legen** (legte, hat ... gelegt)

Location: Neben uns **liegt** ein attraktiver Mann.

Movement: Eine nette Frau kommt und **legt** sich zu ihm.

Summary

LOCATION	MOVEMENT
In response to the question **WO**? hängen (*irreg.*), sitzen, stehen, liegen	In response to the question **WOHIN**? hängen (*reg.*), setzen, stellen, legen

1.13 Imperatives (*Imperativ*)

The form of verbs for giving commands or instructions is called the "imperative mood" or simply "imperative."

Forms

The imperative has four forms:

1. **du**-form   (familiar, singular)
2. **ihr**-form   (familiar, plural)
3. **Sie**-form   (formal, singular or plural)
4. **wir**-form   (first person plural: "Let's . . .")

Examples

1. **du**-form

PRESENT TENSE			IMPERATIVE
a. du buchst	→	~~du~~ buch~~st~~	→	**Buch(e)** eine Reise in die Anden! *Book a trip to the Andes!*
du reist	→	~~du~~ reis~~t~~	→	**Reis(e)** doch in den Süden! *Travel to the south!*
b. du bringst	→	~~du~~ bring~~st~~	→	**Bring(e)** feste Schuhe **mit**! *Bring along good shoes!*
c. du fährst	→	~~du~~ fähr~~st~~	→	**Fahr(e)** doch nach Italien! *Go to Italy!*
du läufst	→	~~du~~ läuf~~st~~	→	**Lauf(e)** doch am Strand! *Go jogging on the beach!*

d. du sprichst → ~~du~~ sprich~~st~~ → **Sprich** doch mit dem Hotelmanager!
Talk to the hotel manager!

    du entdeckst → ~~du~~ entdeck~~st~~ → **Entdecke** die Schönheit Mexikos!
Discover the beauty of Mexico!

e. du reitest → ~~du~~ reit~~est~~ → **Reite** doch den Strand entlang!
Do some horseback riding along the coast!

2. **ihr**-form: **Kommt** bald wieder nach Griechenland! *Come to Greece again soon!*

3. **Sie**-form: **Kommen Sie** nach Kreta! *Come to Crete!*

4. **wir**-form: **Gehen wir** doch heute tauchen! *Let's go diving today!*

Explanation

1. a. The **du**-imperative is formed from the second person singular in the present tense. The **-(s)t** ending of this form and the pronoun are then omitted. If the **-s** is part of the stem, it is not omitted.

   b. When a separable prefix verb is used the prefix separates from the base verb and moves to the end of the sentence.

   c. Irregular verbs with the stem changes **a → ä** and **au → äu** lose the umlaut in the imperative.

   d. An optional **-e** can be added to all **du-** imperative forms, except for irregular verbs with the present-tense vowel shift **e → i** or **e → ie**, e.g., **sprechen, sprich; lesen, lies.** The **-e** is often omitted for other verbs, particularly in colloquial German. Verbs with an imperative form of more than one syllable, however, very often take the extra **-e**, e.g., **entdecken, entdecke.**

   e. <u>Note</u>: Verbs with the stem ending in **-d** or **-t** always take an **-e** on the end!

2. The **ihr**-form imperative is the same as the **ihr**-form of the present tense, but the pronoun is omitted.

3. The **Sie**-form imperative is the same as the **Sie**-form of the present tense, but the verb is always followed by the pronoun **Sie**.

4. The **wir**-form imperative is the same as the **wir**-form of the present tense, but the verb is always followed by the pronoun **wir**.

◇ The imperative forms of **sein** are irregular:

    du-form: **Sei** anders!   *Be different!*

    ihr-form: **Seid** anders!   *Be different!*

    Sie-form: **Seien Sie** anders!   *Be different!*

    wir-form: **Seien wir** anders!   *Let's be different!*

◇ The **du**-imperative forms of **haben, werden,** and **wissen** are irregular as well:

    Hab(e) Spaß!

    Werd(e) schön braun!

    Wisse immer, wann du aufhören musst!

◇ **Bitte** or flavoring particles such as **doch** and **mal** can accompany the imperative. **Bitte** makes a command more polite. For the meanings of the other flavoring particles see **Einheit 10.**

EINHEIT 2

Das Fernweh zur Zeit Goethes

- ◇ 2.1 Expressing Purpose with *um ... zu* and *damit* (*Finalsätze mit* um *...* zu *und* damit)
- ◇ 2.2 Verbs with Prepositional Complements (*Verben mit Präpositionalobjekt*)
- ◇ 2.3 *da*-Compounds (da-*Komposita*)
- ◇ 2.4 Simple Past Tense (*Präteritum*)
- ◇ 2.5 *wo*-Compounds (wo-*Komposita*)

2.1 Expressing Purpose with *um ... zu* and *damit* (*Finalsätze mit* um *...* zu *und* damit)

Purpose can be expressed with the construction **um ... zu** + infinitive or with the conjunction **damit**.

Meaning

damit	*so that; in order that*
um ... zu	*in order to*

Examples

1. Ältere Meister nahmen junge Handwerker bei sich auf, **damit** diese von ihnen lernen konnten.

   Older masters took in young craftsmen so that the craftsmen could learn from them.

2. Die Menschen wandern, **um** in der Natur **zu** sein.

   People hike in order to be in nature.

3. Goethe schrieb Gedichte, **um** seine Probleme **zu** verarbeiten.

   Goethe wrote poems in order to come to terms with his problems.

4. Goethe zog nach Weimar, **um** in den weimarischen Staatsdienst ein**zu**treten.

   Goethe moved to Weimar in order to enter the Weimar civil service.

5. Goethe reiste nach Italien, **um** das Land und die Leute kennen **zu** lernen.

   Goethe traveled to Italy in order to get to know the country and its people.

6. Goethe studierte Jura, **um** seinem Vater nicht **zu** widersprechen.

   Goethe studied law in order not to contradict his father.

Explanation

Both **damit** and **um ... zu** express an intention or a purpose. **Damit** is used if the subject in the main clause is different from the subject in the dependent clause. If the subject of the main clause and of the dependent clause is the same, it is preferable to use **um ... zu**. In dependent clauses using **damit** or **um ... zu**, the modal verbs **sollen, wollen, "möchten,"** and **müssen** cannot be used, because their meaning is already implied.

Position of *zu*:

2. **Zu** is placed between **um** and the infinitive. It is in second-to-last position. The infinitive is in final position.

3. If the verb has an inseparable prefix, the same rule applies.

4. If the verb has a separable prefix, **zu** is placed between the prefix and the main verb. This "new" infinitive is in final position.

5. If the infinitive consists of two verbs, **zu** is placed between them.

  ◇ Note: Within the **um ... zu** + INFINITIVE construction, **um** is not considered a preposition. The case of the noun is dependent upon either a preposition (if applicable; see Examples 2 [**in der Natur**] and 4 [**in den weimarischen Staatsdienst**]) or the infinitive (see Examples 3, 5, and 6: **verarbeiten** [3] and **kennen lernen** [5] both take the accusative case; **widersprechen** [6] is a dative verb).

2.2 Verbs with Prepositional Complements
(Verben mit Präpositionalobjekt)

German, like English, uses verbs in conjunction with certain prepositions to create specific meanings.

Meaning

antworten auf (+ *acc.*)	*to answer to, reply to*
√ sich beschäftigen mit	*to be occupied with, occupy oneself with*
bestehen aus	*to consist of*
√ bitten um	*to ask for*
danken für	*to thank for*
√ denken an (+ *acc.*)	*to think of, have in mind*
√ diskutieren über (+ *acc.*)	*to discuss*
√ sich erinnern an (+ *acc.*)	*to remember*
erzählen von	*to tell about, talk about*
√ sich freuen auf (+ *acc.*)	*to look forward to*
√ sich freuen über (+ *acc.*)	*to be happy about*
sich gewöhnen an (+ *acc.*)	*to get used to, become accustomed to*
√ handeln von	*to deal with, be about*
hoffen auf (+ *acc.*)	*to hope for*
√ sich interessieren für	*to be interested in*

√ lachen über (+ *acc.*)	*to laugh at*
leiden an (+ *dat.*)	*to suffer from*
schreiben an (+ *acc.*)	*to write to*
√ schreiben über (+ *acc.*)	*to write about*
sprechen über (+ *acc.*)	*to speak about, talk about*
sprechen von	*to speak about, speak of*
√ suchen nach	*to look for*
√ teilnehmen an (+ *dat.*)	*to participate in*
√ vergleichen mit	*to compare with*
√ sich verlieben in (+ *acc.*)	*to fall in love with*
(sich) vorbereiten auf (+ *acc.*)	*to prepare (oneself) for*
√ warten auf (+ *acc.*)	*to wait for*
√ zweifeln an (+ *dat.*)	*to doubt, have doubts about*

Examples

1. Eine Oper **besteht aus** mehreren Akten.	*An opera consists of several acts.*
2. Der junge Werther **schrieb** viele Briefe **an** seinen Freund Wilhelm.	*The young Werther wrote a lot of letters to his friend Wilhelm.*
3. Er **sprach** viel **mit** seinem Freund **über** Lotte.	*He talked to his friend a lot about Lotte.*
4. Er **hat sich in** Lotte **verliebt**.	*He fell in love with Lotte.*

Explanation

1. The verb forms a unit with the prepositional complement.

2. Some verbs with a prepositional complement require an additional object. The additional object comes before the prepositional complement.

3. Some verbs require two prepositional complements. In general, a dative prepositional complement comes before an accusative prepositional complement.

4. Many reflexive verbs require a prepositional complement. (For the placement of **sich**, see **Einheit 5**, Section 5.1).

Prepositions used as verbal complements take the accusative or dative case. Accusative prepositions take the accusative case (**Einheit 1**, Section 1.10), dative prepositions take the dative case (**Einheit 1**, Section 1.11). The location/movement rule determining case after two-way prepositions does not apply when prepositions are used as verbal complements. Therefore, it is important to learn the verb, the preposition, and the case together as a unit. There are, however, some guidelines for prepositions as verbal complements:

◇ The preposition **über** always takes an accusative object.

◇ The preposition **auf** almost always takes an accusative object.

2.3 *da*-Compounds (*da-Komposita*)

Da-compounds are compound words that consist of the prefix **da** + **(r)** + PREPOSITION. They are used in conjunction with verbs with prepositional complements.

Forms

da + **(r)** + PREPOSITION

daran	dafür	danach	davon
darauf	dagegen	daneben	davor
daraus	dahinter	darüber	dazu
dabei	darin	darum	dazwischen
dadurch	damit	darunter	

There are a few prepositions that cannot form a **da**-compound: **bis, ohne,** and **wider** (with accusative case) and **außer, gegenüber,** and **seit** (with dative case).

Examples

1. Der Briefroman *Die Leiden des jungen Werther* **handelt davon**, dass Werther sich in Lotte verliebt.

   The epistolary novel The Sorrows of Young Werther *is about Werther falling in love with Lotte.*

2. Goethe **dachte** möglicherweise selbst **daran**, wie Werther, Selbstmord zu begehen.

   It is possible that Goethe thought about committing suicide himself, like Werther.

3. Goethe **schreibt über** eine unglückliche Liebe.

   Goethe writes about an unhappy love.

4. a. —Schreibt Werther über die Liebe?
      —Ja, er **schreibt darüber**.

      —Does Werther write about love?
      —Yes, he writes about it.

   b. —Schreibt Werther über Lotte?
      —Ja, er **schreibt über sie**.

      —Does Werther write about Lotte?
      —Yes, he writes about her.

5. Goethes *Werther* hatte viele Suizide zur Folge, aber **daran** möchte man nicht gerne **denken**.

   Goethe's Werther *had a lot of suicides as a consequence, but one doesn't like to think about that.*

Explanation

1. **da** + PREPOSITION is used if the preposition starts with a consonant.

2. **da** + **r** + PREPOSITION is used if the preposition starts with a vowel.

1+2. A **da**-compound is used if it is followed by a dependent clause or an infinitive phrase.

3. Only the preposition is used if a noun follows.

4. **da**-compounds refer only to things and concepts, not to people.

5. A **da**-compound can also refer to an entire preceding clause.

2.4 Simple Past Tense (*Präteritum*)

The simple past tense is used to describe events that took place in the past. It is mostly used in writing.

Forms

1.

studieren			
ich	studier**te**	wir	studier**ten**
du	studier**test**	ihr	studier**tet**
er/sie/es/man	studier**te**	sie/Sie	studier**ten**

heiraten			
ich	heirat**ete**	wir	heirat**eten**
du	heirat**etest**	ihr	heirat**etet**
er/sie/es/man	heirat**ete**	sie/Sie	heirat**eten**

2. a

kommen			
ich	k**a**m	wir	k**a**men
du	k**a**mst	ihr	k**a**mt
er/sie/es/man	k**a**m	sie/Sie	k**a**men

finden			
ich	f**a**nd	wir	f**a**nden
du	f**a**ndest	ihr	f**a**ndet
er/sie/es/man	f**a**nd	sie/Sie	f**a**nden

lesen			
ich	l**a**s	wir	l**a**sen
du	l**a**sest	ihr	l**a**st
er/sie/es/man	l**a**s	sie/Sie	l**a**sen

2. b

denken			
ich	d**a**chte	wir	d**a**chten
du	d**a**chtest	ihr	d**a**chtet
er/sie/es/man	d**a**chte	sie/Sie	d**a**chten

senden	
ich s<u>a</u>nd<u>te</u>	wir s<u>a</u>nd<u>te</u>n
du s<u>a</u>nd<u>test</u>	ihr s<u>a</u>nd<u>te</u>t
er/sie/es/man s<u>a</u>ndte	sie/Sie s<u>a</u>nd<u>te</u>n

"möchten"/(wollen)*	
ich woll<u>te</u>	wir woll<u>te</u>n
du woll<u>test</u>	ihr woll<u>te</u>t
er/sie/es/man woll<u>te</u>	sie/Sie woll<u>te</u>n

Examples

1. Goethe **studierte** Jura in Leipzig.

   Goethe studied law in Leipzig.

2. a. In Friedrich Schiller **fand** Goethe einen Freund.

   Goethe found a friend in Friedrich Schiller.

   b. Werther **sandte** seinem Freund Wilhelm Briefe.

   Werther sent letters to his friend Wilhelm.

3. a. Goethe **sah** sich gern die Bücher über Italien **an**, die in der Bibliothek seines Vaters **standen**.

   Goethe loved to look at the books about Italy that were in his father's library.

   b. Als Goethe die Bücher seines Vaters **ansah**, wusste er, dass auch er nach Italien fahren wollte.

   When Goethe saw his father's books, he knew he wanted to go to Italy, too.

Explanation

1. The simple past tense of *regular verbs* is formed by adding **-te** plus personal endings to the infinitive stem. *sagen → sagte*

   ◇ Note: The first and third persons singular do not add personal endings!
   ◇ If the infinitive stem ends in **-d, -t,** or in a single *retten* **-m** or **-n** *atmen* preceded by a consonant other than **l** or **r,** then an **e** is added before the **-te** to facilitate pronunciation.

2. The simple past tense of *irregular verbs* is formed by changing the vowel and sometimes also the consonant of the infinitive stem and by adding personal endings to this stem. (Refer to the list of irregular verbs in the appendix of the ***Anders gedacht*** textbook, **Anhang B.**)

   ◇ Note: The first and third persons singular do not add personal endings!

   a. Most irregular verbs form the simple past tense *without* **-te,** e.g., **fahren, gehen, kommen, schlafen, ...**
      ◇ If the simple past tense stem ends in **-d, -t,** then an **e** is added before the personal endings **-st** (second person singular) and **-t** (second person plural) to facilitate pronunciation. The **e** before the **-st** ending, however, is sometimes left out.

---

*The verb form "**möchten**" has no simple past tense form. The simple past tense forms of **wollen** are typically used to express the notion of "**möchten**" in the simple past tense.

◇ Simple past stems ending in **-s, -ss, -ß,** and **-z** also require an **e** before the **-st** ending in the second person singular. ~~Sitzen → saßest~~

b. A few irregular verbs form the simple past tense *with* **-te: brennen, bringen, denken, nennen, rennen, senden, wissen, mögen,** and the modal verbs.

◇ <u>Note</u>: **senden** and **wenden** do not add an **e** between the simple past tense stem and the **-te** even though the stem ends in **-d: du sandtest, wandtest.**

◇ <u>Note</u>: **"möchten"** has no simple past tense form. The simple past tense forms of **wollen** are typically used to express the notion of **"möchten"** in the simple past tense.

3. a. In the simple past tense separable prefixes separate from the verb in main clauses.

   b. In dependent clauses separable prefixes are attached to the base verb.

4. Verbs **haben, sein,** and **werden**

   The verb **haben** is irregular with a **-te** ending; **sein** and **werden** are irregular without **-te**.

haben			
ich	hatte	wir	hatten
du	hattest	ihr	hattet
er/sie/es/man	hatte	sie/Sie	hatten

sein			
ich	war	wir	waren
du	warst	ihr	wart
er/sie/es/man	war	sie/Sie	waren

werden			
ich	wurde	wir	wurden
du	wurdest	ihr	wurdet
er/sie/es/man	wurde	sie/Sie	wurden

5. The simple past tense has several English equivalents.

   Ich studierte. ⎧ *I studied.*
   　　　　　　 ⎨ *I was studying.*
   　　　　　　 ⎩ *I used to study.*

6. In conversation, the simple past tense of **haben, sein,** and the modal verbs is preferred over the present perfect tense of those verbs.

2.5 wo-Compounds (wo-Komposita)

Wo-compounds are compound words that consist of the prefix **wo** + **(r)** + PREPOSITION. They are used in conjunction with verbs with prepositional complements.

Forms

wo + **(r)** + PREPOSITION

woran	womit
worauf	wonach
woraus	worüber
wobei	worum
wodurch	worunter
wofür	wovon
wogegen	wovor
worin	wozu

There are some prepositions that cannot form a **wo**-compound: **bis, ohne,** and **wider** (with accusative case); **außer, gegenüber,** and **seit** (with dative case).

Examples

1. **Wofür interessierte** sich Goethe? — *What was Goethe interested in?*

2. **Worüber schrieb** Goethe? — *What did Goethe write about?*

3. **Über was schrieb** Goethe? — *What did Goethe write about?*

4. **Wo** studierte Goethe Jura? — *Where did Goethe study law?*

5. a. —**Worüber schreibt** Werther? — —*What does Werther write about?*
   —Über die Liebe. — —*About love.*

   b. —**Über wen schreibt** Werther? — —*Who(m) does Werther write about?*
   —Über Lotte. — —*About Lotte.*

Explanation

1. **wo** + PREPOSITION is used if the preposition starts with a consonant.

2. **wo** + **r** + PREPOSITION is used if the preposition starts with a vowel.

1+2. **wo**-compounds are question words.

3. The form PREPOSITION + **was** is considered colloquial.

4. Verbs that have no prepositional complement form a question with simple question words, for example **wo, wer, wie, was, warum.**

5. **wo**-compounds refer only to things and concepts, not to people.

Die Grünen und ihre Politik

3.1 The Function of Case, Part 2: Genitive (*Kasusfunktion Teil 2: Genitiv*)

The genitive case indicates a relationship between two nouns. It is used primarily to express possession or ownership.

Forms

GENITIVE ARTICLES AND NOUN ENDINGS			
	Masculine	Feminine	Neuter	Plural
---	---	---	---	---
Articles	des/eines/keines	der/einer/keiner	des/eines/keines	der/—/keiner
Noun Endings	-(e)s	—	-(e)s	—

DER-WORDS: ALL CASES			
	Masculine	Feminine	Neuter	Plural
---	---	---	---	---
Nominative	der/dieser Bürger	die/diese Familie	das/dieses Kind	die/diese/alle Frauen
Accusative	den/diesen Bürger	die/diese Familie	das/dieses Kind	die/diese/alle Frauen
Dative	dem/diesem Bürger	der/dieser Familie	dem/diesem Kind	den/diesen/allen Frauen
Genitive	des/dieses Bürgers	der/dieser Familie	des/dieses Kindes	der/dieser/aller Frauen

EIN-WORDS: ALL CASES				
	Masculine	Feminine	Neuter	Plural
Nominative	(k)ein Bürger	(k)eine Familie	(k)ein Kind	keine Frauen
Accusative	(k)einen Bürger	(k)eine Familie	(k)ein Kind	keine Frauen
Dative	(k)einem Bürger	(k)einer Familie	(k)einem Kind	keinen Frauen
Genitive	(k)eines Bürgers	(k)einer Familie	(k)eines Kindes	keiner Frauen

Examples

1. Die Ziele **der** Grünen (*pl.*) sind:

   The Green Party's goals are:

2. ... die Verbesserung **der** Ausbildung (*f.*),

   . . . the improvement of education,

3. ... der Schutz **des** Kind**es** (*n.*),

   . . . the protection of the child,

4. ... die Begrenzung **des** CO$_2$-Ausstoßes (*m.*),

   . . . the limitation of carbon dioxide emissions,

5. ... der Schutz **des** Klima**s** (*n.*) und

   . . . the protection of the climate, and

6. ... die Reduzierung **des** Verkehr**s** (*m.*).

   . . . the reduction of traffic.

7. Joschka Fischer**s** Hobbys sind Kochen und klassische Musik.

   Joschka Fischer's hobbies are cooking and classical music.

8. Werner Schulz' Name ist relativ unbekannt (er ist Grünen-Abgeordneter im Bundestag).

   Werner Schulz's name is relatively unknown (he's a Green Party member of the German Bundestag).

9. Europa**s** Zukunft ist grün!

   Europe's future is green!

10. Joschka Fischer**s** Buch/Das Buch **von** Joschka Fischer heißt *Fit und schlank: Mein langer Lauf zu mir selbst.*

    Joschka Fischer's book is called Fit und schlank: Mein langer Lauf zu mir selbst.

Explanation

In English, the genitive case can be expressed either with an *of*-phrase or with the possessive *-'s*. The following are the rules for German:

1 + 2. <u>Feminine nouns and nouns in the plural</u> do not add endings in the genitive. The articles are **der** and **(k)einer**.

3 6. <u>Masculine and neuter nouns</u> add either **-s** or **-es** in the genitive. The masculine and neuter articles are **des** and **(k)eines**.

   Monosyllabic nouns generally add **-es** (Example 3: **des Kindes**).

   ◊ In spoken German, the **e** of the **-es** ending of monosyllabic nouns is often omitted.

   ◊ If a noun ends in a vowel or silent **h**, it takes the ending **-s**, even if the noun has only one syllable (**der Stau, des Staus; das Stroh, des Strohs**).

   ◊ Some other monosyllabic masculine and neuter nouns add only **-s: der Film, des Films; der Chef, des Chefs.**

When a noun has more than one syllable, it takes the ending **-s** (Example 5: **das Klima, des Klimas;** Example 6: **der Verkehr, des Verkehrs**).

⬥ However, when a noun ends in **-s, -sch, -ß, -x,** or **-z,** it takes the ending **-es**, even if it is a multisyllabic word (Example 4: **der Ausstoß, des Ausstoßes**).

⬥ In written German, the **-es** ending can also be used with multisyllabic words that would otherwise take **-s.**

7. As in English, with proper names you add an **-s** to the name and place it before the noun. Note that in German, however, there is no apostrophe before the **-s**!

8. If the proper name ends in **s, -ß, -x,** or **-z** no **-s** is added, only an apostrophe.

9. The genitive case of geographical names is formed the same way as that of personal names.

10. Often, particularly in spoken German, the word **von** is used to substitute for the genitive case.

3.2 Two-Part Conjunctions *sowohl … als auch* and *weder … noch* (Zweiteilige Konjunktionen sowohl … als auch *und* weder … noch)

Some conjunctions in German have two parts. They are used to join words or phrases in parallel structures.

Meaning

sowohl … als/wie auch	*both . . . and/as well as*
weder … noch	*neither . . . nor*

Examples

1. Deutschland ist **sowohl** Mitglied der EU **als/wie auch** der UNO.

   Germany is a member both of the EU and of the UN.

   Die Deutschen sind **sowohl** umweltfreundlich **als/wie auch** reiselustig.

   German people are environmentally friendly as well as keen on travel.

2. **Weder** die Schweiz **noch** Norwegen sind Mitglieder der EU.

   Neither Switzerland nor Norway is a member of the EU.

   Joschka Fischer ist zurzeit **weder** verheiratet **noch** verlobt.

   Joschka Fischer is neither married nor engaged at this time.

Explanation

1. **sowohl … als/wie auch** expresses a double assertion or affirmation. Both of two statements are applicable.

2. **weder … noch** expresses a double negation. Neither of two statements is applicable.

3.3 Present Perfect Tense (*Perfekt*)

The present perfect tense is used to describe events that took place in the past. It is used primarily in oral conversation and in conversational style writing such as emailing or writing postcards.

Forms

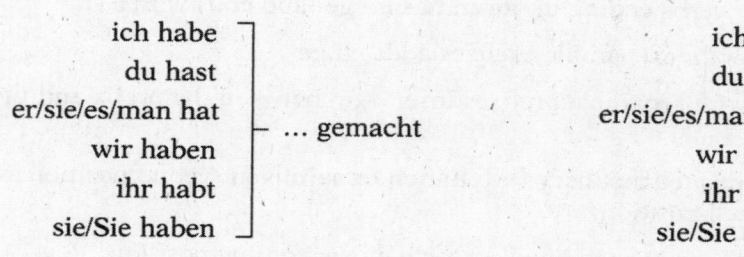

ich habe	ich bin
du hast	du bist
er/sie/es/man hat	er/sie/es/man ist
wir haben	... gemacht	wir sind	... gegangen
ihr habt	ihr seid
sie/Sie haben	sie/Sie sind

1. regular verbs: **machen**	→	Er hat ... **ge**macht.
2. irregular verbs (without **-te** in the simple past): **gehen**	→	Er ist ... **ge**gange**n**.
3. irregular verbs (with **-te** in the simple past): **rennen**	→	Er ist ... **ge**rannt.
4. verbs ending in **-ieren**: **fotografieren**	→	Er hat ... fotografiert.
5. verbs with inseparable prefixes: **bekommen**	→	Er hat ... bekommen.
6. verbs with separable prefixes: **abnehmen**	→	Er hat ... ab**ge**nommen.

Examples

1. Joschka Fischer **hat** kein Abitur **gemacht**.   *Joschka Fischer didn't complete high school.*

2. Er **ist** nicht offiziell zur Uni **gegangen**.   *He didn't officially go to university.*

3. Er **ist** schon immer gerne **gerannt**.   *He always liked to run.*

4. Er **hat** schon als Kind gerne **fotografiert**.   *Even as a child he loved to take pictures.*

5. Er **hat** viele Auszeichnungen **bekommen**.   *He won a lot of awards.*

6. a. Er **hat** in kurzer Zeit 35 Kilo **abgenommen**.   *In very little time he lost 35 kilos.*

   b. Es ist erstaunlich, dass er in so kurzer Zeit 35 Kilo **abgenommen hat**.   *It's amazing that he lost 35 kilos in such a short time.*

7. Joschka Fischer **war** viermal verheiratet, das heißt, er **hatte** vier Ehefrauen.   *Joschka Fischer was married four times, which means he had four wives.*

Explanation

The present perfect tense is formed with the conjugated auxiliary verb **haben** or **sein** and a past participle. Most verbs use the auxiliary **haben**. The auxiliary verb **sein** is used with intransitive verbs of the following categories:

◇ verbs expressing motion from point A to point B (e.g., **ist ... gegangen**)

◇ verbs expressing a change of condition (e.g., **ist ... gestorben**)

◇ the verbs **bleiben, sein, werden, passieren, begegnen, durchfallen (bei einer Prüfung)**

1. The past participle of most regular verbs (without a prefix) starts with **ge-** and ends in **-t**. The stem vowel doesn't change.[1]

2. The past participle of irregular verbs (without a prefix) that add no **-te** in the simple past starts with **ge-** and ends in **-(e)n**. The stem vowel and sometimes the consonant changes.

3. The past participle of irregular verbs (without a prefix) that add **-te** in the simple past starts with **ge-** and ends in **-t**. The stem vowel and sometimes the consonant changes.

4. The past participle of regular verbs ending in **-ieren** has *no* **ge-** and ends with a **-t**.

5. The past participle of verbs with inseparable prefixes adds *no* **ge-**.

6. The past participle of verbs with separable prefixes insert **-ge-** between the prefix and the base verb.

1–6. a. In a main clause, the conjugated auxiliary verb **haben** or **sein** is in second position and the past participle is in final position.

6. b. In subordinate clauses, the conjugated auxiliary verb moves to final position.

7. The simple past forms of **haben, sein, wissen,** and the modal verbs are preferred over the present perfect tense, even in oral conversation.

3.4 Genitive Prepositions (*Präpositionen mit Genitiv*)

Some prepositions cause the articles, adjectives, and nouns that follow them to be in the genitive case. Here are the four most frequently used genitive prepositions.

Meaning

statt/anstatt	*instead of*
trotz	*in spite of*
während	*during*
wegen	*because of, on account of*

Examples

Statt des Abiturs hat Joschka Fischer eine Lehre gemacht.

Instead of finishing high school Joschka Fischer learned a trade.

Trotz seiner Vergangenheit als Demonstrant ist er Außenminister geworden.

In spite of his having been a demonstrator in the past, he became Foreign Secretary.

Während der Zeit als Politiker hat er 35 Kilo abgenommen.

During his stint as a politician he lost 35 kilos.

Wegen seiner großen Leistungen hat er viele Auszeichnungen bekommen.

Because of his great achievements, he received a lot of awards.

---

[1]If the stem of the verb ends in **d** or **t**, or if it ends in **n/m** preceded by a consonant other than **l, r, m, n,** or simple **h**, then insert an **e** before the **t**: **geredet, geöffnet, geatmet.**

Note: In colloquial German the dative case is quite common after the genitive prepositions **anstatt/statt, trotz, während,** and **wegen.** But in formal written German the genitive is still required.

Statt dem Abitur hat Joschka Fischer eine Lehre gemacht.

3.5 Future Tense (*Futur*)

The future tense is used to talk about events that will take place in the future.

Forms

ich	werde	
du	wirst	
er/sie/es/man	wird	
wir	werden	... sparen
ihr	werdet	
sie/Sie	werden	

Examples

1. Joschka Fischer **wird** sicher bald zum fünften Mal **heiraten**.

   Joschka Fischer will most likely get married for the fifth time soon.

   Die Schweiz und Norwegen **werden** möglicherweise in ein paar Jahren Mitglieder der EU **werden**.

   Switzerland and Norway will probably become members of the EU in a couple of years.

2. Ich glaube, dass Joschka Fischer bald zum fünften Mal **heiraten wird**.

   I think that Joschka Fischer will get married for the fifth time soon.

3. Joschka Fischer **heiratet** sicher **bald** zum fünften Mal.

   Joschka Fischer will most likely get married for the fifth time soon.

Explanation

1. The future tense is formed by combining the conjugated present tense of the auxiliary **werden** with a main verb infinitive. The main verb infinitive is at the end of the main clause.[1]

2. In dependent clauses the conjugated auxiliary **werden** moves to final position.

3. When the context indicates the future (e.g., **bald, morgen, nächste Woche,** ...), the future tense is often replaced by the present tense.

---

[1]The verb **werden** can also be used as a main verb. For the use of **werden** as main verb see **Einheit 4,** Section 4.4.

Planet Germany

- ◇ 4.1 Infinitives with *zu* (*Infinitive mit* zu)
- ◇ 4.2 Present Subjunctive II (*Konjunktiv II, Präsens*)
- ◇ 4.3 Present and Simple Past Tenses of Modal Verbs (*Präsens und Präteritum von Modalverben*)
- ◇ 4.4 *Bekommen* versus *werden* (Bekommen *versus* werden)
- ◇ 4.5 Infinitives without *zu* (*Infinitive ohne* zu)

4.1 Infinitives with *zu* (*Infinitive mit* zu)

The infinitive with **zu** is comparable to English *to* + VERB or VERB + *-ing*.

Meaning

An infinitive with **zu** is commonly used after the following expressions and verbs:

Expressions:

Es ist richtig/falsch, ...	*It is right/wrong . . .*
Es ist leicht/einfach/schwierig/schwer, ...	*It is easy/simple/difficult/hard . . .*
Es ist (nicht) notwendig/(un)nötig, ...	*It is (un)necessary . . .*
Er ist erlaubt/verboten, ...✓	*. . . -ing is allowed/prohibited*
Es ist gut/schlecht, ...	*It is good/bad . . .*
Es ist zu spät/zu früh, ...	*It is too late/too early . . .*
Es ist wichtig/unwichtig, ...	*It is important/not important . . .*
Es ist möglich/unmöglich, ...	*It is possible/impossible . . .*
Es macht mir (keinen) Spaß, ...	*It is (no) fun for me . . .*
✓ Es ist langweilig, ...✓	*It is boring . . .*
✗ Es ist gefährlich, ...	*It is dangerous . . .*
Es ist interessant/uninteressant, ...	*It is interesting/not interesting . . .*
Es ist lustig/traurig, ...	*It is funny/sad . . .*
Es ist furchtbar/schrecklich, ...	*It is terrible/horrible . . .*
Es ist (nicht) schön, ...	*It is (not) nice . . .*
Es ist angenehm/unangenehm, ...	*It is pleasant/unpleasant . . .*
Es ist verständlich/unverständlich, ...	*It is (in)comprehensible . . .*

Ich finde es (nicht) schön, …	*I (don't) think it is nice* . . .
Ich liebe/hasse es, …	*I love/hate* . . .
Es freut mich, …	*I am happy* . . .
Ich habe die Absicht …	*I have the intention* . . .
Ich habe die Gelegenheit …	*I have the opportunity* . . .
Ich habe die Hoffnung …	*I have the hope* . . .
Ich habe Lust …	*I feel like . . . -ing* . . .
Ich habe den Wunsch …	*I wish* . . .
Ich habe (keine) Zeit …	*I (don't) have time* . . .
Ich habe die Erlaubnis …	*I have permission* . . .
Ich habe Probleme …	*I have problems . . . -ing*
Ich habe Angst …	*I am afraid* . . .
Ich freue mich darauf, …	*I am looking forward to . . . -ing*
Ich bitte dich darum, …	*I am asking you* . . .

Verbs:

anbieten	*to offer*
anfangen	*to begin, to start*
aufhören	*to stop*
beabsichtigen	*to intend*
befehlen	*to order*
beginnen	*to begin, start*
beschließen	*to decide*
bitten	*to request*
empfehlen	*to recommend*
entscheiden	*to decide*
erlauben	*to allow, permit*
erwarten	*to expect*
fortfahren	*to continue*
hoffen	*to hope*
raten	*to advise*
scheinen	*to seem*
überzeugen	*to convince*
verbieten	*to forbid, prohibit*
vergessen	*to forget*
verlangen	*to demand*
vermuten = annehmen	*to assume, suppose, suspect*
versprechen	*to promise*
versuchen	*to try*
vorhaben	*to intend*
vorschlagen	*to suggest*
wünschen	*to wish*
zwingen	*to force*

1. 1947 **schlug** G.C. Marshall **vor,** Europa finanziell **zu** helfen, da es durch den Krieg stark zerstört war.

   In 1947 G. C. Marshall suggested helping Europe financially, since it had suffered severe destruction in the war.

2. 1949 **begannen** die USA[,] Deutschland im Rahmen des Marshallplans finanziell **zu** unterstützen.

   In 1949 the U.S. began supporting Germany financially within the framework of the Marshall Plan.

3. **Es war wichtig,** eine starke Wirtschaft in Europa auf**zu**bauen.

   It was important to establish a strong economy in Europe.

4. Sie **hofften**[,] die deutsche Wirtschaft stimulieren **zu** können.

   They hoped to be able to stimulate the German economy.

Explanation

The construction **zu** + INFINITIVE is used if a main clause includes two verbs. It is dependent upon the expressions using **Es ist ...** listed above, the other expressions listed above, the verbs listed above, and **haben** and verbs with prepositional complements.

Infinitive constructions do not have their own subject; they refer to the person or object introduced in the main clause. Therefore the verb in the infinitive construction is not conjugated.

Unlike English, **zu** + INFINITIVE is located at the end of the clause.

1. **zu** is located before the infinitive, which is in final position.

2. **zu** is placed before the infinitive if the infinitive is a verb with an inseparable prefix.

3. If the infinitive is a separable prefix verb, **zu** is positioned between the prefix and the base verb.

4. If the sentence includes a double infinitive, **zu** is placed between the two infinitives.

<u>Note</u>: After expressions with anticipatory **es** and **da**-compounds, the infinitive clause must be set off from the main clause by a comma (Example 3). Otherwise the comma is optional, but it should be used if it makes the sentence more comprehensible (Example 1).

4.2 Present Subjunctive II (*Konjunktiv II, Präsens*)

The subjunctive II is used primarily to talk about unreal situations.

Forms

Regular verbs:

lachen			
ich	lach**te**	wir	lach**ten**
du	lach**test**	ihr	lach**tet**
er/sie/es/man	lach**te**	sie/Sie	lach**ten**

Irregular verbs without **-te** in the simple past:

kommen			
ich	käm<u>e</u>	wir	käm<u>en</u>
du	käm<u>(e)st</u>	ihr	käm<u>(e)t</u>
er/sie/es/man	käm<u>e</u>	sie/Sie	käm<u>en</u>

Irregular verbs with **-te** in the simple past:

denken, bringen, mögen, wissen[1]			
ich	dächt<u>e</u>	wir	dächt<u>en</u>
du	dächt<u>est</u>	ihr	dächt<u>et</u>
er/sie/es/man	dächt<u>e</u>	sie/Sie	dächt<u>en</u>

haben			
ich	hätt<u>e</u>	wir	hätt<u>en</u>
du	hätt<u>est</u>	ihr	hätt<u>et</u>
er/sie/es/man	hätt<u>e</u>	sie/Sie	hätt<u>en</u>

sein			
ich	wär<u>e</u>	wir	wär<u>en</u>
du	wär<u>(e)st</u>	ihr	wär<u>(e)t</u>
er/sie/es/man	wär<u>e</u>	sie/Sie	wär<u>en</u>

werden			
ich	würd<u>e</u>	wir	würd<u>en</u>
du	würd<u>est</u>	ihr	würd<u>et</u>
er/sie/es/man	würd<u>e</u>	sie/Sie	würd<u>en</u>

können, müssen, dürfen			
ich	könnt<u>e</u>	wir	könnt<u>en</u>
du	könnt<u>est</u>	ihr	könnt<u>et</u>
er/sie/es/man	könnt<u>e</u>	sie/Sie	könnt<u>en</u>

---

[1]Note: The irregular verbs (with **-te** in the simple past) **brennen, kennen, nennen, rennen, senden,** and **wenden** form the subjunctive II like regular verbs: **brennte, kennte, nennte, rennte, sendete,** and **wendete.** These forms are, however, very rarely used.

wollen, sollen (*no umlaut*)	
ich wollt<u>e</u>	wir wollt<u>en</u>
du wollt<u>est</u>	ihr wollt<u>et</u>
er/sie/es/man wollt<u>e</u>	sie/Sie wollt<u>en</u>

Examples

1. Wenn ich in Deutschland **lebte, wäre** mein Leben ganz anders.

   If I lived in Germany my life would be very different.

2. Wenn ich in Deutschland **leben würde, wäre** mein Leben ganz anders.

   If I lived in Germany my life would be very different.

Explanation

There are two ways of expressing the meaning of the subjunctive II:

◇ the subjunctive II form of a verb

◇ the **würde** + INFINITIVE construction

1. The subjunctive II form of a verb is formed by adding the following endings to the simple past stem, e.g., **lacht-, kam-,** or **dacht-.**

Singular		Plural	
ich	-e	wir	-en
du	-est	ihr	-et
er/sie/es/man	-e	sie/Sie	-en

The subjunctive II forms of regular verbs are thus the same as their simple past forms. Note, however, that for certain irregular verbs, an umlaut is added in the subjunctive II if the simple past stem vowel is **a, o,** or **u.** This applies to:

◇ verbs without **-te** in the simple past (e.g., **kommen—kam, fahren—fuhr**)

◇ the modal verbs **können, müssen, dürfen**

◇ the verbs **denken, bringen, mögen, wissen**

◇ the verbs **haben, sein,** and **werden**

The subjunctive II forms of most verbs are used only in writing. Only the subjunctive II forms of **haben, sein, werden,** the modal verbs and the verbs **bleiben, brauchen, geben, gehen, kommen, lassen, nehmen,** and **wissen** are used in both writing and in oral conversation. The subjunctive II forms of the modal verbs and of **haben, sein,** and **werden** are preferred over the **würde** + INFINITIVE forms even in oral German.

2. In oral conversation, the subjunctive II forms are replaced by the **würde** + INFINITIVE construction. This construction is formed by placing the conjugated form of **würde** in second position and the infinitive of the main verb in final position. In dependent clauses, the form of **würde** is in final position after the infinitive.

Subjunctive II is used in the following five situations:

- ◇ hypothetical conditions

  Wenn ich in Deutschland **leben würde**, **wäre** mein Leben ganz anders. | *If I lived in Germany, my life would be very different.*

- ◇ wishes

  Würde ich (doch) in der Schweiz **leben**! | *If only I lived in Switzerland!*

- ◇ advice

  Du **solltest** nach dem Essen nicht schwimmen gehen. | *You shouldn't go swimming after a meal.*

- ◇ polite requests

  Könnten Sie bitte die Musik etwas leiser drehen? | *Could you please turn down the music a bit?*

- ◇ after **als (ob)** or **als (wenn)**

  Er tut (so), **als ob/wenn** er allein im Haus **wäre.** | *He acts as if he were all by himself in the house.*

  Er tut (so), **als wäre** er allein im Haus. | *He acts as if he were all by himself in the house.*

4.3 Present and Simple Past Tenses of Modal Verbs
(*Präsens und Präteritum von Modalverben*)

Meaning

dürfen	*to be allowed to*	müssen	*to have to*
können	*to be able to*	sollen	*to be supposed to*
"möchten"	*would like to*	wollen	*to want to*

Forms

PRESENT TENSE						
	dürfen	können	"möchten"[1]	müssen	sollen	wollen
ich	darf	kann	möchte	muss	soll	will
du	darfst	kannst	möchtest	musst	sollst	willst
er/sie/es/man	darf	kann	möchte	muss	soll	will
wir	dürfen	können	möchten	müssen	sollen	wollen
ihr	dürft	könnt	möchtet	müsst	sollt	wollt
sie/Sie	dürfen	können	möchten	müssen	sollen	wollen

[1]The verb form **möchten** is historically derived from the subjunctive II form of the verb **mögen**; however, in modern German **möchten** is used as a present tense modal verb unto itself.

SIMPLE PAST TENSE						
	dürfen	können	"möchten"[1]	müssen	sollen	wollen
ich	durfte	konnte	**wollte**	musste	sollte	wollte
du	durftest	konntest	**wolltest**	musstest	solltest	wolltest
er/sie/es/man	durfte	konnte	**wollte**	musste	sollte	wollte
wir	durften	konnten	**wollten**	mussten	sollten	wollten
ihr	durftet	konntet	**wolltet**	musstet	solltet	wolltet
sie/Sie	durften	konnten	**wollten**	mussten	sollten	wollten

Examples

1. Aziza-A **will** mit ihrem Lied **kritisieren.** — *Aziza-A wants to criticize with her song.*

2. Was **dürfen** islamische Frauen nicht (**machen**)? — *What are Islamic women not allowed (to do)?*

3. Aziza-A erzählt, dass ihr Vater sie nicht **verstehen kann.** — *Aziza-A says that her father cannot understand her.*

Explanation

1. A modal verb (which is in second position) almost always has a corresponding infinitive in final position.

2. If the meaning of a sentence is comprehensible from the context, the infinitive can be left out.

3. In dependent clauses, the conjugated modal verb moves to final position.

4.4 Bekommen versus werden (Bekommen versus werden)

Meaning

bekommen — *to receive, get, obtain*
werden — *to become, get, turn, turn into*

Examples

1. Ich **habe** zum Geburtstag schöne Geschenke **bekommen.** — *For my birthday I got nice presents.*

   In Deutsch **bekomme** ich sicher in diesem Semester ein A! — *I am sure I'll get an A in German this semester.*

---

[1]The modal verb **"möchten"** dos not have its own simple past form. The simple past form of **wollen** is used instead.

Es ist nicht leicht, die deutsche Staatsangehörigkeit zu **bekommen.**	*It's not easy to obtain German citizenship.*
2. Meine kleine Schwester möchte Ärztin **werden.**	*My little sister would like to become a doctor.*
Möchten Sie deutscher Staatsbürger **werden**?	*Would you like to become a German citizen?*
Aua, mein Hals tut weh, ich glaube, ich **werde** krank.	*Ouch, my throat is hurting, I think I'm getting sick.*

Explanation

1. The verb **bekommen** is used to express the notion of receiving physical or abstract things (e.g., gifts, grades, punishment, citizenship, answers). It is also used to express physical or mental change in combination with nouns, e.g., fear, sunburn, or a headache.

2. The verb **werden** is used to express what someone wants to do for a living, to express change of state (e.g., cold, hot, rainy) or status (e.g., citizenship or membership), or to express physical or mental change in combination with adjectives (e.g., old, sick, fat).

4.5 Infinitives without *zu* (*Infinitive ohne* zu)

Meaning

Infinitives used with the modal verbs **dürfen, können, möchten, müssen, sollen,** and **wollen** are used without **zu.** (For the meaning of modal verbs, see Section 4.3.) Infinitives used with the following verbs are also used without **zu:**

a.	bleiben	*to stay*
b.	fahren	*to drive*
c.	fühlen	*to feel*
d.	gehen	*to go*
e.	hören	*to hear*
f.	kommen	*to come*
g.	lassen	*to have/let someone do something*
h.	legen	*to lay down*
i.	schicken	*to send*
j.	sehen	*to see, watch*
k.	spüren	*to feel, sense*

Infinitives that are used with the following verbs can be used with or without **zu:**

l.	brauchen	*to need (to)*
m.	helfen	*to help*
n.	lehren	*to teach*
o.	lernen	*to learn*

Examples

1. Kaminer **geht** seinen Freund Helmut **besuchen.**

   Kaminer goes to visit his friend Helmut.

2. Kaminers Vater **möchte** den Sprachtest **bestehen.**

   Kaminer's father would like to pass the language exam.

3. Helmut **hilft** ihm **lernen.**

   Helmut is helping him study.

4. Helmut **hilft** ihm für den Test (zu) **lernen.**

   Helmut is helping him study for the exam.

Explanation

1. The verbs a.–k. use the infinitive without **zu.**

2. Modal verbs never use an infinitive with **zu.**

3. The verbs l.–o. use the infinitive with or without **zu.**

   ◇ When followed by a simple infinitive, the verbs **helfen, lehren,** and **lernen** do not use **zu.** In colloquial speech, **brauchen** is often used without **zu.**

4. Usage varies for **helfen, lehren,** and **lernen** when a verbal complement is added. In this case, it is acceptable to use **zu** or to omit it. In written German, **brauchen** is usually used with **zu.**

Die Comedian Harmonists

◇ 5.1 Reflexive Pronouns (*Reflexivpronomen*)

◇ 5.2 Transitive Verbs Used Reflexively (*Reflexiv gebrauchte transitive Verben*)

◇ 5.3 Accusative Reflexive Verbs (*Reflexive Verben mit Akkusativ*)

◇ 5.4 Dative Reflexive Verbs (*Reflexive Verben mit Dativ*)

◇ 5.5 Reflexive Verbs with Prepositional Complements (*Reflexive Verben mit Präpositionalobjekt*)

◇ 5.6 Relative Clauses (*Relativsätze*)

5.1 Reflexive Pronouns (*Reflexivpronomen*)

Forms

Accusative			Dative		
ich	entschuldige	**mich**	ich	wünsche	**mir**
du	entschuldigst	**dich**	du	wünschst	**dir**
er/sie/es/man	entschuldigt	**sich**	er/sie/es/man	wünscht	**sich**
wir	entschuldigen	**uns**	wir	wünschen	**uns**
ihr	entschuldigt	**euch**	ihr	wünscht	**euch**
sie/Sie	entschuldigen	**sich**	sie/Sie	wünschen	**sich**

Examples

1. Ich amüsiere **mich** über die Mode der 20er Jahre.

   I am amused by the fashion of the 20's.

2. a. Heute sieht meine Freundin **sich** einen Film von Fritz Lang an.

   Today my friend is seeing a movie by Fritz Lang.

   b. Heute sieht **sich** meine Freundin einen Film von Fritz Lang an.

   Today my friend is seeing a movie by Fritz Lang.

3. Morgen sehe ich **mir** einen Film von Fritz Lang an.

Tomorrow I'm seeing a movie by Fritz Lang.

4. a. Wenn meine Freundin **sich** einen Film ansieht, gehe ich meistens mit ihr.

When my friend watches a movie, I usually go with her.

b. Wenn **sich** meine Freundin einen Film ansieht, gehe ich meistens mit ihr.

When my friend watches a movie, I usually go with her.

c. Wenn sie **sich** einen Film ansieht, gehe ich meistens mit ihr.

When she watches a movie, I usually go with her.

Explanation

Position of the reflexive pronoun:

1. The reflexive pronoun is placed immediately after the conjugated verb and before all remaining elements of the sentence.

2. When the subject follows the verb, the reflexive pronoun can either (a) follow or (b) precede the subject noun.

3. If the subject is a pronoun and it follows the verb, then the reflexive pronoun must follow the subject.

4. The same rules apply for the position of the reflexive pronoun when a reflexive verb is used in a dependent clause. The verb itself moves to final position.

5.2 Transitive Verbs Used Reflexively (Reflexiv gebrauchte transitive Verben)

One type of reflexive verb is the transitive verb. Transitive verbs can be used with or without reflexive pronouns, depending on the meaning to be expressed.

Meaning

(sich) abtrocknen	*to dry (oneself)*
(sich) ansehen	*to watch (oneself)*
(sich) anziehen	*to dress (oneself)*
(sich) entschuldigen	*to excuse (oneself)*
(sich) festhalten	*to hold (on)*
(sich) kämmen	*to comb (one's) hair*
(sich) rasieren	*to shave (oneself)*
(sich) schminken	*to put on make-up*
(sich) schneiden	*to cut (oneself)*
(sich) schützen	*to protect (oneself)*
(sich) treffen	*to meet (each other)*
(sich) verletzen	*to injure (oneself)*
(sich) vorstellen	*to introduce (oneself)*
(sich) waschen	*to wash (oneself)*

Examples

1. Ich ziehe **einen schwarzen Anzug** an. *I'm putting on a black suit.*
2. Ich ziehe **mich** an. *I'm getting dressed.*
3. Ich ziehe **mir einen schwarzen Anzug** an. *I'm putting on a black suit.*
4. Harry und Erna treffen **sich** im Musikgeschäft. *Harry and Erna meet (each other) in the music store*
5. Ich habe **mich** angezogen. *I got dressed.*

Explanation

1–3. An accusative reflexive pronoun can be used with transitive verbs. In other words, a verb that is normally followed by an accusative object (Example 1) can have an accusative reflexiv pronoun, if the subject directs an activity at itself (Example 2). The accusative object is replaced by the accusative reflexive pronoun in this case.

If, apart from the reflexive pronoun, another object occurs in the sentence, the formerly accusative reflexive pronoun becomes a dative reflexive pronoun and the other object takes the accusative case (Example 3).

4. For some verbs, the reflexive pronoun indicates reciprocity ("each other") when the subject is plural.

5. In general, reflexive verbs take the auxiliary **haben** in the perfect tenses.

5.3 Accusative Reflexive Verbs (*Reflexive Verben mit Akkusativ*)

A second type of reflexive verb is known as the accusative reflexive.

Meaning

sich amüsieren	to enjoy oneself	sich (wohl) fühlen	to feel (well)
sich ausruhen	to take a rest	sich irren	to be wrong
sich beeilen	to hurry	sich langweilen	to be bored
sich benehmen	to behave	sich legen/hinlegen	to lie down
sich einigen	to agree on	sich setzen/hinsetzen	to sit down
sich entscheiden	to decide	sich streiten	to fight (each other)
sich entschließen	to decide	sich trauen	to dare
sich entschuldigen	to apologize	sich trennen	to break up, separate
sich entspannen	to relax	sich verfahren/ verirren/verlaufen	to get lost
sich ereignen	to occur, take place	sich verhalten	to act, behave
sich erholen	to recover		
sich erkälten	to catch a cold		
sich fragen	to wonder	sich verspäten	to be late, be delayed

Examples

1. Die Wirtschaftskrise **ereignete sich** in den 20er Jahren. *The economic crisis occured in the twenties.*

2. Die Gruppe **hat** sich schließlich getrennt. *In the end, the group broke up.*

Explanation

1. Some German verbs always take an accusative reflexive pronoun.

2. Accusative reflexive verbs take the auxiliary **haben** in the perfect tenses.

5.4 Dative Reflexive Verbs (*Reflexive Verben mit Dativ*)

A third type of reflexive verb is known as the dative reflexive.

Meaning

sich etwas ausdenken	*to invent something, come up with something*
sich etwas einbilden	*to imagine/fantasize something*
sich etwas leihen	*to borrow something*
sich etwas leisten	*to afford something*
sich etwas merken	*to remember something, memorize something, take note of something*
sich schaden	*to harm oneself*
sich etwas überlegen	*to think about something, think something over*
sich etwas vorstellen	*to imagine something, conceive of something*

Examples

1. Ich **stelle mir** oft **vor**, ich wäre Veronika. *I often imagine myself as Veronika.*

2. Ich **habe mir** gestern **eingebildet,** die Comedian Harmonists würden nur für mich singen. *I imagined yesterday that the Comedian Harmonists were singing just for me.*

Explanation

1. Some verbs always take a dative reflexive pronoun to express a particular meaning.

2. Dative reflexive verbs generally take the auxiliary **haben** in the perfect tenses.

5.5 Reflexive Verbs with Prepositional Complements (*Reflexive Verben mit Präpositionalobjekt*)

A fourth type of reflexive verb includes those with accusative reflexive pronouns that complete their meaning with a prepositional complement.

Meaning

sich ärgern über (+ *acc.*)	*to be annoyed at, be upset about*
sich aufregen über (+ *acc.*)	*to be agitated/upset about*
sich bedanken für	*to express one's thanks for*
sich beschäftigen mit	*to occupy oneself with*
sich beschweren über (+ *acc.*)	*to complain about*
sich erinnern an (+ *acc.*)	*to remember*
sich erkundigen nach	*to inquire about*
sich freuen auf (+ *acc.*)	*to look forward to*
sich freuen über (+ *acc.*)	*to be happy about*
sich fürchten vor (+ *dat.*)	*to be afraid of*
sich gewöhnen an (+ *acc.*)	*to get used to*
sich interessieren für	*to be interested in*
sich konzentrieren auf (+ *acc.*)	*to concentrate, focus on*
sich kümmern um	*to attend to, concern oneself with, look after [somebody/something]*
sich streiten mit	*to fight with*
sich treffen mit	*to meet with*
sich unterhalten über (+ *acc.*)	*to talk/converse about*
sich verabreden mit	*to set a date with*
sich verabschieden von	*to say good-bye to, take leave of*
sich verlieben in (+ *acc.*)	*to fall in love with*
sich verloben mit	*to get engaged to*
sich vorbereiten auf (+ *acc.*)	*to prepare for*
sich wundern über (+ *acc.*)	*to be surprised at*

Examples

1. Ich **freue mich auf** den Film *Comedian Harmonists.*

   I am looking forward to the film Comedian Harmonists.

2. Im Unterricht **haben** wir **uns mit** der Weimarer Republik **beschäftigt.**

   In class we were occupied with the Weimar Republic.

1. Some reflexive verbs need a prepositional complement to complete their meaning.

2. Reflexive verbs that complete their meaning with a prepositional complement generally take the auxiliary **haben** in the perfect tenses.

5.6 Relative Clauses (*Relativsätze*)

Relative clauses combine two or more pieces of information.

Forms

RELATIVE PRONOUNS				
	Masculine	**Feminine**	**Neuter**	**Plural**
Nominative	der	die	das	die
Accusative	den	die	das	die
Dative	dem	der	dem	denen
Genitive	dessen	deren	dessen	deren

Examples

1. a. Harry ist der Musiker, **der** die Gruppe gegründet hat.

   Harry is the musician who founded the band.

   b. Harry hat das Ensemble, **das** „Comedian Harmonists" heißt, 1927 gegründet.

   Harry founded the band, which is called "Comedian Harmonists," in 1927.

2. Harry hat das Ensemble **gegründet, das** „Comedian Harmonists" heißt.

   Harry founded the band, which is called "Comedian Harmonists."

3. **Deutschland** ist das Land, **wo/in dem** die Comedian Harmonists zuerst bekannt wurden.

   Germany is the country where/in which the Comedian Harmonists first became popular.

4. a. Die Comedian Harmonists waren **das, was** Harry sich immer gewünscht hatte.

   The Comedian Harmonists were what Harry had always dreamt of.

   b. Die Comedian Harmonists waren das **Beste, was** Harry je passiert ist.

   The Comedian Harmonists were the best thing that ever happened to Harry.

   c. **Der Erfolg der Gruppe war enorm, was** Harry sehr glücklich machte.

   The band's success was enormous, which made Harry very happy.

Explanation

1. Relative clauses are dependent clauses that are introduced by a relative pronoun and are separated from the main clause by a comma (Example a) or commas (Example b). The relative pronoun refers back to the noun that is positioned directly before the comma.

   The relative pronoun has to show the gender and number of the noun to which it refers back, known as the antecedent. The case of the relative pronoun, however, depends on its grammatical function within the relative clause, not on the case of the antecedent.

   If the relative clause occurs in the middle of a main clause (Example b), then it is set off by two commas: one before the relative clause and one after it. The rest of the main clause follows after the relative clause.

2. A single word does not have to follow after the relative clause. It can stand in front of it.

3. **wo** as a relative pronoun is used when the relative clause refers to a place. It is, however, less formal than the wording with PREPOSITION + RELATIVE PRONOUN.

4. **was** is used as a relative pronoun when the relative clause refers to one of the following pronouns: **das, etwas, nichts, alles, viel(es), wenig(es)** (Example a). **was** is also used to refer to many neuter nouns derived from superlative adjectives and ordinal numbers (Example b). Also, **was** is used to refer back to an entire clause (Example c).

EINHEIT 6

Stationen der Geschichte

◇ 6.1 Passive Voice (*Passiv*)

Refer to the following sections for review if necessary:

◇ 1.1 Present Tense Conjugations (*Konjugationen im Präsens*)
◇ 2.4 Simple Past Tense (*Präteritum*)
◇ 3.1 The Function of Case, Part 2: Genitive (*Kasusfunktion Teil 2: Genitiv*)
◇ 3.3 Present Perfect Tense (*Perfekt*)
◇ 4.3 Present and Simple Past Tenses of Modal Verbs (*Präsens und Präteritum von Modalverben*)

6.1 Passive Voice (*Passiv*)

The passive voice is used by combining the speaker does not want to mention the agent or when the agent is unknown or irrelevant

Forms

The passive voice is formed by combining a conjugated form of **werden** with the past participle of the main verb. There are five commonly used passive voice tenses.

a. **Present**

ich	werde	
du	wirst	
er/sie/es/man	wird	informiert
wir	werden	
ihr	werdet	
sie/Sie	werden	

b. **Simple Past**

ich	wurde	
du	wurdest	
er/sie/es/man	wurde	informiert
wir	wurden	
ihr	wurdet	
sie/Sie	wurden	

c. **Present Perfect**

ich	bin	
du	bist	
er/sie/es/man	ist	informiert worden
wir	sind	
ihr	seid	
sie/Sie	sind	

d. **Past Perfect**

ich	war	
du	warst	
er/sie/es/man	war	informiert worden
wir	waren	
ihr	wart	
sie/Sie	waren	

e. **Future**

ich	werde	
du	wirst	
er/sie/es/man	wird	informiert werden
wir	werden	
ihr	werdet	
sie/Sie	werden	

Examples

1. Der Reichstag **wurde verhüllt.** — *The* Reichstag *was wrapped.*

2. Der Reichstag **ist verhüllt worden.** — *The* Reichstag *has been wrapped.*

3. Der Reichstag wurde **von** Christo verhüllt. — *The* Reichstag *was wrapped by Christo.*

4. Der Reichstag wurde **durch** viel Stoff verhüllt. — *The* Reichstag *was wrapped with a lot of cloth.*

5. 23 Jahre lang **durfte** der Reichstag nicht **verhüllt werden.** — *For 23 years the* Reichstag *was not allowed to be wrapped.*

6. a. Christo verhüllt den Reichstag. — *Christo wraps/is wrapping the* Reichstag.

   b. Der Reichstag wird verhüllt. — *The* Reichstag *is being wrapped.*

7. a. Sie half **ihm** nicht. — *She didn't help him.*

   b. **Es** wurde **ihm** nicht geholfen. — *He wasn't helped.*

   c. **Ihm** wurde nicht geholfen. — *He wasn't helped.*

8. a. Man recycelte das Material anschließend. — *The material was recycled afterwards.*

   b. Das Material wurde anschließend recycelt. — *The material was recycled afterwards.*

9. a. Es hat 23 Jahre gedauert, bis der Reichstag **verhüllt wurde.** — *It was 23 years before the* Reichstag *was wrapped.*

   b. Wussten Sie, dass der Reichstag **verhüllt worden ist**? — *Did you know that the* Reichstag *has been wrapped?*

10. Was **wird** in der Zukunft **verhüllt werden**? — *What will be wrapped in the future?*

Explanation

1. In the present tense and in the simple past tenses, the passive voice has two parts: a conjugated form of **werden** and the past participle of the main verb. The form of **werden** is in second position. The past participle is in last position.

2. In the present perfect and past perfect tenses, the passive voice consists of three parts. The form of **werden** in these tenses is always **worden.** The auxiliary in the present and past perfect tenses in the passive voice is always a conjugated form of **sein.**

3. The doer of the activity expressed by the verb is known as the agent. A sentence written in the passive voice does not need an agent. The agent can, however, be mentioned and is then introduced with **von,** if it is a person or animal.

4. If the agent is a thing or concept, it is introduced with **durch.**

5. If the passive voice sentence includes a modal verb, the conjugated modal verb is in second position, the past participle is in second-to-last position, and the infinitive of **werden** is in final position.

6. The accusative object of the active voice sentence (Example a) becomes the subject of the passive voice sentence (Example b).

7. A dative object in an active voice sentence (Example a) stays the dative object in the passive voice sentence (Examples b and c). If the active voice sentence does not have an accusative object, the subject of the passive voice sentence can be either **es** (Example b) or nothing (Example c). A passive voice sentence does not require a grammatical subject. **Es** can only be in first position. If there is another element in first position, **es** is eliminated.

8. If the agent is unknown there are two possibilities: You can construct an active voice sentence with **man** (Example a) or a passive voice sentence without **man** (Example b).

9. In a dependent clause the form of **werden** is in last position, the participle in second to last position (Example a). If the passive form consists of three parts, the order is (1) participle, (2) **worden,** (3) a conjugated form of **sein** (Example b).

10. The passive voice consists of three parts in the future tense. The auxiliary **werden** appears in a conjugated form, followed by the past participle and the infinitive **werden** at the end of the main clause.

    Note that the future passive has two forms of **werden**: one expresses future tense and the other expresses passive voice.

Umgang mit der Vergangenheit

◇ **7.1** Adverbial Phrases with *um ... zu, ohne ... zu,* and *(an)statt ... zu* (*Infinitivkonstruktionen mit* um ... zu, ohne ... zu *und* (an)statt ... zu)

◇ **7.2** Past Subjunctive II (*Konjunktiv II der Vergangenheit*)

◇ **7.3** Double Infinitive (*Doppelter Infinitiv*)

◇ **7.4** Past Perfect Tense (*Plusquamperfekt*)

◇ **7.5** Temporal Conjunctions vs. Temporal Prepositions (*Temporale Konjunktionen vs. temporale Präpositionen*)

◇ **7.6** Coordinating and Subordinating Conjunctions (*Neben- und unterordnende Konjunktionen*)

7.1 Adverbial Phrases with *um ... zu, ohne ... zu,* and *(an)statt ... zu (Infinitivkonstruktionen mit* um ... zu, ohne ... zu *und* (an)statt ... zu)

Meaning

um ... zu ...	*in order to . . .*
ohne ... zu ...	*without . . . -ing*
(an)statt ... zu ...	*instead of . . . -ing*

Examples

Um nicht beschuldigt **zu werden,** verharmlosen viele Leute ihre Nazi-Vergangenheit.

In order not to be incriminated, a lot of people play down their own Nazi past.

Einige Leute akzeptieren das Nazi-Regime als einen Teil der Geschichte, **ohne** kritisch darüber **zu reflektieren.**

Some people accept the Nazi regime as a part of history without pondering critically on it.

Anstatt/Statt sich die eigenen Fehler **einzugestehen,** rechtfertigen sich die Leute.

Instead of admitting their mistakes, people justify themselves.

Adverbial phrases with **um ... zu, ohne ... zu,** and **(an)statt ... zu** are dependent clauses. The dependent clause begins with either **um, ohne,** or **(an)statt** followed by a middle field and ends with **zu** + INFINITIVE.

7.2 Past Subjunctive II (*Konjunktiv II der Vergangenheit*)

The past subjunctive II is used to express unreal past conditions and wishes.

Forms

The past subjunctive II consists of two parts: It is formed with the present subjunctive II auxiliary form **hätt-** or **wär-** and the past participle of the main verb.

ich	**hätte**	... riskiert	wir	**hätten**	... riskiert
du	**hättest**	... riskiert	ihr	**hättet**	... riskiert
er/sie/es/man	**hätte**	... riskiert	sie/Sie	**hätten**	... riskiert

ich	**wäre**	... gekommen	wir	**wären**	... gekommen
du	**wärst**	... gekommen	ihr	**wärt**	... gekommen
er/sie/es/man	**wäre**	... gekommen	sie/Sie	**wären**	... gekommen

Example

Wenn man nicht **mitgemacht hätte, wäre** man in Teufels Küche **gekommen.**

If one had not participated, one would have risked too much.

Explanation

There is only one past tense form of the subjunctive II. The rules for determining the use of **hätt-** or **wär-** are the same as for choosing **sein** or **haben** in the present perfect tense (see **Einheit 3**, Section 3.3). The past subjunctive II is used to express the same situations as the present tense subjunctive, with the exception of polite requests (see **Einheit 4**, Section 4.2).

7.3 Double Infinitive (*Doppelter Infinitiv*)

The modal verbs and the verbs **fühlen, hören, lassen, sehen,** and **spüren** often form the perfect tenses (present perfect, past perfect, past subjunctive) with a double infinitive instead of a past participle.

Forms

1.

Present Perfect Tense	
ich habe … tun können	wir haben … tun können
du hast … tun können	ihr habt … tun können
er/sie/es/man hat … tun können	sie/Sie haben … tun können

2.

Past Perfect Tense	
ich hatte … tun können	wir hatten … tun können
du hattest … tun können	ihr hattet … tun können
er/sie/es/man hatte … tun können	sie/Sie hatten … tun können

3.

Past Subjunctive II	
ich hätte … tun können	wir hätten … tun können
du hättest … tun können	ihr hättet … tun können
er/sie/es/man hätte … tun können	sie/Sie hätten … tun können

Examples

1. Man **hätte** nicht **zusehen dürfen**!

   People should not have just watched!

   Warum **hat** man die anderen **machen lassen**?

   Why did people let the others do things?

2. Wenn man etwas dagegen **hätte tun wollen**, **hätte** man etwas **tun können**.

   If one had wanted to do something about it, one could have done something.

   Stimmt es, dass man es nicht **hat kommen sehen**?

   Is it true that peple did not see it coming?

Explanation

1. The present perfect, past perfect, and past subjunctive II tenses are formed with a conjugated form of **haben** + DOUBLE INFINITIVE if they include two main verbs. A double infinitive can occur with modal verbs or with **fühlen, hören, lassen, sehen** or **spüren**.

2. If the double infinitive is located in a dependent clause, all three verbs are at the end of the dependent clause; the order in all three tenses is: 1. conjugated form of **haben**, 2. infinitive of the first main verb, 3. infinitive of the modal verb or of **fühlen, hören, lassen, sehen** or **spüren**.

7.4 Past Perfect Tense (*Plusquamperfekt*)

Forms

ich	war	... gekommen	wir	waren	... gekommen
du	warst	... gekommen	ihr	wart	... gekommen
er/sie/es/man	war	... gekommen	sie/Sie	waren	... gekommen

ich	hatte	... verloren	wir	hatten	... verloren
du	hattest	... verloren	ihr	hattet	... verloren
er/sie/es/man	hatte	... verloren	sie/Sie	hatten	... verloren

Examples

Hans ging in den Krieg, nachdem er Lene **geheiratet hatte**.	*Hans went to war, after he had married Lene.*
Nachdem Anna zur Welt **gekommen war**, verließ Lene die Stadt.	*After Anna had been born, Lene left town.*
Als Lene schwanger geworden ist, **hatte** sie Hans schon **geheiratet**.	*When Lene got pregnant, she had already married Hans.*
Nach Annas Geburt war Lene allein, weil Hans schon in den Krieg **gezogen war**.	*After Anna's birth Lene was by herself, because Hans had already gone to war.*

Explanation

The past perfect tense is used to express actions and conditions that took place prior to another past-time event, that is, an event that is referred to in the simple past or perfect tense. The past perfect tense never occurs by itself.

The past perfect tense is very common in dependent clauses introduced by **nachdem** (see above), whereas it is rarely used with **bevor**.

7.5 Temporal Conjunctions vs. Temporal Prepositions (*Temporale Konjunktionen vs. temporale Präpositionen*)

Meaning

bevor; vor (+ *dat.*)	*before*	seit(dem); seit (+ *dat.*)	*since*
nachdem; nach (+ *dat.*)	*after*	während; während (+ *gen.*)	*while; during*

Examples

Conjunction	Preposition
Bevor Hans in den Krieg musste, heiratete er Lene.	**Vor** dem Krieg heiratete Hans Lene.
Before Hans had to go to war, he married Lene.	*Before the war Hans married Lene.*
Nachdem Hans Lene geheiratet hatte, ging er in den Krieg.	**Nach** der Hochzeit mit Lene ging Hans in den Krieg.
After Hans had married Lene, he went to war.	*After the wedding with Lene, Hans went to war.*
Hans und Lene sehen sich nur selten, **seit/ seitdem** sie geheiratet haben.	Hans und Lene sehen sich **seit** der Hochzeit selten.
Hans and Lene rarely see each other since they got married.	*Hans and Lene rarely see each other since the wedding.*
Während Hans im Krieg ist, zieht Lene das Kind groß.	**Während** des Krieges zieht Lene alleine das Kind groß.
While Hans is at war, Lene raises the child.	*During the war Lene raises the child all by herself.*

Explanation

There are two different ways of expressing the same condition, one with a subordinating conjunction and one with a preposition. Remember to place the verb at the end of the dependent clause when using a subordinating conjunction.

When using **nachdem** make sure you are using the correct tenses in both main clause and dependent clause:

nachdem-Clause (Dependent Clause)	Main Clause
past perfect tense	simple past tense
	present perfect tense
present perfect tense	present tense
	future tense

Examples

Past: Nachdem Hans Lene **geheiratet hatte**, ... **ging** er in den Krieg.

... **ist** er in den Krieg **gegangen**.

Present: Nachdem Hans Lene **geheiratet hat**, ... **geht** er in den Krieg.

... **wird** er in den Krieg **gehen**.

7.6 Coordinating and Subordinating Conjunctions (Neben- und unterordnende Konjunktionen)

Meaning

Subordinating Conjunctions: conjunction + dependent clause	Coordinating Conjunctions: conjunction (position 0) + main clause
als *when, as* als ob *as if* bevor/ehe *before* bis *until, by* da *since, because* damit *so that* dass *that* falls *in case, if* indem *by (doing)* nachdem *after* ob *whether, if* obwohl *although, even though* seit(dem) *since* sobald *as soon as* solange *as long as* sooft *as often as* während *while* weil *because* wenn *when, if, whenever*	aber *but, however* denn *for, because* oder *or* sondern *but rather* und *and*

Adverbial Conjunctions: conjunction (position 1) + main clause
außerdem *moreover, furthermore* aus diesem Grund; daher/darum/deshalb/deswegen *therefore, thus, for this reason* dennoch *nevertheless, yet* stattdessen *instead* trotzdem *in spite of*

Examples

1. **Als** seine Tochter erwachsen war, wollte der Müller sie verheiraten.

   When his daughter had grown up, the miller wanted to give her in marriage.

2. Das Mädchen hatte ihren Bräutigam nicht so recht lieb **und** es hatte auch kein Vertrauen zu ihm.

   The girl did not really like her fiancé and she did not trust him either.

3. Das Mädchen hatte Angst, **deshalb** streute es Erbsen auf den Weg.

   The girl was afraid, therefore she spread peas on the path.

4. a. **Als** ein Freier kam, gab ihm der Müller seine Tochter zur Frau.

   When a suitor came, the miller gave him his daughter as his wife.

   b. **Als** das Mädchen noch klein war, starb seine Mutter.

   When the girl was still little, her mother died.

   c. Immer **wenn** sie sich trafen, hatte die Tochter Angst.

   Every time they met, the daughter was afraid.

   d. **Wenn** die alte Frau dem Mädchen nicht geholfen hätte, wäre das Mädchen gestorben.

   If the old woman hadn't helped the girl, the girl would have died.

   e. **Wenn** ein neuer Freier kommt, wird das Mädchen ihn heiraten.

   If another suitor comes, the girl will marry him.

Explanation

There are three different kinds of conjunctions.

1. Subordinating conjunctions are followed by a dependent clause.

2. Coordinating conjunctions are followed by a main clause. The coordinating conjunction is in position 0.

3. Adverbial conjunctions are also followed by a main clause, but the adverbial conjunction is in position 1.

4. The conjunction **als** is used for

   ◇ actions in the past that occurred only once (Example a)
   ◇ actions in the present that have occurred only once
   ◇ time periods in the past (Example b).

   The conjunction **wenn** is used for

   ◇ repeated actions in the past (Example c)
   ◇ repeated actions in the present
   ◇ conditional phrases (Example d)
   ◇ actions that will happen in the future (Example e).

Kunst und Künstler

◇ 8.1 Adjectives (*Adjektive*)

8.1 Adjectives (*Adjektive*)

Forms

a. Adjectives preceded by **ein**-words take the following endings:

	Masculine	Feminine	Neuter	Plural
Nominative	-er	-e	-es	-en
Accusative	-en	-e	-es	-en
Dative	-en	-en	-en	-en
Genitive	-en	-en	-en	-en

b. Adjectives preceded by **der**-words take the following endings:

	Masculine	Feminine	Neuter	Plural
Nominative	-e	-e	-e	-en
Accusative	-en	-e	-e	-en
Dative	-en	-en	-en	-en
Genitive	-en	-en	-en	-en

c. Adjectives not preceded by **ein**-words or **der**-words take the following endings:

	Masculine	Feminine	Neuter	Plural
Nominative	-er	-e	-es	-e
Accusative	-en	-e	-es	-e
Dative	-em	-er	-em	-en
Genitive	-en	-er	-en	-er

Examples

1. Der Baum in diesem Bild ist **tot**.

   The tree in this image is dead.

2. Auf diesem Bild sieht man einen **toten** Baum.

   In this image we see a dead tree.

3. Der **tote** Baum hat keine Blätter.

   The dead tree has no leaves.

4. **Tote** Bäume sind eine Metapher.

   Dead trees are a metaphor.

5. a. Darüber sieht man einen **dunklen** Himmel.

   Above that we can see a dark sky.

   b. Kiefer war fasziniert von den **hohen** Bergen in Norwegen.

   Kiefer was fascinated by the high mountains in Norway.

6. a. Links steht eine Frau mit einem **rosa** Hut.

   To the left a woman with a pink hat is standing.

   b. Daneben steht ein Mann in einem **beigefarbenen** Mantel.

   Next to that a man in a beige coat is standing.

7. Die **liegende** Frau hat die Augen geschlossen.

   The reclining woman has her eyes closed.

8. Die **fotografierte** Frau ist Catherine Deneuve.

   The woman photographed is Catherine Deneuve.

9. Das Bild zeigt die **typische norwegische** Landschaft.

   The image shows the typical Norwegian landscape.

10. Seit 1992 ist Georg Baselitz Professor an der **Berliner** Hochschule der Künste.

    Since 1992 Georg Baselitz has been a professor at the Berlin School of the Arts.

Explanation

1. If the adjective is placed after the noun, the adjective needs no ending.

2. Adjective endings following **ein**-words: If the adjective is placed before a noun, it needs an ending. If it is positioned after an **ein**-word the possible endings are **-e, -en, -er**, and **-es** (see Chart a). **Ein**-words are the indefinite articles (**ein-**), the negative articles (**kein-**), and the possessive articles (**mein-, dein-, sein-, ihr-, unser-, euer (eur-)**, and **Ihr-**).

3. Adjective endings following **der**-words: If an adjective is positioned after a **der**-word the possible endings are **-e** and **-en** (see Chart b). **Der**-words are the definite articles (**der, die, das, den, dem,** and **des**), the words **dies-, jed-, jen-, manch-, solch-,** and **welch-,** and the plural **der**-words **alle** and **beide**.

4. Adjectives that are preceded neither by an **ein**-word nor by a **der**-word add the usual case endings, except for the genitive case masculine and neuter adjectives, which take **-en** (see Chart c).

5. Exceptions: Some adjectives add their endings a bit differently than shown in the charts:

   a. Most adjectives composed of more than one syllable and ending in **-er** and **-el** (e.g., **dunkel, teuer**) drop the **e** when they add endings.

   b. The adjective **hoch** drops the **c** when adding an ending.

6. The adjectives denoting the colors **rosa, lila, orange, türkis,** and **beige** cannot take endings.

   When placed before a noun, **rosa** and **lila** are used without an adjective ending (Example a); **orange, türkis,** and **beige** are changed to **orangefarben-/orangefarbig-, türkisfarben-/türkisfarbig-,** and **beigefarben-/beigefarbig-** and add endings to these forms (Example b).

7. The present participles of verbs can be used as adjectives. They are formed by adding **d** to the infinitive: INFINITIVE + **d** = PRESENT PARTICIPLE, e.g., **malend.** They are treated like any other adjective, that is, they add the usual adjective endings. Their meaning is active and simultaneous: **laufend** (*running*).

8. The past participles of verbs can be used as adjectives. They are treated like any other adjective, that is, they add the usual adjective endings. Their meaning is passive and past if they are transitive verbs, that is, if they can take an accusative object: **die fotografierte Frau** = *the woman who was photographed*. The meaning is active and past with intransitive verbs and if their past perfect tense is formed with **sein: der angekommene Zug** = *the train that has arrived*. The past participles of intransitive verbs that form the present perfect tense with **haben** cannot be used as adjectives.

9. Adjectives in a series have the same endings.

10. Adjectives derived from geographic place names are formed by adding **-er** to the name. Those adjectives take no endings and are always capitalized.

EINHEIT 9

Vereinigtes Deutschland

- ❖ 9.1 Indirect Speech, Subjunctive I (*Indirekte Rede, Konjunktiv I*)
- ❖ 9.2 Alternatives to Subjunctive I (*Alternativen zum Konjunktiv I*)

Refer to the following sections for revew if necessary:

- ❖ 5.6 Relative Clauses (*Relativsätze*)
- ❖ 6.1 Passive Voice (*Passiv*)

9.1 Indirect Speech, Subjunctive I (*Indirekte Rede, Konjunktiv I*)

The subjunctive I is used for indirect speech, that is, to quote what someone has said. It is used mostly in writing.

Forms

All verbs except **sein** form the subjunctive I the same way:

Subjunctive I Example: **trink|en**			
ich	trinke	wir	trinken
du	trinkest	ihr	trinket
er/sie/es/man	trinke	sie/Sie	trinken

When expressing indirect speech, subjunctive I is the preferred form of the verb. Notice above that the shaded forms are the same as the present tense indicative forms. To avoid confusion, in indirect speech they are replaced with the subjunctive II forms:

Indirect Speech Example: **trink|en**			
ich	tränke (SUBJ II)	wir	tränken (SUBJ II)
du	trinkest (SUBJ I)	ihr	trinket (SUBJ I)
er/sie/es/man	trinke (SUBJ I)	sie/Sie	tränken (SUBJ II)

However, for many verbs—regular verbs in particular—the subjunctive II looks the same as the simple past indicative:

Subjunctive I or II Example: **mach | en**			
ich	machte (SUBJ II)	wir	machten (SUBJ II)
du	machest (SUBJ I)	ihr	machet (SUBJ I)
er/sie/es/man	mache (SUBJ I)	sie/Sie	machten (SUBJ II)

To avoid confusion, for those forms the **würde** + INFINITIVE construction is used in indirect speech:

Indirect Speech Example: **mach | en**			
ich	**würde ... machen**	wir	**würden ... machen**
du	machest (SUBJ I)	ihr	machet (SUBJ I)
er/sie/es/man	mache (SUBJ I)	sie/Sie	**würden ... machen**

The verb **sein** has the following subjunctive I forms:

sein			
ich	sei	wir	seien
du	sei(e)st	ihr	sei(e)t
er/sie/es/man	sei	sie/Sie	seien

Examples

1. Sie sagten, sie **würden** aus Rotkäppchen in der Zukunft wieder eine gesamtdeutsche Marke **machen.**

   They said they would make Rotkäppchen into a pan-German brand again in the future.

2. Er sagte, er **mache** aus Rotkäppchen in der Zukunft wieder eine gesamtdeutsche Marke.

   He said he would make Rotkäppchen into a pan-German brand again in the future.

3. Für zwei gute Leute **sei** auf dem Posten kein Platz.

   There is not room for two good people in one position.

4. Er sagte, er **werde** aus Rotkäppchen wieder eine gesamtdeutsche Marke machen.

   He said he would make Rotkäppchen into a pan-German brand again.

5. Er sagte, dass er aus Rotkäppchen wieder eine gesamtdeutsche Marke machen **werde.**

He said he would make Rotkäppchen into a pan-German brand again.

6. Er sagte, die Ostdeutschen **hätten** nach der Wende keinen Rotkäppchen-Sekt mehr **getrunken.**

He said the East Germans didn't drink Rotkäppchen sparkling wine any more after the change.

7. Er sagte, die Ostdeutschen **seien** seit der Ostalgiewelle zu Rotkäppchen-Sekt **zurückgekehrt.**

He said the East Germans had returned to Rotkäppchen sparkling wine after the nostalgic wave for all things of the old East.

8. DIRECT:

Heise: „Die Ostalgie **hat mir** Mut gemacht."

Heise: "The nostalgia for the East gave me courage."

INDIRECT:

Er sagte, die Ostalgie **habe ihm** Mut gemacht.

He said the nostalgia for the East had given him courage.

Explanation

1. The subjunctive I is formed by adding the endings **-e, -est, -e, -en, -et,** and **-en** to the infinitive stem. The only exception to this rule is the verb **sein.** If a subjunctive I form is the same as the present tense indicative form, this form needs to be replaced with its present tense subjunctive II form when expressing indirect speech. However, if the subjunctive II form is the same as the simple past indicative form—which is, for example, the case with regular verbs—this form is usually replaced with the **würde** + INFINITIVE construction.

2. The subjunctive I is mostly used in its third person singular and plural forms. (The second person singular and plural forms are rarely used and are considered archaic. Instead, the subjunctive II forms are used.)

3. The only verb not following the rule stated in 1 is the verb **sein.**

4. In the future tense the form of the verb **werden** takes the subjunctive I form; the main verb keeps its infinitive form.

5. The word order in dependent clauses is the same for the subjective as it would be for the indicative mood.

6 + 7. To form the subjunctive I perfect tense, the auxiliaries **haben** and **sein** take the subjunctive I forms. The past participle stays the same as in the indicative mood. There is only one subjunctive I past tense form. In other words, simple past indicative and present perfect indicative both convert the same way to the subjunctive I. <u>Note</u>: The same substitution rules in Explanation 1 apply to indirect speech in the perfect tense as in the present tense.

8. Often a change of pronouns is necessary when giving a quote in indirect speech. Most indirect speech is introduced by verbs that signal that an indirect quote follows. These include verbs such as **sagen** (*to say*), **behaupten** (*to claim*), **berichten** (*to report*), **darauf hinweisen** (*to indicate*).

9.2 Alternatives to Subjunctive I (*Alternativen zum Konjunktiv I*)

Alternatives to the subjunctive I forms are also used to quote what someone has said, but they are used in combination with the indicative instead of the subjunctive mood.

Forms and Meaning

laut (+ *gen./dat.*)
nach (+ *dat.*)
gemäß (+ *dat.*)
(*dat.* +) zufolge
⎫
⎬ *according to*
⎭

Examples

1. **Laut eines Zeitungsberichts/Laut Zeitungsbericht** ist der Osten von soliden wirtschaftlichen Strukturen noch weit entfernt.

   According to a newspaper report, the East is still far from having solid economic structures.

2. a. **Nach/Gemäß einem Zeitungsbericht** ist der Osten von soliden wirtschaftlichen Strukturen noch weit entfernt.

   According to a newspaper report, the East is still far from having solid economic structures.

   b. **Nach Aussage** des *manager magazins* ist der Osten von soliden wirtschaftlichen Strukturen noch weit entfernt.

   According to manager magazin, *the East is still far from having solid economic structures.*

3. **Einem Zeitungsbericht zufolge** ist der Osten von soliden wirtschaftlichen Strukturen noch weit entfernt.

   According to a newspaper report, the East is still far from having solid economic structures.

Explanation

1. The preposition **laut** is used with the genitive case if an article is placed before the noun. It is used with the dative case if no article is placed before the noun. Both expressions have the same meaning.

2. The prepositions **nach** and **gemäß** both need the dative case and are usually used with an article before the noun (Example a). The expression **Nach Aussage ...** , however, is very often used without an article (Example b).

3. The preposition **zufolge** is placed after the noun. Such words are often called "postpositions."

Lola rennt

◇ 10.1 Sentence Negation (*Satznegation*)
◇ 10.2 Modal Particles (*Modalpartikeln*)
◇ 10.3 Comparative and Superlative (*Komparativ und Superlativ*)
◇ 10.4 Location and Direction (*Orts- und Richtungsangaben*)
◇ 10.5 Word Order: temporal, causal, modal, local (*Wortfolge: temporal, kausal, modal, lokal*)

Refer to the following sections for review if necessary:

◇ 4.2 Present Subjunctive II (*Konjunktiv II, Präsens*)
◇ 7.2 Past Subjunctive II (*Konjunktiv II der Vergangenheit*)

10.1 Sentence Negation (*Satznegation*)

Meaning

nicht	*not*
nichts	*nothing*
kein-	*no; no one, nobody*
niemand-	*no one, nobody*
nie, niemals	*never*
nirgendwo, nirgends	*nowhere*

Examples

1. Lola **war** *nicht* pünktlich. — *Lola was not on time.*

2. Manni hat **das Geld** *nicht* mitgenommen. — *Manni didn't take the money with him.*

3. Lola arbeitet **heute** *nicht.* — *Lola doesn't work today.*

4. Lola wollte sich *nicht* **verspäten.** — *Lola didn't want to be late.*

5. Sie hat im Taxi *nicht* **aufgepasst.** — *In the cab she didn't pay attention.*

6. Lola holt Manni *nicht* **ab.** — *Lola doesn't pick up Manni.*

7. Lola und Manni sind *nicht* **unsympathisch.** — *Lola and Manni aren't unlikeable.*

8. Manni mag es *nicht* **gern**, wenn Lola unpünktlich ist. — *Manni doesn't like it when Lola is not on time.*

9. Manni hat *nicht* **auf Lola** gewartet.

Manni didn't wait for Lola.

10. a. Manni hat das Geld *nicht* mitgenommen.

Manni didn't take the money with him.

b. *Nicht* **Manni** hat das Geld mitgenommen, sondern der Obdachlose.

It was not Manni who took the money with him, but the homeless man.

Explanation

Nicht follows

1. the conjugated verb
2. the object(s)
3. specific expressions of time, e.g., **heute, morgen, gestern, nächste Woche**

Nicht precedes

4. infinitives
5. past participles
6. separable prefixes
7. adjectives
8. adverbs
9. prepositional phrases
10. You can either negate a whole sentence (Examples 1–9, 10a) or a part of it (Example 10b). To negate a part, **nicht** is placed before the part that is to be negated. Those phrases that are negated are followed by a clause introduced by **sondern** adding the contrasting information.

10.2 Modal Particles (*Modalpartikeln*)

Modal particles are used to convey impatience, surprise, disbelief, or urgency along with the statement.

Meaning

denn	*really, now, ever, then*
doch	*just, yes, surely, on the contrary, indeed, certainly*
mal	*just, even, merely*
eigentlich	*actually, really, in fact, exactly, tell me*
ja	*yes, in fact, indeed, truly, really, after all, well, as you know*

The modal particles are often not directly translatable but are expressed in English with other means instead, such as stress.

1. Was macht ihr **denn** hier? — *Well, what ever are you doing here?*
2. Das weiß ich **doch** nicht! — *I tell you, I simply don't know!*
3. Entschuldigung, ich muss **mal** kurz stören. — *Excuse me, I have to interrupt just a moment.*
4. Was ist **eigentlich** heute los? — *What exactly is wrong today?*
5. Du siehst **ja** furchtbar aus! — *You look really terrible!*

Explanation

1. **Denn** is used in questions, when asking about something or when being surprised or impatient.

2. **Doch** is used in statements to stress one's own divergent opinion or viewpoint or to express surprise, disbelief, impatience, or urgency. In imperative phrases this particle is often used in conjunction with **mal.**

3. **Mal** is used to make a question or statement more friendly or to express that something is for a brief moment only.

4. **Eigentlich** is used in questions or statements to make them more friendly or to express that one is thinking about something, but hasn't yet found the answer.

5. **Ja** is used in statements to stress the obviousness of a fact or to express surprise.

10.3 Comparative and Superlative (*Komparativ und Superlativ*)

Forms

	Adjective/Adverb	Comparative	Superlative
a. regular:	schnell	schnell**er**	**am** schnell**sten**
b. irregular:	gut	besser	am besten
	viel	mehr	am meisten
	gern	lieber	am liebsten
	hoch	höher	am höchsten
	nah	näher	am nächsten
	groß	größer	am größ**ten**
c. most adjectives/adverbs of more than one syllable ending in **-el** or **-er**:	dunk**e**l	dunkler	am dunkelsten
	teu**e**r	teurer	am teuersten
d. 1. adjectives/adverbs ending in **-d, -t, -s,-ß, -sch**, and **-z**:	mild	milder	am mild**esten**
	beliebt	beliebter	am beliebt**esten**
	nass	nasser	am nass**esten**
	heiß	heißer	am heiß**esten**
	hübsch	hübscher	am hübsch**esten**
	schwarz	schwärzer	am schwärz**esten**
2. except **-isch**:	sympathisch	sympathischer	am sympathisch**sten**
e. some monosyllabic adjectives: special case:	alt	älter	am ältesten
	gesund	gesünder	am gesündesten

Explanation

a. The regular comparative ending is **-er.** The regular superlative ending is **-sten.**

b. There are several irregular forms.

c. Most adjectives/adverbs of more than one syllable ending in **-el** or **-er** lose the **e** in the comparative form.

d. Adjectives ending in **-d, -t, -s, -ß, -sch,** and **-z** add an extra **e** before the superlative ending **-sten.** Adjectives/adverbs ending in **-isch,** however, do not add the extra **e.**

e. Some monosyllabic adjectives/adverbs with the vowels **a, o, u** form the comparative and the superlative with an umlaut: **ä, ö, ü.** These adjectives include **alt, arm, dumm, grob, hart, jung, kalt, klug, kurz, lang, oft, scharf, schwach, schwarz, stark, warm.** The adjective **gesund** also forms the comparative and superlative forms with an umlaut.

Examples

1. a. Lola rennt im zweiten Szenario langsamer **als** im ersten.

   Lola runs more slowly in the second scenario than in the first one.

   b. Der Unfall ist aber **genauso** schlimm **wie** im ersten Szenario.

   But the accident is just as bad as in the first scenario.

2. Lola ist die intelligent**ere** Figur.

   Lola is the more intelligent character.

3. **Das** beste Szenario ist das dritte.

   The best scenario is the third one.

4. Lola hat im dritten Szenario **mehr** Glück als in den ersten beiden.

   In the third scenario, Lola is luckier than in the first two.

5. Welches Szenario ist Ihrer Meinung nach **das beste** (Szenario)?

   Which scenario do you think is the best (scenario)?

6. **Das Beste** für Lola wäre ein anderer Freund.

   The best thing for Lola would be a different boyfriend.

Explanation

1. The comparative form plus **als** is used to express inequality (Example a), whereas **(genau)so** + ADJECTIVE/ADVERB + **wie** is used to express equality (Example b).

2. The comparative forms can be used as attributive adjectives, meaning they are followed by the nouns they modify. To do so, add the appropriate adjective endings to the comparative form.

3. The superlative forms can be used as attributive adjectives as well. To do so, omit **am** and the **-en** ending and add the appropriate adjective endings.

4. **Mehr** and **weniger** do not take adjective endings.

5. If the noun is clear from the context, it is not necessary to repeat it. The adjective has to be inflected nevertheless.

6. The adjective has to be capitalized when it is used as a noun.

10.4 Location and Direction (*Orts- und Richtungsangaben*)

Meaning

nach links/rechts laufen	*to run to the left/right*
bis zu	*as far as*
über	*across, over*
entlanglaufen	*to run along*
durch	*through*
hinauflaufen	*to run up*
hinunterlaufen	*to run down*
an ... vorbeilaufen	*to run past*
unter ... (hin)durchlaufen	*to run underneath*
um	*around*
die Straße überqueren	*to cross the street*
geradeaus	*straight ahead*

Examples

1. Lola läuft über die Straße und dann **nach** links.

   Lola runs across the street and then to the left.

2. Sie läuft **bis zu** Manni.

   She runs as far as Manni.

3. a. Sie läuft eine Straße **entlang.**

   She runs along a street.

   b. **Entlang** der Straße stehen Bäume.

   Along the street are trees.

4. Sie läuft die Treppe **hinauf.**

   She runs up the stairway.

5. Sie läuft die Treppe **hinunter.**

   She runs down the stairway.

6. Sie läuft **an** Doris **vorbei.**

   She runs past Doris.

7. Sie läuft **unter** einer Brücke **(hin)durch.**

   She runs underneath a bridge.

Explanation

1. **Nach** in a local context is used in the expressions **nach links/rechts, nach Hause.**

2. **Bis zu** indicates that this location is the final point of movement.

3. The preposition **entlang** can be used with either the accusative or the dative case. If it is used with the accusative, it is placed after the noun (Example a) and indicates motion. If it is used with the dative, it is placed before the noun (Example b) and indicates position.

4 + 5. **Hinauf** and **hinunter** can be used with stairs, mountains, streets, and any sort of landmark feature that has an incline or decline.

6. **Vorbei** is used to indicate motion first towards something and then away from it.

7. **Unter ... (hin)durch** can be used with bridges or any similar landmark features.

10.5 Word Order: temporal, causal, modal, local
(*Wortfolge: temporal, kausal, modal, lokal*)

The basic German word order for adverbial expressions is: <u>te</u>mporal, <u>ca</u>usal, <u>mo</u>dal, <u>lo</u>cal. You can remember this by thinking of the made-up word *te-ca-mo-lo.*[1]

Example

Lola und Manni versuchen **heute aus Liebe gemeinsam in Berlin** ein großes Problem zu lösen.

Today in Berlin Lola and Manni are trying to solve a big problem together for the sake of their love.

Explanation

If a sentence contains several adverbial elements, the default word order is *tecamolo* (*tekamolo*): temporal (**heute**), causal (**aus Liebe**), modal (**gemeinsam**), local (**in Berlin**).

◇ The temporal element answers the question *When?* It can be specific (**um sechs Uhr, ...**), general (**im Jahre 2010, ...**), or relative (**bald, morgen Abend, ...**) time information.

◇ The causal element answers the question *Why?* It explains the reason for the action (**aus Liebe, wegen des Wetters, ...**).

◇ The modal element answers the question *How?* It provides information as to the means (**mit einer Pistole, ...**) or manner (**gemeinsam, unglücklich, ...**) by or in which the action occurs.

◇ Finally, the local element answers the question *Where?* It can indicate movement (**vor das Auto, nach Hause, ...**) or location (**im Auto, hier, ...**). It can be a specific place name (**in Berlin, ...**), a local adverb (**hier, dort, ...**), or a prepositional phrase (**in die Bank, zu Hause, ...**).

---

[1] This is *te-ka-mo-lo* in German, which stands for *temporal, kausal, modal, lokal.*

Deutsch-englisches Glossar

Glossar

Abbreviations

acc.	accusative	*o.s.*	oneself
art.	article	*pass.*	passive
ca.	circa	*pl.*	plural
coll.	colloquial	*sg.*	singular
dat.	dative	*s.o.*	someone
e.g.	for example	*s.th.*	something
lit.	literally	*usu.*	usually

A

das Abenteuer, - adventure

der Abfall, die Abfälle garbage, trash

das Abgas, -e exhaust gas

abgesoffen (*past participle of* **ab•saufen**) drowned

ab•hauen (haut ... ab), haute ... ab, ist abgehauen (*coll.*) to scram, beat it

das Abkommen, - agreement

ab•lehnen (lehnt ... ab), lehnte ... ab, hat abgelehnt to decline, reject

die Ablehnung, -en rejection, refusal

ab•leiten (leitet ... ab), leitete ... ab, hat abgeleitet to divert, derive

ab•nehmen (nimmt ... ab), nahm ... ab, hat abgenommen to lose weight, go on a diet; decrease

der Absatz (*usu. sg.*) number of units sold

ab•schaffen, (schafft ... ab), schaffte ... ab, hat abgeschafft to put an end to; get rid of; sell

der Abschied (*usu. sg.*) farewell, the act of saying good-bye

ab•schotten, (schottet ... ab), schottete ... ab, hat abgeschottet to separate

achten, hat geachtet: auf jemanden/etwas achten to pay attention to s.o./s.th, look after s.o./s.th.

die Alliierten (*pl.*) the Allies, countries allied against Germany in World Wars I and II

der Altbau, -ten house built before 1949

das Altpapier (*sg. only*) used paper that is collected and recycled

an•fangen (fängt ... an), fing ... an, hat angefangen to begin, start

an•fertigen (fertigt ... an), fertigte ... an, hat angefertigt to make, do, prepare

das Anführungszeichen, - quotation mark

angeblich supposed(ly), alleged(ly); official(ly)

an•gehören (gehört ... an), gehörte ... an, hat angehört (+ *dat.*) to belong to s.o./s.th, be a member of s.th.

angelnd fishing, in the act of fishing

angemessen   appropriate(ly)

angenehm   pleasant(ly)

angesagt   (*coll.*) hip, trendy

der Angriff, -e   attack

die Angst: Angst haben vor (+ *dat.*)   to be afraid of (s.o./s.th.)

ängstlich: ängstlich zumute sein   to be afraid

angstvoll   anxious(ly); afraid

der Anhaltspunkt, -e   clue, reason for a supposition

der Anhang, die Anhänge   appendix, additional material at the end of a book

an•kommen (kommt … an), kam … an, ist angekommen   to arrive

sich an•passen (passt sich … an), passte sich … an, hat sich angepasst   to adapt (o.s.)

der Anreiz, -e   incentive, motivation

an•rufen (ruft … an), rief … an, hat angerufen   to call (by telephone)

der Ansatz, die Ansätze   beginning; idea, estimate

sich an•schließen, (schließt sich … an), schloss sich … an, hat sich angeschlossen (+ *dat.*)   to join s.o./s.th.; endorse s.o./s.th.

der Anschluss, die Anschlüsse: im Anschluss   after that

an•sehen (sieht … an), sah … an, hat angesehen   to watch, look at

an•steigen (steigt … an), stieg … an, ist angestiegen   to rise, increase

der Antrag, die Anträge: einen Antrag stellen   to apply (for s.th.)

an•werben (wirbt … an), warb … an, hat angeworben   to recruit, offer a job

die Anzeige, -n   advertisement

das Aquarell, -e   watercolor (painting)

der Arbeitgeber, - / die Arbeitgeberin, -nen   employer

der Arbeitnehmer, - / die Arbeitnehmerin, -nen   employee

die Arbeitskraft, die Arbeitskräfte   workforce

die Arbeitslosenquote, -n   unemployment rate

die Arbeitslosigkeit (*sg. only*)   unemployment

der Arier, -   Aryan; in the Third Reich the designation for the people who were supposed to rule the world

arisch   Aryan, belonging to the Aryans

die Armee, -n   armed forces; army

der Asylant, -en, -en / die Asylantin, -nen   person seeking political asylum

die Atomkraft (*sg. only*)   nuclear energy

auf•arbeiten (arbeitet … auf), arbeitete … auf, hat aufgearbeitet   to work on s.th. until it is finished; look back on s.th. and analyze it

der Aufbau (*sg. only*)   construction, structure; reconstruction

der Aufenthalt, -e   stay

auf•geben (gibt … auf), gab … auf, hat aufgegeben   to give up, abandon, resign from

aufgeschlagen (*past participle of* **auf•schlagen**)   open, opened

auf•halten (hält … auf), hielt … auf, hat aufgehalten   to halt, stop

auf•heben (hebt … auf), hob … auf, hat aufgehoben   to abolish, cancel

die Aufklärung   the Enlightenment

die Aufnahme (*sg. only*)   admission (to an organization)

das Aufnahmeverfahren, -   admissions process

der Aufruf, -e: durch einen Aufruf in einer Tageszeitung   by means of a request for participants in a daily newspaper

der Aufschwung, die Aufschwünge   upswing, improvement of a situation

der Aufstand, die Aufstände   uprising, rebellion

auf•teilen (teilt ... auf), teilte ... auf, hat aufgeteilt   to divide up

auf•treten (tritt ... auf), trat ... auf, ist aufgetreten   to make a public appearance

der Auftritt, -e   public appearance

auf•wachsen (wächst ... auf), wuchs ... auf, ist aufgewachsen   to grow up

auf•ziehen (zieht ... auf), zog ... auf, hat aufgezogen   to raise (a child)

aus•füllen (füllt ... aus), füllte ... aus, hat ausgefüllt   to fill in (e.g. a blank), fill out (e.g. a form)

aus•geben (gibt ... aus), gab ... aus, hat ausgegeben   to spend (money)

ausgedehnt (*past participle of* **aus•dehnen**)   extended; long

sich aus•kennen (mit + *dat.***) (kennt sich ... aus), kannte sich ... aus, hat sich ausgekannt**   to know (about), be familiar (with)

das Ausland (*sg. only*)   foreign country or countries, abroad

der Ausländer, - / die Ausländerin, -nen   foreigner, alien

die Ausländerfeindlichkeit   xenophobia, negative feelings and aggression toward foreigners

die Auslandsreise, -n   trip abroad

der Ausnahmefall, die Ausnahmefälle   exceptional case

aus•sehen (sieht ... aus), sah ... aus, hat ausgesehen   to look, appear

aus•steigen (aus + *dat.***), (steigt ... aus), stieg ... aus, ist ausgestiegen**   to get out/off of a means of transportation (car, bus, etc.); give up, leave

der Ausstoß (*sg. only*)   emission, output

aus•tauschen (tauscht ... aus), tauschte ... aus, hat ausgetauscht   to exchange; exchange ideas and experiences with others in a group

aus•wandern (wandert ... aus), wanderte ... aus, ist ausgewandert   to emigrate, permanently leave one's homeland

der Auszug, die Auszüge   excerpt

der Autodiebstahl, die Autodiebstähle   car theft

B

das Band, die Bänder   ribbon; belt

der/die Bankangestellte, -n   bank employee

der Banküberfall, die Banküberfälle   bank robbery

der Bau (*sg. only*)**: der Bau der Mauer**   the construction of the wall that divided West and East Berlin

beantragen, hat beantragt   to apply for

das Bedürfnis, -se   need, necessity

sich beeilen, hat sich beeilt   to hurry

beenden, hat beendet   to end, finish, complete

sich befassen (mit + *dat.***), hat sich befasst**   to occupy o.s. (with); deal (with)

befehlen (befiehlt), befahl, hat befohlen (+ *dat.*)   to command

befestigen, hat befestigt   to fix, fasten, attach

begehen (begeht), beging, hat begangen: Selbstmord begehen   to commit suicide

begehrt   desired, sought-after

begeistert   enthusiastic(ally)

begrenzen, hat begrenzt   to limit, restrict

begründen, hat begründet   to give reasons for

beispielsweise   for example

bejahen, hat bejaht   to say yes to, approve of

bekommen (bekommt), bekam, hat bekommen   to get, receive

sich belaufen (auf + *acc.***) (beläuft sich), belief sich, hat sich belaufen**   to amount to, total

beliebt   popular, favorite

belügen (belügt), belog, hat belogen   to lie to, deceive

die Bemerkung, -en   remark, comment

das Benzin (*sg. only*)   gasoline

die Bereicherung, -en   enrichment, s.th. that makes s.o. richer; s.th. that increases one's knowledge or experience

der Bericht, -e   report

berichten, hat berichtet   to tell, report

berühmt   famous

die Besatzung, -en   occupation (of a country or region)

beschäftigen, hat beschäftigt   to employ, give s.o. s.th to do

der/die Beschäftigte, -n   employee

beschleunigen, hat beschleunigt   to speed up, accelerate

beschreiben (beschreibt), beschrieb, hat beschrieben   to describe

besitzen (besitzt), besaß, hat besessen   to own, have, possess

bestehen (besteht), bestand, hat bestanden   to pass (a test)

bestimmen, hat bestimmt   to decide on, determine

sich beteiligen (an + dat.**), hat sich beteiligt**   to participate (in)

betrachten, hat betrachtet   to look at, observe, study

betragen (beträgt), betrug, hat betragen   to cost, come to, amount to

betreten (betritt), betrat, hat betreten   to enter, walk onto

der Betrieb, -e   business, firm

betrügen (betrügt), betrog, hat betrogen   to cheat, deceive, betray

betrunken   drunk, inebriated

bewaffnet   armed

bewältigen, hat bewältigt   to overcome, deal with, cope with

sich bewerben (um + *acc.***) (bewirbt sich), bewarb sich, hat sich beworben**   to apply (for) (a job, etc.)

sich beziehen (auf + *acc.***) (bezieht sich), bezog sich, hat sich bezogen**   to refer (to), relate (to)

die Beziehung, -en   relationship

der Bezug, die Bezüge   connection, link

die Bilanz (*sg. only*)   net result

bilden, hat gebildet   to form, construct

der Bildhauer, - / die Bildhauerin, -nen   sculptor

bitten (um + *acc.***) (bittet), bat, hat gebeten**   to ask (for) (s.th.), politely request (s.th.)

bleiben (bleibt), blieb, ist geblieben   to stay

bleifrei   unleaded

blöd   stupid(ly), foolish(ly)

der Bogen, - : einen Bogen machen um (+ *acc.*)   to make a detour around

die BRD (die Bundesrepublik Deutschland)   the Federal Republic of Germany (official name of present-day Germany and of former West Germany)

die Bruchlandung, -en   crash landing

die Buchung, -en   booking, reservation

die Bühne, -n   stage

die Bundeswehr (*sg. only*)   the German armed forces

bunt   multicolored, colorful

der Bürgersteig, -e   sidewalk

C

die Clipper-Class (*sg. only*)   *obsolete term for* Business First Class

D

damalig   at that time, then

dar•stellen (stellt ... dar), stellte ... dar, hat dargestellt   to depict, portray, represent

die DDR (die Deutsche Demokratische Republik)   the German Democratic Republic (official name of former East Germany)

denken (denkt), dachte, hat gedacht   to think

deuten, hat gedeutet   to interpret

der Dichter, - / die Dichterin, -nen   poet; writer, author

dienen (als), hat gedient   to serve (as)

doppelt   double, twice as much

das Drehbuch, die Drehbücher   screenplay

drehen, hat gedreht: einen Film drehen   to shoot a film

drohen, hat gedroht   to threaten

dunkel   dark

durch•fallen (fällt ... durch), fiel ... durch, ist durchgefallen   to have no success, fail, flunk

durchlässig   open

E

eifersüchtig   jealous(ly)

eigens   specially; extra

die Einbürgerung, -en   naturalization, the act of becoming a citizen of a country

die Einfahrt, -en   driveway, entrance

der Einfluss, die Einflüsse   influence

sich ein•fügen (in + *acc.*) (fügt sich ... ein), fügte sich ... ein, hat sich eingefügt   to adapt o.s. to s.th., accept s.th.

ein•führen (führt ... ein), führte ... ein, hat eingeführt   to import; introduce; initiate

ein•holen (holt ... ein), holte ... ein, hat eingeholt   to catch up with; collect, haul in

ein•laden (lädt ... ein), lud ... ein, hat eingeladen   to invite

ein•ordnen (ordnet ... ein), ordnete ... ein, hat eingeordnet   to arrange, sort, classify

einsam   alone; lonely

ein•schränken (schränkt ... ein), schränkte ... ein, hat eingeschränkt   to reduce, limit

ein•treten (tritt ... ein), trat ... ein, ist eingetreten   to enter (e.g. a room); join (e.g. an organization)

die Einwanderung (*usu. sg.*)   immigration

das Einwanderungsland, die Einwanderungsländer   a country to which many people immigrate

der Einzelhandel (*sg. only*)   retail stores and shops, retail trade

empfehlen (empfiehlt), empfahl, hat empfohlen   to recommend

empfindsam   sensitive(ly)

das Ensemble, -s   group of artists (singers, actors, musicians, etc.) who perform together

entdecken, hat entdeckt   to discover

entkernen, hat entkernt   to remove a seed; renovate all of a building except the exterior

entlassen (entlässt), entließ, hat entlassen   to dismiss, discharge, fire (from a job)

sich entscheiden (entscheidet sich), entschied sich, hat sich entschieden   to decide; **sich entscheiden für** (+ *acc.*) to choose, decide in favor of

sich entschließen (entschließt sich), entschloss sich, hat sich entschlossen   to make up one's mind, resolve

entsorgen, hat entsorgt   to dispose of

entsprechend   corresponding; appropriate(ly); **man kleidet sich entsprechend**   one dresses accordingly

entstehen (entsteht), entstand, ist entstanden   to originate

das Entstehungsjahr, -e   year of origin

enttäuscht   disappointed

die Entvölkerung (*sg. only*)   depopulation

sich entwickeln, hat sich entwickelt   to develop

das Entwicklungsland, die Entwicklungsländer   developing country, economically underdeveloped country

sich ereignen, hat sich ereignet   to happen, occur

das Ereignis, -se   event, occurrence

die Erfahrung, -en   experience; **die/eine Erfahrung machen**   to learn by experience; **Erfahrungen sammeln**   to gain experience

erfolgreich   successful(ly)

erfordern, hat erfordert   to require; demand

ergänzen, hat ergänzt   to add to, complete

das Ergebnis, -se result; **zu einem Ergebnis kommen** to reach a conclusion

ergreifen (ergreift), ergriff, hat ergriffen to seize

erhalten (erhält), erhielt, hat erhalten to receive, get

erhöhen, hat erhöht to increase

erkennen (erkennt), erkannte, hat erkannt to recognize

die Erkenntnis, -se: eine Erkenntnis gewinnen to learn s.th.

erlangen, hat erlangt to get, obtain

das Erlebnis, -se experience

ermöglichen, hat ermöglicht to make possible

der Ersatz (*sg. only*) replacement

erschöpft exhausted

erstaunt astonished, amazed

erstellen, hat erstellt to make, draw up

erwägen (erwägt), erwog, erwogen to consider

erweitern, hat erweitert to enlarge, expand

F

der Fahrradanhänger, - trailer pulled by a bicycle

das Fahrzeug, -e vehicle

der Fall (*sg. only*): **der Fall der Mauer** the removal of the Wall; the opening of the borders between East and West Berlin

die Familienmonatskarte, die Familienmonatskarten (für die Straßenbahn) ticket that allows all members of a family to ride (on the streetcar) at no extra cost for a month

der Farbschleier, - just a hint of color

faul lazy, lazily

fehlen, hat gefehlt to be absent

der Felsen, - cliff

die Ferien (*pl. only*) vacation

fest•halten (hält ... fest), hielt ... fest, hat festgehalten to hold on to

das Feuer, - fire

der Filz, -e felt

die Firma, die Firmen firm, business, company

die Firmenspitze, -n the employees who manage a company, upper management

der Flüchtling, -e refugee

der Flugbegleiter, - / die Flugbegleiterin, -nen flight attendant, steward/stewardess

die Folge, -n consequence; **zu(r) Folge haben** to have as a result

fordern, hat gefordert to demand

freiwillig: auf freiwilliger Basis on a voluntary basis

die Freizeit (*sg. only*) free time, leisure

fremd foreign, strange; **mit Fremden ins Gespräch kommen** to speak with people one does not know

friedlich peaceful(ly)

froh happy, glad, cheerful

der Fuhrpark, -s several cars, fleet of motor vehicles

furchtbar awful(ly), terrible, terribly

furchtlos fearless(ly)

G

der Galgenhumor (*sg. only*) gallows humor, humor in the face of a life-threatening situation

der Gastarbeiter, - / die Gastarbeiterin, -nen guest worker, person who is invited from a foreign country to work

das Gebiet, -e region, area

geboren werden (wird geboren), wurde geboren, ist geboren worden (*pass.*) to be born

gebräuchlich normal, usual, common

die Gebrauchsanleitung, -en instructions for use

der Geburtsort, -e birthplace

der Gedanke, -ns, -n: die Gedanken schweifen lassen to let one's mind wander

das Gedicht, -e poem

gefährlich dangerous(ly)

gefallen (gefällt), gefiel, hat gefallen (*+ dat.*) to please, cause enjoyment: **es gefällt mir** I like it

gehoben elevated; higher, better, more expensive

die Geisel, -n hostage

geistig: geistige Umnachtung serious mental illness

gelegentlich occasional(ly)

der/die Geliebte, -n lover; person with whom one has an extramarital affair

gelten (gilt), galt, hat gegolten to be valid; be regarded

gelungen especially good, successful

das Gemälde, - painting

genießen (genießt), genoss, hat genossen to enjoy

der Genuss, die Genüsse enjoyment, pleasure

geprägt characterized

geraten (gerät), geriet, ist geraten: in Schwierigkeiten geraten to get into difficulties

gerecht fair, equitable

gesamtdeutsch pertaining to East and West Germany together, pan-German

der Geschäftsführer, - / die Geschäftsführerin, -nen manager

geschehen (geschieht), geschah, ist geschehen to happen, occur

die Geschmacksrichtung, -en way s.th. tastes, flavor

gesellschaftlich social(ly), affecting society in general

das Gesetz, -e law

das Gespräch, -e: mit Fremden ins Gespräch kommen to speak with people one does not know

die Gestalt, -en form, shape

gestellt: auf sich (*acc.*) **gestellt** without assistance

die Gewalt (*sg. only*) force, violence

die Gewerkschaft, -en   labor union

gewinnen (gewinnt), gewann, hat gewonnen   to win; **eine Erkenntnis gewinnen**   to learn s.th.

das Gewissen, -: ein schlechtes Gewissen bereiten   to give s.o. a guilty conscience

gierig   greedy, greedily

der Gipfel, -   summit, peak

die Glasscheibe, -n   pane of glass

die Gleichberechtigung (*sg. only*)   equal rights

gleich•stellen (stellt ... gleich), stellte ... gleich, hat gleichgestellt   to equate; put s.o./s.th. on the same level as s.o./s.th else; give equal rights to

die Gleichstellung (*sg. only*)   equality, equal rights

die Götterdämmerung   *The Twilight of the Gods*, an opera by Richard Wagner

das Grab, die Gräber   grave

greifen (zu + *dat.***) (greift), griff, hat gegriffen**   to reach for; buy

die Grenze, -n   border, boundary

großzügig   generous(ly)

gründen, hat gegründet   found, establish

das Grundrecht, -e   basic right, constitutional right

das Grundstück, -e   plot of land

die Gründung, -en   foundation, establishment

H

haben (hat), hatte, hat gehabt: wo ... zu haben sind   where . . . can be bought

das Hakenkreuz, -e   swastika, hooked cross used as a symbol by the Nazis

der Halbkreis, -e   semicircle

halten (hält), hielt, hat gehalten   to hold; stop; give (a report), make (a speech); **jemanden/etwas für (+** *acc.***) ... halten**   to consider s.o./s.th. to be ..., think s.o./s.th. is ...

das Handy, -s   cellular phone

hängen (hängt), hing, hat gehangen   to hang, be hanging

die Hast (*sg. only*)   haste

häufig   frequent(ly), often

die Häufigkeit (*sg. only*)   frequency

der Hauptdarsteller, - / die Hauptdarstellerin, -nen   leading man/lady, main actor/actress in a film or play

die Hauptrolle, -n   leading role, main role in a film or play

die Heimat (*sg. only*)   homeland, region where s.o. was born or feels at home

helfen (hilft), half, hat geholfen (+ *dat.***)**   to help

hell   light, bright(ly)

der Helm, -e   helmet

die Hemmung, -en   inhibition

heraus•greifen (greift ... heraus), griff ... heraus, hat herausgegriffen   to pick out, select

herausragend   outstanding, excellent

die Hetze (*sg. only*)   mad rush, haste

hin•fallen (fällt ... hin), fiel ... hin, ist hingefallen to fall down

hinken, ist gehinkt to walk with a limp

hoch•gehen (geht ... hoch), ging ... hoch, ist hochgegangen to explode

hops•gehen (geht ... hops), ging ... hops, ist hopsgegangen (*coll.*) to die

hören (auf + *acc.*), hat gehört to listen to (s.o./s.th.)

der Horizont, -e: seinen Horizont erweitern broaden one's horizons, modify one's way of thinking

die Hornhaut, die Hornhäute callus, hard skin

der Hügel, - hill

humpeln, ist gehumpelt to walk with a limp

hungrig hungry

I

der Inhalt, -e content(s)

die innere Uhr (*sg. only*) the rhythm of the body, biological clock

die Inschrift, -en inscription

J

der Jäger, - / die Jägerin, -nen hunter

das Jahrhundert, -e century

der Jude, -n, -n / die Jüdin, -nen Jew

jüdisch Jewish

Jura (*without art.*) (the study of) law

K

(das) KaDeWe (Kaufhaus des Westens) a large department store in Berlin with a very good grocery department

die Karte, -n: schlechte Karten haben have poor prospects

der Kaufinteressent, -en, -en / die Kaufinteressentin, -nen prospective buyer

kennen (kennt), kannte, hat gekannt to know, have information about s.o./s.th.

die Kinderbetreuung (*sg. only*) childcare

klar clear(ly)

klatschen, hat geklatscht to clap, applaud

klauen, hat geklaut (*coll.*) to swipe, steal

sich kleiden, hat sich gekleidet: man kleidet sich entsprechend one dresses accordingly

klingen (klingt), klang, hat geklungen to sound

die Klippe, -n cliff

die Kollektivschuld (*sg. only*) collective guilt

der Kommilitone, -n, -n / die Kommilitonin, -nen fellow student

komponieren, hat komponiert to compose (music)

der Komponist, -en, -en / die Komponistin, -nen   composer

die Konjunktur, -en   economic cycle, economic situation of a country

das Konzentrationslager, -   concentration camp, place where the Nazis imprisoned and killed many people

sich konzentrieren (auf + *acc.*), hat sich konzentriert   to concentrate (on) (s.th.)

die Kraft, die Kräfte: in Kraft treten   go into effect; **außer Kraft treten**   to cease to be in effect

kräftig   strong(ly), powerful(ly)

der Kreis, -e   circle

kritisieren, hat kritisiert   to criticize

die Kröte, -n   toad

der Kuhmagen, die Kuhmägen: einen Magen wie eine Kuh haben   to be able to travel without getting motion sickness

sich kümmern (um + *acc.*), hat sich gekümmert   to take care (of), spend time (with)

kündigen, hat gekündigt: eine Stelle kündigen   to give notice, quit a job

der Künstler, - / die Künstlerin, -nen   artist

künstlerisch   artistic(ally)

das Kunstwerk, -e   work of art

L

das Land, die Länder: das Land des Lächelns   China (*lit.*, the land of the smile)

die Landschaft, -en   landscape, countryside

die Landsleute (*pl.*)   compatriots, fellow inhabitants of a country

die Langsamkeit (*sg. only*)   slowness

lassen (lässt), ließ, hat gelassen   to let, allow; **etwas machen lassen**   to have or get s.th. done

das Leben, -: sich das Leben nehmen   to take one's own life, commit suicide

der Lebenslauf, die Lebensläufe   curriculum vitae, résumé

die Lebensmittel (*pl.*)   food, foodstuffs

leihen (leiht), lieh, hat geliehen   to lend, loan

leisten, hat geleistet: Militärdienst leisten   to do military service

die Leistung, -en   performance, achievement

leiten, hat geleitet   to lead; organize

der Leuchtbuchstabe, -ns, -n   fluorescent letter

leuchtend   shining

liefern, hat geliefert   to deliver

die Linie, -n   line

listig   sly(ly), clever(ly)

loben, hat gelobt   praise

der Löschzug, die Löschzüge   fire engine, fire truck

die Lösung, -en   solution

lügen (lügt), log, hat gelogen   to lie, tell an untruth

M

machen, hat gemacht: sich etwas machen aus (+ *dat.*)   to be interested in

die Machtergreifung (*sg. only*)   seizure of power

der Magen, die Mägen: einen Magen wie eine Kuh haben   to be able to travel without getting motion sickness

malen, hat gemalt   to paint (a picture)

der Maler, - / die Malerin, -nen   painter

der Mangel, die Mängel   lack, shortfall

die Mappe, -n   folder, portfolio; briefcase

das Märchen, -   fairy tale

die Mark, -   mark (unit of currency); **Deutsche Mark** (West German mark); **Ostmark** (East German mark)

der Marktführer, -   person/firm/country that sells the most of a given product on the market

die Marktwirtschaft, -en: die soziale Marktwirtschaft   social market economy, the economic system of modern Germany

die Maschine, -n   machine; airplane; **eine zweistrahlige Maschine** a two-engine aircraft

das Maul, die Mäuler   mouth (of an animal)

(der) MDR (**M**ittel**d**eutscher **R**undfunk)   TV and radio station in East Germany

die Mehrwegflasche, -n   bottle that can be cleaned and reused, returnable bottle

meiden (meidet), mied, hat gemieden   to avoid

menschlich: jedes menschliche Wesen   every person

das Merkmal, -e   characteristic, feature

der Militärdienst (*sg. only*)   military service

misslingen (misslingt), misslang, ist misslungen   to fail, be unsuccessful

das Mitglied, -er   member (of an organization)

mit•teilen (teilt ... mit), teilte ... mit, hat mitgeteilt   to tell, announce

moderieren, hat moderiert   to moderate, host (a show)

mögen (mag), mochte, hat gemocht   to like

der Mond, -e   moon

morden, hat gemordet   to murder

der Müll (*sg. only*)   garbage, trash

N

die Nachkriegszeit (*sg. only*)   the period after the war (especially World War II)

die Nachrede: üble Nachrede   defamation, malicious gossip

näher (*comparative of* **nah**)   more precise(ly), in greater detail

die Natur, -en   nature

der Nebel, -   fog

die Nebenrolle, -n   supporting role (in a film or play)

necken, hat geneckt   to tease

nehmen (nimmt), nahm, hat genommen: Rücksicht nehmen (auf + *acc.***)** to show consideration (toward) (s.o./s.th.); **sich das Leben nehmen** to take one's own life, commit suicide

nennen (nennt), nannte, hat genannt to call, name; cite

das Nibelungenlied the *Lay of the Nibelung* (title of a medieval epic poem)

sich nieder•lassen (lässt sich ... nieder), ließ sich ... nieder, hat sich niedergelassen to settle; set up a business/practice

nieder•schlagen (schlägt ... nieder), schlug ... nieder, hat niedergeschlagen to knock down; put an end to

das Nilpferd, -e large hippopotamus

nunmehr now

O

obdachlos homeless

der/die Obdachlose, -n homeless person

das öffentliche Verkehrsmittel, die öffentlichen Verkehrsmittel (*usu. pl.*) public transportation

oft often

die Ökologie (*sg. only*) ecology

die Oper, -n opera

das Opfer, - victim

das Original, -e: einen Film im Original sehen to see a film in the original language; **im Original mit Untertiteln** in the original language with subtitles in the language of the audience

die Ostalgie (*sg. only*) nostalgia for the era and products of the German Democratic Republic

P

packen, hat gepackt to manage (to do s.th.), achieve

der Panzer, - tank, armored vehicle

die Partei, -en party (e.g. political party)

der Pass, die Pässe passport

der Penner, - (*coll.*) bum, tramp, hobo

pflegen, hat gepflegt to look after, take care of; do habitually

die Pflicht, -en duty

die Planke, -n: über die Planke laufen to live dangerously

das Plenargebäude, - building for plenary sessions of a parliament

die Praxis, die Praxen (doctor's) practice

proben, hat geprobt to rehearse, practice

provozieren, hat provoziert to provoke

prüfen, hat geprüft to test; check

das Publikum (*sg. only*) audience

pünktlich punctual(ly)

Q

quadratisch square

R

die Rache (*sg. only*)   revenge

der Rachen, -   throat (especially of an animal)

die Rahmenbedingung, -en   prevailing condition

rasen, ist gerast   to rush, race, speed

der/das Raster, -   table (of information), grid

raten (rät), riet, hat geraten (*+ dat.*)   to advise

rechteckig   rectangular

sich rechtfertigen, hat sich gerechtfertigt   to justify o.s.

die Rechtfertigung, -en   justification

recycelbar   recyclable

die Rede, -n   speech, address

das Referat, -e   report

der Regenschauer, -   a short, heavy rain

die Regie (*sg. only*)   direction (of a film or play); **Regie führen**   to direct (a film or play)

die Regierung, -en   government

der Regisseur, -e / die Regisseurin, -nen   director (of a film or play)

der Reim, -e   rhyme

sich reimen, hat sich gereimt   to rhyme

die Reise, -n   journey, voyage, trip (for business or pleasure)

die Reiselust (*sg. only*)   desire to travel, enjoyment of traveling

reisen, ist gereist   to travel

der Restmüll (*sg. only*)   unrecyclable garbage

retten, hat gerettet   to save, rescue; heal

der Riese, -n, -n / die Riesin, -nen   giant

die Romantik (*sg. only*)   Romantic movement or period in the 19th century

die Rücksicht: Rücksicht nehmen (auf *+ acc.***)**   to show consideration (toward) (s.o./s.th.)

rufen (ruft), rief, hat gerufen   to shout, call

die Ruhe (*sg. only*)   silence, peace, calm

ruhig   quiet(ly), peaceful(ly), calm(ly)

rund   round

runter•gehen (geht ... runter), ging ... runter, ist runtergegangen   to go down, drop; make an unplanned landing

S

die Sage, -n   saga, legend, story

salben, hat gesalbt   to put cream/lotion/ointment on

der Schadstoff, -e   harmful substance

schadstoffarm   low in harmful substances

der/die Schaulustige, -n   curious onlooker (at the site of an accident, etc.)

der Schauspieler, - / die Schauspielerin, -nen   actor/actress

der Scheiterhaufen, -   pyre on which people used to be burned at the stake

scheitern, ist gescheitert   to break down, fail

die Schere, -n   pair of scissors

schießen (schießt), schoss, hat geschossen   to shoot

schlagen (schlägt), schlug, hat geschlagen   to hit, strike; beat

das Schlagwort, die Schlagwörter   word that characterizes a period or movement

schlecht: (jemandem) ein schlechtes Gewissen bereiten   to give (s.o.) a guilty conscience;
  schlechte Karten haben   to have poor prospects

schließen (schließt), schloss, hat geschlossen   to close, shut; establish a connection
  (marriage, treaty, etc.)

schlummern, hat geschlummert   to slumber, sleep

schnarchen, hat geschnarcht   to snore

schneiden (schneidet), schnitt, hat geschnitten: einen Film schneiden   to edit a film

schnorcheln, hat geschnorchelt   to snorkel, dive with the aid of a snorkel

schonen, hat geschont   to protect, conserve; treat well

der Schönwetterradler, - / die Schönwetterradlerin, -nen   fair-weather cyclist, s.o. who
  only bicycles in nice weather

der Schriftsteller, - / die Schriftstellerin, -nen   writer, author

die Schrumpfung, -en   shrinking

die Schubkarre, -n   push-cart, wheelbarrow

die Schuld (*sg. only*)   guilt, blame

die Schulden (*pl.*)   debts

schuldig   guilty, responsible

der Schurz, -e   apron

schützen, hat geschützt   to protect

schwanger   pregnant

schweifen, ist geschweift: die Gedanken schweifen lassen   to let one's mind wander

schweigen (schweigt), schwieg, hat geschwiegen   to say nothing, be silent

schwören (schwört), schwor, hat geschworen   to swear, affirm under oath

der Sekt, -e   sparkling wine, ≈ champagne

selten   seldom, rare(ly)

senkrecht   vertical(ly)

setzen, hat gesetzt: in Brand setzen   to set on fire

sicher: Veränderung sicher stellen   to make sure that s.th. changes

die Sicherheitsanweisungen (*pl.*)   safety instructions (e.g. before an airline flight)

die Sicherheitsvorkehrungen (*pl.*)   safety instructions (e.g. before an airline flight)

sorgfältig   careful(ly)

die Spannung, -en   tension, suspense, excitement

sparen, hat gespart   to save (money)

sparsam   thrifty

sperren, hat gesperrt   to block (access, road)

sperrig   cumbersome, unwieldy

sprechen (spricht), sprach, hat gesprochen: sprechen für (+ *acc.*)   to speak in favor of

spucken, hat gespuckt   to break down, fail to function

spüren, hat gespürt   to feel

der Staat, -en   state, country as a political entity

staatlich   of the state, administered by the state

die Staatsangehörigkeit, -en   nationality

der Staatsbürger, - / die Staatsbürgerin, -nen   citizen (of a country)

die Staatsbürgerschaft, -en   citizenship, nationality

der Stahl, die Stähle   steel

stammen (aus + *dat.***), hat gestammt**   to come (from)

ständig   permanent(ly); constant(ly)

statt•finden (findet ... statt), fand ... statt, hat stattgefunden   to take place, occur

der Stau, -s/-e   traffic jam

der Stausee, -n   reservoir

stehen für (+ *acc.*) **(steht), stand, hat gestanden**   to stand for, represent

stehlen (stiehlt), stahl, hat gestohlen   to steal

die Stelle, -n: eine Stelle kündigen   to give notice, quit a job

stellen, hat gestellt: ein Bein stellen   to stick out one's leg to trip s.o.

die Stellungnahme, -n   (stated) opinion

sterben (stirbt), starb, ist gestorben   to die

das Stichwort, -e (*usu. pl.*)   keyword

die Stimmung, -en   mood; atmosphere

der Stoff, -e   material, fabric

stöhnend   moaning, groaning

der Streik, -s   strike

streiken, hat gestreikt   to be on strike, go on strike

streiten (streitet), stritt, hat gestritten   to argue, fight

der Strich, -e   line, stroke

die Strophe, -n   verse, strophe

Sturm und Drang   Storm and Stress, a literary movement in the second half of the 18th century which emphasized emotions and the desire for freedom

subtil   subtle, subtly

sündig   sinful(ly)

synchronisiert: die synchronisierte Version   version dubbed in another language

T

der Talg, -e   tallow; suet

der Täter, - / die Täterin, -nen   culprit, person who has committed a crime

die Tätigkeit, -en   activity; job

teilen, hat geteilt   to divide

teil•nehmen (nimmt ... teil), nahm ... teil, hat teilgenommen   to participate

die Teilung, -en   division

der Teint, -s   skin color, complexion

die Telefonzelle, -n   phone booth

der Test, -s/-e: wie weit sich der Test auf die breitere Bevölkerung übertragen lässt   to what extent the conditions of the test can be applied to the population at large

die Testfamilie, -n   family that takes part in a test or experiment

toll   mad, crazy; unpleasant, dangerous

traurig   sad(ly)

treffend   fitting(ly), apt(ly)

der Treffpunkt, -e   meeting-place

trennen, hat getrennt   to separate, divide

sich trennen, hat sich getrennt   to split up, part company

das Treppenhaus, die Treppenhäuser   stairwell, staircase

der Trost (*sg. only*): nicht ganz bei Trost sein   to be crazy

U

u.a. (und andere)   and others

übel: üble Nachrede   defamation, malicious gossip

überfahren (überfährt), überfuhr, hat überfahren   to run over, hit with a vehicle (car, bus, etc.)

überfahren werden (wird überfahren), wurde überfahren, ist überfahren worden (*pass.*)   to be run over, be hit by a vehicle

überfallen (überfällt), überfiel, hat überfallen   to hold up, threaten with a weapon

überfliegen (überfliegt), überflog, hat überflogen   to skim (a text)

die Überlegung, -en   thought, idea; consideration

übernehmen (übernimmt), übernahm, hat übernommen   to take over

überraschend   surprising(ly)

übertragen (überträgt), übertrug, hat übertragen: wie weit sich der Test auf die breitere Bevölkerung übertragen lässt   to what extent the conditions of the test can be applied to the population at large

um•bringen (bringt ... um), brachte ... um, hat umgebracht   to kill

um•fallen (fällt ... um), fiel ... um, ist umgefallen   to fall down

umgangssprachlich   colloquial(ly)

das Umland (*sg. only*)   surrounding region

die Umnachtung, -en: geistige Umnachtung   serious mental illness

der Umriss, -e   outline

der Umsatz, die Umsätze   money made from sales, revenue

um•setzen (setzt ... um), setzte ... um, hat umgesetzt   to implement, put into effect

umstritten   disputed, debated, controversial

die Umwelt (*sg. only*)   environment

umweltbewusst   conscious of the environment, environmentally aware

umweltfreundlich   environment-friendly, not harmful to the environment, ecological

der Umweltschutz (*sg. only*)   environmental protection

um•ziehen (zieht ... um), zog ... um, ist umgezogen   to move, change one's residence

unangenehm   unpleasant(ly)

ungeheuer   enormous(ly), tremendous(ly)

ungewöhnlich   unusual(ly)

untergeordnet: eine untergeordnete Rolle spielen   to play a subordinate role

sich unterhalten (über + *acc.*) (unterhält sich), unterhielt sich, hat sich unterhalten   to talk, converse (about)

das Unternehmen, -   business, enterprise, venture

der Unterschied, -e   difference

unterschreiben (unterschreibt), unterschrieb, hat unterschrieben   to sign (one's name)

die Untersuchung, -en   test, study, investigation

unterzeichnen, hat unterzeichnet   to sign (one's name)

untreu   unfaithful(ly)

unübersichtlich   confusing(ly), unclear(ly)

unverkennbar   unmistakable, unmistakably

der Urlaub, -e   vacation; **auf/in Urlaub fahren (fährt), fuhr, ist gefahren**   to go on vacation

das Urlaubsziel, -e   travel destination

V

sich verabreden, hat sich verabredet   to make an appointment, make a date

die Verabredung, -en   appointment, date

sich verabschieden, hat sich verabschiedet   to say good-bye, take leave

die Veränderung, -en: Veränderung sicher stellen   to make sure that s.th. changes

verbessern, hat verbessert   to improve, make better

die Verbesserung, -en   improvement

verbieten (verbietet), verbot, hat verboten   to forbid, prohibit

verbrennen (verbrennt), verbrannte, hat verbrannt   to burn up, destroy or be destroyed by fire

verbringen (verbringt), verbrachte, hat verbracht: den Urlaub verbringen   to spend one's vacation

verderben (verdirbt), verdarb, hat verdorben   to ruin, spoil

die Vereinbarkeit (*sg. only*)   compatibility

verfassen, hat verfasst   to write, compose (a text)

die Verfassung, -en   constitution

die Vergangenheitsbewältigung (*sg. only*)   coming to terms with the past

vergessen (vergisst), vergaß, hat vergessen   to forget

der Vergleich, -e: im Vergleich zu   compared to, in comparison with

vergleichen (vergleicht), verglich, hat verglichen   to compare

vergnügt   cheerful(ly)

sich verhalten (verhält sich), verhielt sich, hat sich verhalten   to behave

verharmlosen, hat verharmlost   to play down, portray s.th. as not as bad as it really is

die Verhüllung, -en   covering, wrapper

der Verkehr (*sg. only*)   traffic

verlangen, hat verlangt   to demand

verlassen (verlässt), verließ, hat verlassen   to leave, abandon

verlaufen (verläuft), verlief, ist verlaufen   to blur, run (e.g. paint, ink, make-up)

die Verlegung, -en   move, transfer

die Verleihstation, -en   station where s.o. can borrow s.th. (e.g. a bicycle)

vermeiden (vermeidet), vermied, hat vermieden   to avoid

vermindern, hat vermindert   to lessen, reduce

vermuten, hat vermutet   to suspect, presume, guess

veröffentlichen, hat veröffentlicht   to publish

die Verpackung, -en   packaging

verreisen, ist verreist   to travel, go on a trip

verringern, hat verringert   to reduce

verschlingen (verschlingt), verschlang, hat verschlungen   to devour

verschlucken, hat verschluckt   to swallow

verschwenden, hat verschwendet   to waste

versorgen, hat versorgt   to supply, provide

die Versorgung, -en   supplying

versprachlichen, hat versprachlicht   to put into words, verbalize

versprechen (verspricht), versprach, hat versprochen   to promise

der Verstand (*sg. only*)   mind, reason, intelligence

verstehen (versteht), verstand, hat verstanden   to understand

der Versuch, -e   attempt; experiment, test

verteidigen, hat verteidigt   to defend (country, idea, defendant, etc.)

verurteilen, hat verurteilt   to sentence; condemn

vervollständigen, hat vervollständigt   to complete

die Verwaltung, -en   administration, management

verwandeln, hat verwandelt   to transform, convert

der Verweis, -e   expulsion

verweisen (auf + *acc.*) (verweist), verwies, hat verwiesen   to refer (to)

verwischt   blurred, smeared

verzichten (auf + *acc.*), hat verzichtet   to do without, refrain (from)

die Voraussage, -n   prediction, prognosis

die Vorbereitung, -en   preparation

der Vordergrund, die Vordergründe   foreground

vorgegeben   given, pre-determined

vor•haben (hat … vor), hatte … vor, hat vorgehabt   to plan, intend

vor•kommen (kommt … vor), kam … vor, ist vorgekommen   to happen, occur, appear

die Vorladung, -en   summons

vor•schlagen (schlägt … vor), schlug … vor, hat vorgeschlagen   to suggest, propose

vor•stellen (stellt … vor), stellte … vor, hat vorgestellt   to introduce, present

sich (*acc.*) vor•stellen (stellt sich … vor), stellte sich … vor, hat sich vorgestellt   to introduce o.s.

sich (*dat.*) **etwas vor•stellen (stellt sich etwas ... vor), stellte sich etwas ... vor, hat sich etwas vorgestellt**   to imagine s.th.

das Vorurteil, -e   prejudice, bias

vor•werfen (wirft ... vor), warf ... vor, hat vorgeworfen: jemandem etwas vorwerfen   to accuse s.o. of s.th.

W

waagerecht   horizontal(ly)

der Wachmann, die Wachmänner   security guard

wachsen (wächst), wuchs, ist gewachsen   to grow

die Waffe, -n   weapon

wahr•nehmen (nimmt ... wahr), nahm ... wahr, hat wahrgenommen   to perceive, notice

die Wahrnehmung, -en   perception, awareness

das Wahrzeichen, -   symbol; landmark

die Währungsreform, -en   currency reform

der Wald, die Wälder   forest

wandern, ist gewandert   to hike

weg•brechen (bricht ... weg), brach ... weg, hat weggebrochen   to get lost

die Weggabelung, -en   fork in the road

weh•tun (tut ... weh), tat ... weh, hat wehgetan (+ *dat.*)   to hurt, cause pain

die Weide, -n   willow-tree

weinen, hat geweint   to cry, weep

weitgehend   to a great extent

die Weltwirtschaftskrise, -n   international economic crisis

die Wende (*sg. only*)   turning point

das Werk, -e   work (e.g. of an artist); factory

das Wesen, -   being; (*sg. only*) character, nature; **jedes menschliche Wesen**   every person

widersprechen (widerspricht), widersprach, hat widersprochen   to contradict

widmen, hat gewidmet (+ *dat.*)   to dedicate to

wiedervereinigen, hat wiedervereinigt   to reunify

die Wiedervereinigung (*sg. only*)   reunification

wieder verwerten (verwertet wieder), verwertete wieder, hat wieder verwertet   to reuse, recycle

wiegen, hat gewiegt   to rock, sway, shake

die Wiese, -n   meadow

wirtschaftlich   economic(ally)

das Wirtschaftswunder (*sg. only*)   economic miracle, the rapid rebuilding and development of the West German economy after World War II

witzig   funny, amusing(ly)

wo: wo ... zu haben sind   where . . . can be bought

das Wort, die Wörter: zu Wort kommen   to be able to say s.th.

wunderbar   wonderful(ly); miraculous(ly)

sich wundern (über + *acc.***), hat sich gewundert**   to be surprised (by), marvel (at)

Z

zeichnen, hat gezeichnet to draw (a picture)

die Zeichnung, -en drawing

die Zeile, -n line (of text)

das Zeitalter, - era, age

die Zeitleiste, -n line on which chronological events are entered

zerbersten (zerbirst), zerbarst, ist zerborsten to burst apart

zerschneiden (zerschneidet), zerschnitt, hat zerschnitten to cut up (into pieces)

zerschossen shot up, heavily damaged by gunfire

zerstört destroyed, ruined

zufolge as a result of

zu•geben (gibt ... zu), gab ... zu, hat zugegeben to admit, confess

zumute: ängstlich zumute sein to be afraid

zu•nehmen (nimmt ... zu), nahm ... zu, hat zugenommen to increase in size; gain weight

zu•ordnen (ordnet ... zu), ordnete ... zu, hat zugeordnet to classify

zurück•gehen (geht ... zurück), ging ... zurück, ist zurückgegangen to go back, return; go down, decrease

zurück•kehren (kehrt ... zurück), kehrte ... zurück, ist zurückgekehrt to come back, return

zusammen•tragen (trägt ... zusammen), trug ... zusammen, hat zusammengetragen to collect

zu•stehen (steht ... zu), stand ... zu, hat zugestanden: etwas steht jemandem zu s.o. is entitled to s.th.

zu•stimmen, hat zugestimmt (+ *dat.*) to agree with

sich zu•wenden (wendet sich ... zu), wandte/wendete sich ... zu, hat sich zugewandt/zugewendet (+ *dat.*) to turn towards (s.o./s.th.); devote o.s. to (s.o./s.th.)

zweistrahlig: eine zweistrahlige Maschine a two-engine aircraft

zwingen (zwingt), zwang, hat gezwungen to force, compel

Credits

Texts

p. 193: Adapted from http://www.cinema-muenster.de/dielinse/projekte+reihen/sanders/bleichemutter.htm

p. 207: Adapted from http://www.dhm.de/lemo/html/biografien/BeuysJoseph/

p. 215: Adapted from http://www.burda-museum.de/baselitz.htm

p. 235: Adapted from "Rotkäppchen und Berlin – Eine stets besondere Beziehung", http://www.rotkaeppchen.de/presse/PRMeldungen2.cfm?ID=73, 8 November, 2004

p. 237: Adapted from "Rotkäppchen macht den beliebtesten Sekt", http://www.mdr.de/wirtschaft/unternehmen/519618.html, 8 November, 2004

p. 238: Adapted from "Jetzt müssen wir lernen, die Schrumpfung zu leiten", http://www.mdr.de/nachrichten/schwerpunkt/1662255.html, 8 November, 2004

pp. 240–241: "Diagnose Ärztemangel – Heilung ungewiss", http://www.mdr.de/nachrichten/schwerpunkt/1350430.html, 8 November, 2004

p. 275: "Schöner Flug" by Jost Nickel. Copyright © 1987. Reprinted by permission of Rowohlt Verlag GmbH, Reinbek.

pp. 278, 280: "Erlkönig" by Hypnotic Grooves featuring Jo van Nelsen reprinted courtesy of SONY BMG Music Entertainment (Germany) GmbH.

pp. 284, 286: Copyright © Bündis 90 / Die Grünen 2005. http://www.gruene-thueringen.de

p. 288: From "Von der Ostsee bis zum Bodensee: Jugendliche vor dem Mikro" by Bärbel Dürsch, Marlies Happe and Ulla Wolf. Copyright © 1988, Inter Nationes.

pp. 291, 292: "Marie, Marie". Musik: Marc Roland / Text: Johannes Brandt. Copyright © 1931 by Beboton-Verlag GmbH, Hamburg. Reprinted by permission.

p. 296: "Der Deutsche Bundestag im Reichstagsgebäude. Geschichte und Funktion." © German Bundestag. Reprinted by permission.

pp. 299, 300: From "Von der Ostsee bis zum Bodensee: Jugendliche vor dem Mikro" by Bärbel Dürsch, Marlies Happe and Ulla Wolf. Copyright © 1988, Inter Nationes.

pp. 307–308: From "Vorschläge 3" by Prof. Dr. Hans Weber. Copyright © 1988, Inter Nationes.

pp. 312–313: Anruf bei Marianne H., Lottogewinnerin, by Almuth Meyer-Zollitsch, from, "Anruf. Hörmaterialien für den Deutschunterricht." Used by permission of Almuth Meyer-Zollitsch.

Photos

p. 36: Stuart Hughes/Corbis; p. 37 (*left*): Bettmann/Corbis; p. 37 (*right*): Ullstein-Ullstein Bild; p. 51 (*left*): Friedrich, Caspar David (1774–1840) Der Wanderer über dem Nebelmeer. ca. 1817. Oil on canvas. Bildarchiv Preussischer Kulturbesitz/Art Resource, NY.; p. 51 (*right*): Friedrich, Caspar David (1774–1840) Kreidefelsen auf Rügen, ca. 1818. Museum Oskar Reinhart am Stadtgarten, Winterthur.; p. 63: Friedrich, Caspar David (1774–1840) Zwei Männer bei der Betrachtung des Mondes, ca. 1819. Erich Lessing/Art Resource. NY.; p. 83: Ullstein-Meißner; p. 105: www.meistersinger-konzerte.de; p. 111: Holger Breithaupt; p. 124: Corbis Sygma; p. 127:

The Granger Collection; p. 132: Picture Arts/Corbis; p. 133: Underwood & Underwood/Corbis; p. 150: Ullstein-Schnürer; p. 152: Wolfgang Volz; p. 154: Wolfgang Volz; p. 158: Ullstein-Christian Bach; p. 189: Ullstein-Henry Ries; p. 193: © Ulrike Schamoni (Agentur Focus/Contact Press Images); p. 197: Kirchner, Ernst Ludwig, Eisenbahnüberführung in Dresden-Lobtau. Galerie Neue Meister, Staatliche Kunstsammlungen Dresden. © by Ingeborg & Dr. Wolfgang Henze-Ketterer, Wichtrach/Bern.; p. 207: Ullstein-amw; p. 211: Ullstein-Meyer; p. 215: Ullstein-Faßbender; p. 221: Klaus Lehnartz/Landesarchiv Berlin; p. 222 (*top*): Henry Ries/Landesarchiv Berlin; p. 222 (*bottom*): Wolfgang Albrecht/Landesarchiv Berlin; p. 223: Landesarchiv Berlin; p. 224 (*top*): Landesarchiv Berlin; p. 224 (*bottom*): Ullstein-Leibing; p. 232: Rotkäppchen-Mumm Sektkellerei; p. 238: Ullstein-Boness/IPON; p. 245: Bavaria Film International; p. 256: Ullstein-KPA; p. 267: Ullstein-Moenkebild; p. 281: Ernst Barlach Nachlassverwaltung; p. 287: Inter Nationes; p. 295: Ullstein-Schnürer; p. 299: Inter Nationes; p. 303: Holger Breithaupt; p. 311: Ullstein-Röhrbein

Realia

p. 43: Ehapa Comic Collection/Egmont vgs verlagsgesellschaft; p. 75: Die Grünen; p. 145: Schweizerisches Sozialarchiv; p. 173: Walter Hanel/FAZ; p. 201: Paul Listen; p. 217: Presse- und Informationsamt der Bundesregierung; p. 226: Rotkäppchen Sektkellerei GmbH; p. 283: Die Grünen

Illustrations

Mark Heng: 3, 7, 14, 18, 21, 25, 30, 48, 50, 61, 67, 68, 99, 102, 112, 199, 200, 251, 261, 272, 292

Janet Montecalvo: 57, 187, 307